近代日本思想としての仏教史学

オリオン・クラウタウ
Orion KLAUTAU

法藏館

A meu avô materno, João Antonio Garcia (*in memoriam*),
pelas histórias próximas, sobre lugares distantes.

A meu avô paterno, Orion Barreto da Rocha Klautau,
pelas histórias distantes, sobre lugares próximos.

E ao Professor Ricardo Mário Gonçalves,
pelas possíveis histórias do Budismo.

A eles, dedico este livro.

遠いところをめぐる身近な物語を聴かせてくれた
祖父ジョアン・アントニオ・ガルシアに

身近なところをめぐる過去の物語を聴かせてくれた
祖父オリオン・B・R・クラウタウに

仏教なる物語の可能性について聴かせて下さった
リカルド・マリオ・ゴンサルヴェス先生に

本書を捧げたい。

凡　例

・年代表記は、太陰太陽暦が用いられた明治五年（一八七二年）までは年号と西暦を併記し、以後は西暦のみを記した。ただし、引用文においてはこの限りではない。なお人物の生没年は西暦のみで示し、存命の場合はそれを省略した。

・引用者による補足情報などは亀甲括弧〔　〕で括って示し、斜線　／　は引用文中における改行を意味し、リーダー　……　は省略を表す。とくに断りのない限り、引用文中の傍点は原文のままであり、また傍線は引用者によるものである。

・文中、山括弧〈　〉は筆者による強調を指す。引用符〝　〟は、史料用語でない言葉を、筆者が相対的に捉えていることを示すものとして用いた。

・断りがない限り、外国語文献からの翻訳はすべて筆者によるものである。訳書から引用の場合、章末註に原著の書誌情報を記した後に訳書の情報を付す。ただし、二度目以降は訳書の情報のみを記す。

・本書において研究者に言及する際、敬称は省略した。

近代日本思想としての仏教史学　目次

第一部　国民国家と「仏教」をめぐる歴史叙述

第二部　僧風刷新と「仏教」をめぐる歴史叙述

近代日本思想としての仏教史学

The Study of Buddhist History as Modern Japanese Thought
(Kindai nihon shisō to shite no bukkyō shigaku)
By Orion KLAUTAU

HOZOKAN, Kyoto

前書き

「日本仏教」とは何か。それは「日本における仏教」を意味するのか、「日本的な仏教」を意味するのか。この疑問は、日本語に触れ始めた一〇代の筆者にすでに存在していた。当時の筆者は、これを単なる言葉の問題として片付けていた。「日本語の文献に通じるようになれば正確に理解できるであろう」と。

しかし数年後、筆者にとっての第二外国語である「日本語」で著された研究書などとの〝苦闘〟を続けても、「日本仏教」という術語の意義にまつわる筆者の疑問は解消されることがなく、それはむしろ、深まるばかりであった。「日本仏教」をめぐる入門書などを多く読み続けたところ、法然、親鸞、日蓮、道元などの「鎌倉新仏教」の祖師たちがそこで占める位置が高く、中世日本の仏教を語るために紙幅の大半が費やされる場合も少なくないことに気づいた。「物語」を求めていた筆者は、近世および近代になり「日本仏教」は「どうなったのか」ということに好奇心が湧き、入門書などに登場する「近世」以降の記述に注目するようになった。そこで「近世には仏教が衰微の道を歩んだ」、「近世において僧侶が堕落した」、などの記述に出会ったことは、読者の予想するとおりである。それを懐疑的に捉えた筆者は、「よし、研究するなら近世日本の仏教がよい」と決めた。

こうして、宗教史の研究を行うべく二度目の来日を果たした筆者は一年間強、近世仏教をめぐる最新の研究成果に触れつつ、近世仏教における「宗学」の社会的役割をめぐる史料を自ら読み込んでいったが、こういった宗教世界がかつて「衰微」という言葉で語られていたことへの疑問が深化するばかりであった。いや、さらに言えば疑問は「近世仏教」のみに対するものではなく、「日本仏教」という物語自体をも含むようになった。栄えた中世仏教、衰えた近世仏教。結局、そういった筋書きの成立を説明する鍵は中世や近世そのものではなく、それぞれが「時代」として認識されるようになった「近代」の独特な枠組みのなかに求められるべきであろう。この認識の下で、筆者は仏教(史)学の形成期とその担い手の思想的な営為を研究対象として扱うようになった。本書は、その課題に取り組むようになってからの、約八年間の成果である。

本書は、序と結に挟まれ、第一部(「国民国家と「仏教」をめぐる歴史叙述」、全四章)および第二部(「僧風刷新と「仏教」をめぐる歴史叙述」、全四章)より成っている。第一部においては、アカデミズム仏教(史)学による「日本仏教」という物語の形成、そして十五年戦争期までにわたるその展開を、数人の仏教研究者を通して考察した。第二部は同じく近代の独特な枠組みにおいて、僧侶の自省を促すような語り方が「学界」のなかに持ち込まれることによって如何なる学術的なパラダイムが生じたのかを考察するものである。つまり本書は、「国民国家」と「僧風刷新」というふたつの語りの動機により、この列島の仏教に対する「過去の事実」を描くにあたり、如何なる構築物が作り出されたのか、如何なる「大きな物語 grand narrative」が生まれたのか、その描写を試みるものである。

なおここで、本書の題目および各部分のタイトルにみられる術語の説明も必要であろう。まず、「仏教史学」についてて。特に一部の宗門系大学の枠組みにおいて、「国史学」および「仏教学」と区別される一分野を指すこともあるが、本書ではそういった狭義の意味ではなく、哲学、仏教学、日本史学(国史学)、思想史学、宗教学などといった多様な分野においても行われる仏教の学術的（科学的）研究一般を指す言葉として用いたい。つまり近代日本のアカデミズムにおける、仏教に関する語りをこのような広い視野で捉え、「日本仏教」の歴史的叙述を可能ならしめた思想的枠組について検討したい。

第一部および第二部の題目にみる「国民国家」と「僧風刷新」といった用語について。前者の「国民国家」をめぐっては古くから議論が行われ、そのタームに関する膨大な研究成果が蓄積されていることは筆者も認識しているところである。ただしここで、「国民国家」をめぐる議論そのものに参加するつもりもなければ、少なくとも直接には何かが提言できるとは考えられない――本書では便宜上、近代的な枠組みでの「日本」を指す術語として用いた。つまり近代における国家の問題は、仏教（研究）者の記述において、如何に受け止められ、言説として如何に促進されたのかを考えたい。換言すれば、語りの動機としての「日本」が「仏教」の歴史叙述に如何なる影響を及ぼしたのか、ということである。そして後者の「僧風刷新」は「国民国家」ほど複雑な術語ではなく、目前の僧侶の「堕落」を嘆き、その「覚醒」を促すような語り方を指す。つまり、同時代における仏教の振興を掲げるような言説である。ちなみに、ここでは「僧風刷新」を「宗門改革」あるいは（広義での）「新仏教運動」といった言葉に置き換えることも不可能ではなかろう。ただし「宗門改革」および「新仏教運動」はすでに他のエピソードと同一視されることが多く（前者は清沢満之らの白川党、後者は境野黄洋や渡辺海旭などの同名雑誌）、比較的に色彩の希薄な「僧風刷新」を用いるようにした。

最後に、二部ともにみる「歴史叙述」について。本書の序・第三節においてより詳しい理論的な説明を施しているが、語りの動機としての「日本」と「僧風刷新」は、如何なる「過去」のイメージをもたらしたのか、その枠組みのなかに如何なる「歴史」が描かれたのか、などを表現している。つまり、筆者は「国民国家」と「僧風刷新」

に関する「歴史叙述」を試みるのではなく、むしろ、それらの要素を動機に叙述された「歴史」を「物語」として捉え直し、その裏面（あるいは場合により表面）に存在する政治性などについて考えたい。

なお本題に入る前に、広義の「仏教」研究をめぐる近年の動向と、本書の研究対象となる「近代仏教」への筆者の眼差しなどを述べる「序」も付した。さらに、各章の概要と意義に関しては各部の「緒言」や「結語」で記しているため、この前書きでは省略する。各章は独立した論考の性格を有するものも多く、書誌情報は各章末に付したが、本書の末尾で「文献一覧」として改めて記す。「あとがき」には、数章の基となる既発表論文の初出などを示す。

序——仏教と近代

第一節 「仏教」概念に関する近年の研究動向

近年、概念としての「仏教 Buddhism」というひとつの「宗教 religion」——あるいは場合により、「哲学 philosophy」——はさまざまな視点から再考され、とくに一九八〇年代末よりその課題に取り組む研究書や、反省的に「仏教」の今後の可能性を語る著作など、数多くの成果が出されてきた。

この営みは、一九七八年に公刊されたエドワード・サイード『オリエンタリズム』が提示する批判と密接な関係を有することは言うまでもない。[1]「アラブ世界」としての「オリエント」に重点を置いたサイードの手法は、「仏教」(および「東洋」)を考察するために利用されるようになっており、そうした動向を象徴する成果の紹介と、その意義に関しては以下に述べたい。まずその主旨を示しておくと——たとえばなかでも著しい成果であるP・アーモンド『英国における仏教の発見』(一九八八年刊)[2]や、ロジェ=ポル・ドロワ『虚無の信仰——西欧はなぜ仏教を怖れたか』（一九九七年刊）が描くように[3]――「仏教」は一九世紀において西洋人の想像力により構築された概念、ということである。

無論、今日で言う東アジア社会において、「仏教」・「仏法」・「仏道」という一連の言葉は古くから用いられ、それは一九世紀における西洋のオリエンタリスト的な研究とは無関係である。たとえば、日本列島における三国観が語るように、「仏法」はこの島々を越えるリアリティであり、「天竺」なる地にその起源がある、という認識は存在した。しかし、かかる伝統的な理解からすれば「天竺」は「印度」と同一のものでもなければ、「仏法」はインド、チベット、スリランカ、タイ、ネパール、モンゴル、中国、朝鮮、日本の多くの地域に広がる〝ひとつの宗教〟を成すものでもない。ここで言われている〝仏教の構築〟とは、こうして単にバラバラであった「仏教」における同一性の「発見」とその観念的統合のプロセスのみならず、「仏教」という新たな「発見物」の「理想的姿」の生成過程でもある。

以上を踏まえ、本節のねらいはまず、近代における「仏教 Buddhism」の生成とその「越境性」をめぐる文献（主に日本語に翻訳されていないもの）の紹介である。具体的には、「日本の仏教は仏教ではない」という、中近世の日本列島では不可能であったと思われる見解を可能にした「近代」の言説空間の形成を考え、「西洋学界の構築物としての仏教」という新たな研究「常識」の上で如何なる「仏教」研究が行われたのか、また、オリエンタリスト的母体を相対化した上での仏教言説の可能性は如何に語られているのか、などをも概観したい。

「仏教 Buddhism」誕生

一八二九年に、“Budhism”（ママ）という単語を掲げる初の英語での書物が公刊される。しかし、断るまでもなく、それは「西洋人」による仏教をめぐる初の考察とはいえない。マルコ・ポーロは『東方見聞録』(一三世紀末成立)においてスリランカの“Sagamoni Borcan”に関して語った。そして大航海時代になり、アジアの各域を回ったイベリア人をはじめとするヨーロッパの探検家・航海者・商人は各地にみられた偶像——ビルマの“Godama”、シャムの“Sommona Codom”、中国の“Fo”、バリ島の“Khodom”、インドの“Boodhoo”——に関しても言葉を残しているが、それらを何らかの形での同一の存在として認識することはなかった(4)。一六世紀には、東アジアにおいて活動したイエズス会の宣教師などは物質的なレベルでも中国と日本における仏教の類似点を認識したが、それは現在にあるような、ひとつの「仏教」の構築につながることはなかった——たとえば、フェルナン・メンデス・ピント『東洋遍歴記』(初版一六一四年)においては両国を語る際に「阿弥陀 Amida」に対する信仰が登場するが、ピントは「偶像崇拝」と区別できる「仏教」に関して語ることはない。むしろここでは偶像崇拝の性格が強調され、「坊主 bonzo」は四つの「仏 fatoqui」なる「神 deus」——すなわち「釈迦 Xaca」、「阿弥陀 Amida」、「地蔵 Gizom」、「観音 Canom」——を崇拝する存在として描かれる(5)。

ドナルド・ロペスが指摘するように、一七世紀の欧州社会の共通理解では、世界には四つの宗教しか存在しない——キリスト教 Christianity、ユダヤ教 Judaism、イスラム教 Islam(当時モハメド教 Mohammedism とも呼ばれた)、そしてペイガニズム Paganism(あるいは偶像崇拝 Idolatry)のみである。ロペスは、「宗教をめぐる学術的考察の歴史は、ある意味で、ペイガニズムを〈イズム〉のより長いリスト——ヒンドゥー教 Hinduism、儒教 Confucianism、道教 Taoism、神道 Shintoism、シク教 Sikhism、そして当然、仏教 Buddhism——に置き換えるプロセスである」と述べている(6)。「偶像崇拝」とは異なる、アジアの広範囲に及ぶ「宗教」あるいは「哲学」としての仏教は、一八世紀末の「東洋学」なる研究分野の成立を待たなければならなかった。シカゴ大学のジョナサン・Z・スミスによる「宗教に関するデータは存在しない。宗教とは学者による研究によって生み出されたものにすぎないのである」[7]という格言は、仏教の場合にもやはり驚くほどの事実を有しているのである。

「仏教」なるものの構築は、「インド仏教」を中心とする営みとして始まり、大英帝国の植民地行政と密接な関わりを有するものである。ヒンドゥー教とは区別され得る「仏教」（そしてそれとは不可分な要素である歴史的ブッダ）の探究は、イギリス東インド会社の学者であったウィリアム・ジョーンズ（一七四六～一七九四）により大きく展開されたのである。文献上のさまざまな Buddha を説明すべく二人の「歴史的ブッダ」――ヒンドゥー教の枠組みで活動した「ブッダ」と、それに対する改革を求めた「ブッダ」――を提唱したジョーンズの説は、「仏教」なる単語を掲げる最初の著作であるエドワード・アパム『仏教の歴史と教義』（一八二九年刊）[8]にも受け継がれ[9]、批判か継承かのいずれかの形で当時、大きな反響を引き起こした。ジョーンズの時代には仏教の起源地や釈迦の人種をめぐる議論も盛んであったが[10]、彼が扱った主な資料は「仏教文献」ではなく、バラモンの学者が提示したヒンドゥー教文献である[11]。それを大きく変えたのが、ジョーンズと同じく植民地行政官であったブライアン・H・ホジソン（一八〇〇～一八九四）である。彼はネパールのある寺院に保存されていたサンスクリット語で記された仏教文献一四七通を、フランス人の東洋学者ウージェーヌ・ビュルヌフ（一八〇一～一八五二）に届けた[12]。これは、「仏教学」の発展においてさまざまな意味で決定的な出来事である。これらの資料は、ビュルヌフの画期的な『インド仏教序説史』（一八四四年刊）[13]の基本材料となり、この著作はそれまで行われていたさまざまな議論に決着をつけ、以降の「仏教」をめぐる理解を左右するものとなった。ビュルヌフのこの著作は、「仏教」をアジア現地の仏教とは無関係な、ひとつの「文献の世界 world of texts」に展開させたのである[14]。

つまりそれまでの段階では現地社会の知識人は文献を解説する上で（ある程度の）権威を有していたのに対し、

一九世紀後半には彼らはほぼ不要な存在となる。仏教教義の体系化、仏教の「正しい」姿や「誤った」姿など、それを定めるのは「東洋」において「仏教」を実践する者ではなく、欧州の非仏教徒の学者であった。下田正弘がアーモンドの研究を踏まえながら指摘しているように、「ほんらい東洋にしか存在せず、西洋にとっては異世界の他者であるはずの仏教が、文献におさまることによって、校訂、翻訳、研究、比較という作業の対象として、西洋の図書館に、大学に、植民省に、そして伝道協会に位置づけられ、西洋世界のただなかにその中心を移すこととなった」のである[15]。さらに、仏教の理想は〈人間〉ゴータマ・シッダールタが示した〈教え〉に基盤を据えられるものとなったが、それは当時の「著者たちが理想とする人間像……をブッダに付与したから」であった[16]。

こうして、「仏教」という「アジア」に存在しなかった構築物は、欧州学界のオリエンタリスト的な想像力によりできあがっていった。賛辞なり不満なり、キリスト教を基盤とする社会への感情は、制度的な束縛のない、個人の（「宗教」というよりも）「哲学」である、シャーキャムニの〈教え〉たる「仏教 Buddhism」の発見として表された。しかし、理想化されたブッダの行動や教義と乖離し、アジアの各地に実際に窺われた仏教的な実践や思想は、「衰微」の様相として捉えられるようになった——大乗仏教そのものまでも、ブッダの「純粋な教え」から離れたものと把握され、研究対象に値しないものとして片付けられた（この問題に関しては後述）。

以上、「仏教」が仏教学者の研究によって生み出されていったプロセスとそのコンテキストを簡単に述べた。以下、その仏教概念の行方を簡潔に述べ、「日本」研究者としての筆者自身のこの議論に対する立場を示したい。

「仏教」の行方

上記で取り上げた欧州における「仏教」の形成過程をめぐる批判的記述、あるいは（アジアを含む）世界各地におけるその構築物の受容を考察する著作が近年、次々と出版されている。たとえば、前掲アーモンドの『英国における仏教の発見』に加え、一九世紀フランスにおける「哲学」としての仏教の受容を描く上記ドロワ『虚無の信仰』も画期的な研究であろう。ドロワはフランスやドイツの哲学者によって「ニヒリズム」として描かれた「仏教」を考察し、それが「哲学」――しかもキリスト教社会が恐れるべき思想体系――として認識された一八二〇年代より、かかる理解を大きく展開させた一八九三年のシカゴ万国宗教会議の時期までに焦点を当てている。この会議は東西における「宗教」概念の定着にきわめて重要な意義を有するイベントであり、「仏教」をめぐる記述は東洋学者の手から離れ、彼らによる一方的な営為ではもはやなかったことを象徴している。万国宗教会議は、「仏教」の当事者」たる者が自らの「宗教」に関して語る権威を回復していく――見方によっては初めて手に入れる――場であり、そのプロセスを（日本仏教を中心に）描いた著作として、ジュディス・スノッドグラス『西洋に日本仏教を紹介する――オリエンタリズム、オクシデンタリズム、コロンブス世界博覧会』（二〇〇三年刊）がある。[17]

こうして一九世紀半ばに姿を現す、欧州の東洋学による構築物としての「仏教」は、二〇世紀への変わり目に欧州以外の国々にも積極的に受容されるようになる。「近代化 modernization」というプロセスと同一である、「仏教」（あるいは、上記で示したような「仏教」概念）の世界化過程――その越境性とも言えるかもしれない――を考えるにあたって、トマス・ツイード『アメリカと仏教との出会い、一八四四年～一九一二年』（一九九二年刊）[18]やクリスチーナ・ロシャ『ブラジルにおける禅――コスモポリタン的近代の探求』（二〇〇五年刊）[19]が参考になる。さらに『野生の雁《がん》――カナダにおける仏教』（ジョン・ハーディング他編）[20]および『オーストラリアにおける仏教――変遷中の伝統』（クリスチナ・ロシャ他編）[21]も、仏教の「越境性」を語る最近の、重要な論文集であろう。

同じく、「仏教王国チベット」なる西洋人による物語の形成と、チベット仏教をめぐる言説の展開に関しては、ドナルド・ロペス『シャングリラの囚人——チベット仏教と西洋』(一九九九年刊) は取り上げるべき成果である。[22] さらに、ゴンブリッチ&オベーセーカラ『スリランカの仏教』(一九八八年刊)[23] は、西洋的な宗教概念がスリランカの「プロテスタント仏教」の形成に如何に関わったのかを示している。本書や、先述のスノッドグラスの著作にも窺えるように、一九世紀後半に「仏教」は欧州の東洋学者の独占物ではなくなり、アジア各国にいる仏教者自身が自らの実践をすすめる上での枠組みとなっていく。しかし、一八七〇年代に近代的な大学制度を成り立たせた日本において、仏教者は西洋的な仏教概念を如何に受け止めたのか、そしてそれを如何に変容させたのかは大きな問題であるが、研究は十分すすんでいるとは言えない。近年、宗教言説をめぐる研究が盛んとなり、著しい成果が挙げられたが、[24]「仏教」という具体的な「宗教」の場合にはそれは如何に働いたのかを語ろうとする研究書は乏しく、筆者自身はその不足を補おうとして研究を行ってきた。[25]

こうして、「仏教」の〝生成〟および近代のなかでのその〝越境性〟を描く著作は近年、次々と公刊されており、[26] いずれもかかる概念のオリエンタリスト的な側面に対して克服と反省を示そうとする。ことに〝反省〟の面において、一九九五年公刊の論文集『ブッダの学芸員——植民地主義下の仏教研究』(ドナルド・ロペス編)[27] も分野を止揚させた、取り上げなければならない著作である。以上、「仏教」概念の歴史はさまざまな視点から再考され、それとオリエンタリズムやコロニアリズムとの関係もさまざまな立場より明かされてきた。一方、概念史のみならず、その成果を踏まえた上での学術用語としての「仏教」の〝今後〟——換言すれば、その可能性——を考える類の著作も公刊されてきており、その紹介に努めたい。

「仏教」の可能性

ここではまず、先述のロペスが編集した論文集『仏教研究のための批判的用語』（二〇〇五年刊）を取り上げよう。[28]多岐にわたる専門分野の仏教研究者が執筆者となっているこの著作は、さまざまなキーワード（たとえば「仏陀 Buddha」、「死 Death」、「歴史 History」、「制度 Institution」、「実践 Practice」、「儀礼 Ritual」、「性 Sex」、「近代 Modernity」等々）を項目に分け、当該キーワードは、伝統社会と近代社会における「仏教」のさらなる理解に、如何に光を当てられるのか、などが考察される。ちなみにこの〝伝統〟と〝近代〟といった対立は、ロペスの研究を方向づけてきたカテゴリであるとも言えよう。さらに言えば彼の特徴とは、伝統と近代を「対立」としてではなく、如何なる二元論をも廃棄し、それらの〝調和〟にこそ、「仏教」を把握する鍵があるというような立場である。ロペスが編集者となる二〇〇二年の『近代仏教――未悟の者への読本』[29]や、二〇〇八年に公刊された単著の『仏教と科学――迷える人々の為の導き』[30]にも、伝統と近代のはざまにある（あるいはその「はざま」をなし得たカテゴリとしての）仏教を捉える姿勢が窺える。

そしてベルナール・フォールと末木文美士の著作も取り上げたい。こうして二人を列挙することに違和感を覚える者もいるかもしれないが、筆者はこの二人もロペスと同様、異なる視座より「仏教」を通して近代社会におけるいくつかの「二元論」を批判していると考える。まず、フォールを見てみよう。一九九八年の『諸仏教、諸哲学、諸宗教』[31]において、「宗教としての仏教」や「哲学としての仏教」という二つのカテゴリを合わせ、「二諦 satyadvaya」などの伝統的な論理を踏まえながら、西洋的合理主義を考察する「方法としての仏教」を展開している。[32]要するに、東洋的、神秘的なものとしての仏教ではなく（フォールは本著において、オリエンタリスト的な仏教理解がもたらした幾つかの「神話」を打破した上で自論を展開している）、西洋／東洋という二元論を乗り越える道具としての仏教思想を提唱している、といった言葉でフォールのねらいをまとめても大きな誤りはなかろう。末木文美士も近年、異なる視座より「方法としての仏教」を掲げ、ある二元論を乗り越えようとしている。元は中世日本の仏教研究で名高い末木は、二〇〇〇年代に入るとその研究対象を近現代にシフトした。自社会における認知的制約に伴うさまざまな問題に取り組んでいる彼は、思想史研究にとどまらず、仏教を通してのひとつの「哲学」の構築をも目論んでいる。その試みが、たとえば、二〇〇六年公刊の『仏教vs.倫理』において(33)、如何に表れているのかを見てみよう。

末木は、従来の「古典仏教学」に対するある種の「現代仏教学」を提唱するが、彼にとって「仏教は手がかりであり、それ自体が目的ではない」のである(34)。末木によれば、多くの新宗教が掲げるような「社会参加仏教」の存在も確かであるが、「日本仏教」の多くは本覚思想などの影響で倫理基盤が欠けている(35)。そこで、彼は日本社会における倫理道徳を理解する「方法としての仏教」を提唱する(36)。末木はさらに、倫理を「「人の間」のルール」と定義し(37)、それらの「ルールは必ずしも一定不変ではな」く、「時代によって……ほとんど変わってゆく」とも主張する(38)。つまり、倫理とは社会を成り立たせるルールではあるが、「共通のルールが壊れたとき、人は理解不能の「他者」として現れる」ことになる(39)。しかもその理解不能の「他者」は外側ばかりでなく「自分の内にも住み着いて」おり、国家や自然など、さまざまな形で現れる（なかでも、「極限の他者」として、「死者」というものがある）(40)。自己と他者、生者と死者、倫理と宗教、合理性と非合理性、社会参加仏教と葬式仏教——それらの「対立」を乗り越えつつ、仏教の日本社会への新たな可能性を示している。

フォールと末木のアプローチや研究動機には相違もあろうが、二者とも異なる領域のものを超越する（「止揚する」といった方がより適切かもしれない）「方法としての仏教」を用いていることは看過できない。フォールと末木代史としての仏教思想をめぐる考察〉が主流となる時代に変わりつつある、と見ることも、あるいは可能であろう。

（前頁より続く）の試みを、「近代」という時代の理解に迫るために従来の「仏教」言説における諸対立（仏教／科学、伝統／近代）を手がかりとしているロペスの試みに合わせて考えると、今日の仏教研究におけるひとつの傾向が見えてくるのではないか。さらなる検討が必要であろうが、〈東洋思想としての仏教をめぐる記述〉の時代がその終焉を迎え、〈近代史としての仏教思想をめぐる考察〉が主流となる時代に変わりつつある、と見ることも、あるいは可能であろう。

小括

以上、「仏教」概念をめぐる近年の動向に関して述べてきた。「仏教」は近代の欧米学界において如何に構築され、それはアジアの現地に如何なる影響を与えたのかに関する研究は、一九九〇年代より次々と発表され、著しい成果が蓄積された。一方、概念の歴史のみならず、近現代の哲学・思想に取り組むための「方法としての仏教」も用いられ、その営みのなかに「仏教とは何か」（あるいは何であるべきか）という疑問への回答も消極的ながらも提示されている。以下、その議論を踏まえつつ筆者の関心を述べ、本研究の対象について考察したい。

第二節　近代日本、仏教学、オリエンタリズム——研究対象の設定に向けて

言うまでもなく、第一節で取り上げたほとんどの著作はサイードのオリエンタリズム批判を「仏教」に当てはめて語るか、あるいはオリエンタリスト的な仏教理解を乗り越えた形での「仏教」を構築しようとしている。「西洋人」によるこういった「仏教」を暴露するのは重要な営みであることは否定できない。しかし一方、「西洋」に生まれたとされる「仏教」を、実践者たる「東洋人」（ゆえにある種の権威を有する語り手）は如何にして受け止め、

現地においてその構築物をめぐる語りを如何に促進し、利用したのかなどに関する研究は比較的まだ少ない。ロペスも指摘するように、サイードに対する批判のひとつは、彼が「オリエント化の規定者 orientalizer とオリエント化の対象 orientalized」の間の交流ネットワークを十分に考察しないことである。[41] その際、ロペスが取り上げるアイジャズ・アフマドの言葉もここで記そう。

『オリエンタリズム』における特徴のひとつは、西洋による非西洋に関するテキスト textualities の歴史を、それらのテキストは植民地の知識層により如何に受容、容認、修正、挑戦、転覆、または再現されたのかとはほとんど無関係に検討していることである。〔さらに〕均一な集団として〔植民地の知識層を考察するの〕ではなく、彼らなりの対立、矛盾、特定な社会的・政治的位置、階級、ジェンダー、地域、宗教、等々を有する社会的エージェントとして〔それを考察すべき〕である[42]……。

つまり、オリエンタリスト的な言説は、「オリエント人」自身が「近代人」として再出発するために如何にして利用されたのか、「現地社会」の多様性や対象となっている人物・団体の立ち位置を十分に考慮した上での研究も今後、必要であろう。〝欧州＝近代〟という捉え方はアジア諸国のみならず、資本主義世界の周辺地域（たとえば、中南米）にも共通するものであろうが、アジアの場合は相手である「欧州」に対して語るべく、オリエンタリスト的な言説をある程度みずからの語りの枠組みにせねばならなかった。しかし無論、西洋より導入された諸言説の枠組みに自らを語りなおそうとする「アジア人」の思想的営為は——日本の事例からもわかるように——対立や闘争なしにすすめられたものではまったくない。アフマドが指摘するように、そのプロセスを考察する際に知識層の立ち位置なども念頭に置かなければならず、そうすることにより初めて「オリエンタリズム」の構造が理解可能となろう。

アフマドが語るこのダイナミックなプロセスを考察するにあたり、日本における仏教は好都合の対象であろう。「仏教」概念が西洋との共通言説となる一八八〇年代以降(43)、日本の仏教（学）者は言説拡大の単なる傍観者であったのではなく、それを積極的に変化させ、「西洋」に返したのである。「ブッダの仏教」を「純粋な仏教」と捉え、「大乗仏教」を「衰微の様相」として規定した欧州仏教学者の理解は、一九世紀日本の仏者からすれば最も危機感を覚えさせる問題のひとつとなり、大乗仏教の〝名誉回復〟のような作業に取り組んだ者は少なくない——日本国の「外」を念頭に置きながら語ろうとした日本の仏教者の殆どは、「小乗／大乗」なる対立を止揚させる形で言葉を提示している。「経験・体験 experience」を強調しようとする鈴木大拙（一八七〇～一九六六）、「大乗仏教」（「日本仏教」の方が或いは適切であろうが）をも含む形で「仏教」の「一貫」や「統一」を図ろうとする村上専精（一八五一～一九二九）、東洋学者のマックス・ミュラー（一八二三～一九〇〇）の下に学びながら大乗仏典の研究に取り組んだ南條文雄（一八四九～一九二七）のような者の思想的営為は、そのすべてを、「西洋」の仏教学界において構築された「仏教」言説に対する反発として理解してもよかろう。

日本は、「仏教」に限らず、西洋の学術的言説を受け入れたばかりでなく、それを巧みに転覆し、自らの「近代化」に働かせたのである——「オクシデンタリズム」なるものが成立したのみならず、ステファン・タナカが適切に示したように「日本型オリエンタリズム」というものすら成立可能となった(44)。そのコンテキストにおいて、「仏教」について語った近代日本の知識人に焦点を当てた場合、より流動的な構築物としての「オリエンタリズム」や、「近代化」と「西洋化」との差異など、そういった議論に何らかの形で貢献できるであろう。

こうして本書は、ことに官学アカデミズムの枠組みにおいて活動した近代日本の仏教研究者数人を対象とするものである。第一部では「日本仏教」という言説枠の成立とその内容の変遷について考察し、第二部では仏教界刷新などを主張する僧侶の語りは、如何なる近世仏教像をもたらしたのかを述べる。筆者は、本論の各部において学術的な言説の成立・定着に関して考えており、オリエンタリズム自体を正面から取り上げない。しかし、国民国家およびナショナリズム、西洋産出の「仏教」言説、「信念belief」を中心とした「宗教」概念など、近代日本の仏教研究者はそれらと向き合いつつ、如何なる「仏教」を描写したのかを考察する点において、本書が前節まで紹介した議論への提言となり得ることを期待する。要するに本研究を支える根本的な問題とは、「日本人」というアイデンティティを有する学者が、帝国主義的な「西洋」により与えられた諸言説を如何に利用し、自己を語るに際して如何にそれらを展開させたのか、ということである。

本書の各部が扱う「国民国家」と「僧風刷新」といったトピックをめぐる語り方はそれ自体、近代における仏教思想を左右した動機と捉える点において、「近代思想」を成す要素として考えることもできよう。ただし、かかる課題そのもの以上に、それらを「歴史History」なる言説の枠内において語る行為こそ「近代modernity」の特徴である。A・ギデンズは以下のように指摘する。

モダニティと結びつく徹底した歴史性は、近代以前の文明では得られなかった時空間への「挿入」様式に依拠している……。今日世界的に承認されている標準的日付制度は、一元化された過去の充当利用を可能にしている。くわえて、地球全体を包括する世界地図が今日当然視されていることを考え合わせば、一元化された過去とは、世界中が共有する過去である。したがって、時間と空間は再結合して、行為と経験のまさに世界史的枠組みを形成していく(45)。

つまり、「仏教」という「世界宗教」の一翼を担う「日本仏教」の「歴史」を描く（あるいは、それに「歴史」を与える）、たとえば、村上専精のような試み自体は、「近代」のなかでの発想である。こうして「仏教」・「日本」・「歴史」といったカテゴリのクロスロードを考察する本研究は、「近代仏教」なるものの性格を記述するものでもある。以下、「近代仏教」というカテゴリをもう少し詳しく検討する。

日本における「近代仏教」という課題

広義での近代日本の「仏教」をめぐる考察は、当然、日本史学的な区分における「近代」という時代が始まってから為されるようになったものである。明治中期の段階に、「日本仏教」に関する歴史叙述を試みるような書物において、同時代のものとして「仏教」を語る行為はすでに窺うことができる。たとえば、島地黙雷（一八三八～一九一一）と生田得能（後に「織田」と改姓、一八六〇～一九一一）の共著たる『三国仏教略史』（一八九〇年刊）において維新以降の事情が語られ、[46]以下のような言葉で本書が締められている。

●〔明治〕十七年五月。大谷派ノ僧文雄。英国ヨリ帰ル。文雄。九年六月。英国ニ航シ。梵学ヲ馬博士〔マックス・ミュラー〕ニ受ケ。業ヲ卒ヘテ帰ル。僧侶ノ学位ヲ欧州ヨリ受クル。之ヲ始トス。●八月教導職ヲ廃シ。宗権ヲ管長ニ委シ。全ク政教ヲ判別シ。令シテ諸宗ノ宗制寺法ヲ制定セシム。[47]

島地・生田はこうして、同時代における制度的な変遷のみならず、[48]南條文雄のイギリス留学といった文化的な側面をも取り上げている。また、加藤咄堂（一八七〇～一九四九）による『日本仏教史』（一八九二年刊）にも、「明治の仏教」を語る章が設けられており、島地・生田の著作よりも詳しく同時代の事情を描いている(49)。同様に、吉谷覚寿（一八四二～一九一四）が『明治諸宗綱要』（一八九〇年刊）を世に出しており、この時期に現存していた宗門の教理・儀礼を体系的に描こうとしている（なおケテラーは、この吉谷の著作が明治期の仏教を歴史的に描く最も早い段階での試みであろう、と指摘している(50)）。

すなわち、明治期において、同時代の仏教をめぐる考察および批判は珍しいものではなかった。幕藩体制の崩壊に伴った宗門の変化はあまりにも激的であり、明治期の仏教者は新政府の宗教政策という問題に対処せずには、自らの立ち位置を説明できないような状態であった。林淳は「明治時代が終わると、「明治」が直前の歴史として、大正、昭和の時代に生きる人々にとって研究の対象になった。大正期以降に、「明治仏教」の研究が始まったのは、その一例である」と述べているが(51)、この指摘は明治の世において僧侶は同時代の仏教を考察していなかったという理解ではなく、それまで漠然と語られていた〝同時代〟の仏教は「明治仏教」というタームの下で相対化され、より形の整った語りの枠組みへと展開した、という意味で把握すべきであろう。実際に、「明治宗教史」という題を掲げる最初の学術論文は、この大正期に発表され、昭和期には村上専精・鷲尾順敬（一八六八～一九四一）・辻善之助（一八七七～一九五五）による『明治維新神佛分離史料』（一九二六～二九年刊）の出版や、友松円諦（一八九五～一九七三）による「明治仏教史編纂所」（一九四〇年創設）などの事業がみられる。ただし、これまた林淳が指摘するように、戦前日本の「仏教史学者が、資料収集に関心を抱き、明治仏教の研究を始めたわけだが、仏教学の本流は、インドの原始仏教や、経論の文献研究に焦点をあわせて研究を進めており、明治時代の仏教思想を研究することは稀であった」という(52)。

こうして、「明治仏教」に関する積極的な研究は、戦後の学界状況を待たなければならなかった。林がまた、この変化を「明治仏教から近代仏教へ」と捉え、戦前までに「明治仏教」と称された対象は、今度、「近代仏教」へと改められ、そのタームの下で研究が展開された[53]。とくに一九五〇年代以降、近代仏教研究の〈三つの柱〉とも称すべき吉田久一（一九一五～二〇〇五）・柏原祐泉（一九一六～二〇〇二）・池田英俊（一九二九～二〇〇四）がその成果を発表し、研究領域の確立に大きく貢献した――現在の「近代仏教」研究は、この三名の成果により成立つものであるともいえよう。再び、林の指摘に着目したい。

吉田、柏原、池田の三人の先駆的研究者は、関心の方向に違いはあれ、仏教者が近代化にいかに取り組み、対応していったのかという実存的関心を秘めていた。それが、研究の動機づけであり、魅力でもあったが、仏教者の改革運動に焦点をあてた研究になったのは必然であった。吉田の場合ならば、「近代仏教の形成」として、明治三十年代の新仏教運動が記述され、柏原の場合では、「仏教近代化の展開」として、清沢満之の精神主義が言及された[54]。

一方、「池田は……明治初期の戒律運動や結社運動を解明し」、「教会・結社運動が、教団にどのような再編成〔を〕されていくのか」を対象とした[55]。この三人に支えられた戦後日本の早い段階での近代仏教史研究は、大谷栄一によれば、「20世紀初頭に信仰の近代化を成し遂げた清沢満之の精神主義と社会への関わりを担った新仏教運動をもって、「仏教の近代化」と評価する仏教史観が一般的であるといえよう」[56]。このような語り方を、大谷はさらに「近代仏教史パラダイム」と呼んでいる[57]。現在の近代仏教史研究は、ある意味で、その「パラダイム」を批判的に乗り越える試みである。

現時点での近代仏教研究は、そういった枠組みから芽生えた。一九九二年に池田英俊が発起した「日本近代仏教史研究会」が創設され、若手、中堅、長老の研究者が集まる場となった。そこでの活動も原因であろうか、一九九〇年代以降の研究状況は以前に比較して大きく発展した。実際に、近年の学界は近代仏教研究の隆盛をみており、たとえば二〇〇九年度の日本宗教学会の学術大会において「近代仏教」を主題としたパネルセッションは、四つを数えた。二〇一〇年度および一一年度においても「近代仏教」関連のセッションが設けられ、日本思想史学会の学術大会にも公開シンポジウムをはじめとして、同様の現象がみられた。そうした現状に応えるべく、近年、戦前からの「明治仏教」「近代仏教」をめぐる研究史の優れた批判的検討はいくつか発表されており、先行研究の問題点などの詳細に関しては、それらを参照されたい(58)。ただし、近年の成果における本研究の位置づけに関しては、以下に述べることにしたい。

二〇〇〇年代の「近代仏教」研究と本書の位置づけ

ここで、研究史の網羅的な検討を行うつもりはない。はじめに、各分野（社会学、思想史学、日本史学など）を代表する研究者数名の「近代仏教」への視座を紹介し、それらを踏まえつつ筆者の視点を示したい。ただし本節では筆者の研究対象へのアプローチに関する指摘に止まるため、方法論をめぐる考察については次節を参照されたい。

近年における「近代仏教」という術語の一特徴とは、それがかつてのように、「明治仏教」を意味するものでなくなり、広義での「近代 modernity」と「仏教」との関係を表すようなタームへと変化してきたことである。ゆえに、明治期のみならず近世後期、昭和期や戦後などまでを含む近代仏教研究が今日、展開されている。たとえば、江戸時代後半の思想に「近代」の母体をみる類の研究として、西村玲『近世仏教思想の独創――僧侶普寂の思想と実践』（二〇〇八年刊）や、岡田正彦『忘れられた仏教天文学――十九世紀の日本における仏教世界像』（二〇一〇年刊）がある。西村は日本思想史学の出身であり、近世の儒学や国学などの他の思潮との関係において、「仏教」を捉えなおそうとしている。彼女は、日本近代の「精神」をそれ以前の思想に探るような中村元やロバート・ベラーとは異なり、「近代性」なるものを仕事倫理などの思想的内容だけでなく、僧の普寂が仏教を語るに際しての枠組みに見出そうとしている（普寂の思想はたとえば、村上専精による「大乗非仏説論」――すなわち「大乗仏教」は学問的に非／信仰的に可――に先駆けるものである、など）。一方、米国の大学で訓練を受けた岡田は、ヘイドン・ホワイトなどの歴史論を踏まえつつ、近世後期の僧・円通（一七五四～一八三四）の天文学研究や、それ以降の梵暦運動をも取り上げ、「世界」を語るための表現の転換と「近代仏教」について示唆している。二人の成果は、近世仏教思想の再考を迫ると同時に、「近代仏教」の形成にも少なからぬ提言を示している。

　日本史学の立場からはまず、谷川穣『明治前期の教育・教化・仏教』（二〇〇八年刊）を取り上げるべきであろう。谷川は従来の研究において空白であった近代教育最初期における寺院・僧侶の役割を検討している。彼は「教」なるものに焦点を当てつつ近代における「教育」と「宗教」の分離を描いているが、それは言説の変遷に止まらず、地方の教育現場の実践をも視野に入れている。思想史と社会史のはざまの成果をもたらしている谷川は、近代仏教史のみならず教育史の分野にも大きく貢献した。続いて、思想史を主題とする成果として、末木文美士『明治思想家論』・『近代日本と仏教』（二〇〇四年刊）がある。末木は、「近代思想史の中でほとんど無視されてきた」仏教を通すことにより、[59] 新たな時代像を描写しようとしている。従来の「近代仏教史」なる物語のなかに必ず登場する人物と、必ずしもそうではない人物を取り上げ、「日本の近代はなぜ仏教を必要としたか」という問いへの回答を試みている。末木は仏教思想を題材に近代日本における「個」の確立について考えており、アカデミズム、アジア他国の仏教、ナショナリズムなどの諸問題にも提言している。さらに社会学の視点から、大谷栄一は日蓮仏教の近代化プロセスを考察している。日本宗教学会賞などを授けられた『近代日本の日蓮主義運動』（二〇〇一年刊）において、大谷はとくに田中智学（一八六一～一九三九）や本多日生（一八六七～一九三一）に焦点を当て、「国体神話」を語りの枠組みとした日蓮主義運動の形成・展開の詳細を検討している。明治中期から昭和初期にわたるタイムスパンを対象とし、「国家と宗教」の関係を考える大谷の成果も、在家仏教などをめぐる我々の理解を大きく展開させた。

最後に、二〇〇〇年代の成果ではないが、ジェームス・E・ケテラーの近代仏教研究を取り上げたい。『邪教／殉教の明治——廃仏毀釈と近代仏教』は、その原著は一九九〇年に刊行されたものの、二〇〇六年に岡田正彦による日本語訳が出版されており、近年日本の学界の反響を呼んでいる。ケテラーは歴史学科に籍を置く研究者であるが、広く捉えれば欧米的な日本学 Japanese Studies の観点より「近代仏教」の形成を描写している。本著において、ケテラーは「異端から殉教へ」という筋書きを示し、明治初期に大きな打撃を受けた仏教界は「近代」の独特な語りの様式を利用することにより、新体制における自らの居場所を確保したという。彼は近世後期の排仏思想から出発し、明治初期の神仏分離諸令とそれに伴った廃仏毀釈、大教院の成立と挫折、シカゴにおける一八九三年の万国宗教会議、仏教者における「歴史」の構築および「国史」における「仏教」の位置づけなど、広範な問題を考察している。彼は言説の形成とその政治的背景を考察することにより、従来の近代仏教研究を大きく展開させた。

以上、思想史学、日本史学、社会学、欧米の日本学の観点から著された数点の研究書を紹介した。東京（帝国）大学を中心に官学アカデミズムの枠組みに生じた「日本仏教」なる学術的物語を検討する筆者の立場は、末木とケテラーのそれに近いものであると言える。ただし、対象は重なるものの、末木は言説 discourse の形成よりも思想の内容に重点を置き、「学知」なるものの成立を考慮しつつこれを主題としない。一方、ケテラーは言説の形成・展開とその政治的背景を考察の中心としているが、扱う時期は明治後期までであり、以降の「仏教」言説の行方に関する考察を行っていない。したがって、アカデミズムを中心として、明治初期から昭和期に至るまで、言説史の立場から「日本仏教」をめぐる語りの形成について考察する筆者は、従来の研究になかったアプローチを示しているといえよう。

小括

要するに、本研究の対象とは、近代的な大学に籍を置き、「仏教」の学術的研究に取り組んだ数名の人物である。彼らを通して、ことに「日本仏教」をめぐって、如何なる「事実」が構築されたのかを考える。さらにこの研究は、本節の冒頭に取り上げたアフマドの指摘を念頭に置きつつ、近代日本の仏教（学）者は「西洋」より導入された諸概念（Buddhism, religion, science, philosophy など）を如何に受け入れ、如何に拒否したのか、を考えるものである。第一部においては国民国家、第二部においては僧風刷新といった枠組みが、如何にして近代の仏教研究の推進力となり、如何なるパラダイムが生み出されたのかを検討していきたい。

第三節　「宗教史学」への眼差し

最後に、本研究が踏まえる方法論的・理論的な基盤についても述べよう。そもそも、歴史学者として教育を受けた筆者は、日本における「仏教学者」や「国史学者」の思想を対象としており、多様な研究領域に関係するような指摘を試みている。筆者は既成の分野に拘りすぎているつもりはなく、林淳のように、「日本の宗教史に関する雑学をモットーとして[60]」本研究を展開してきた。とはいえ、これまでに「宗教」と「歴史」をキーワードとしてきた自分は、それらの観念に拘る意義について考えないわけにはいかない。一方、「宗教」と「歴史」との関係をめぐる如何なる徹底的考察も、本書の主旨から逸脱するものになると言わねばならない。以前、筆者はその問題に対処した論考を発表しており、詳細はそれを参照されたい[61]。

ただし、その内容をごく簡潔に述べるなら、次のようなことになる。異なる分野――ここでは便宜上、宗教学と歴史学を事例として考えたい――における対象としての「宗教」を考えると、宗教学は「宗教」そのものに拘るのに対し[62]、歴史学は「宗教」を、そのときの目的のために、二次的に扱う[63]。周知の如く、宗教学では「宗教」概念の批判的な再検討が行われると同様に、歴史学においても「歴史的事実」や「過去」などのカテゴリをめぐる再考も進められてきた。しかしそれらは、各々の研究領域を越えた議論となっているとは言えまい。宗教学には「歴史」という言葉を自明化して用いる傾向が否めないと同じように、歴史学における「宗教」も、また然りであろう――「もし仮に、我々の小さな国々全体にわたって、いくつかの単語がほとんど同じ意味、または同じ響きをもっていたとすれば、それは大きな一歩を成していたはずなのだが」、とフェルナン・ブローデルが嘆いたとおりである[64]。本書は、「歴史学」や「宗教学」のいずれかに傾倒し過ぎず、広義での「宗教史研究」を試みた。その理論的基盤は、以下に描くとおりである。

一九九〇年に発表されたA・マッカーラ「宗教思想研究に対する近年の史学の重要性」において[65]、著者はロバート・ダーントンやロジェ・シャルティエの「新しい文化史」などの史学思潮を踏まえ、「宗教的意義の構築と維持の歴史 history of the construction and maintenance of religious meaning」を考えるものとしての宗教史研究を提唱している（ここにおけるreligious meaningとは、「宗教的意義」が与えられてこそ成立し、展開し、維持されるような人間生活の諸側面を指している、と理解してよかろう）[66]。また、同じマッカーラは一九九四年発表の論考において、宗教を「文化的人工物」（cultural artifact）として再概念化することを提案している[67]。つまり、特定の文化的なコンテキストにおいて構築されたものとして「宗教」を捉えなおす、という提言である。こうして、マッカーラは「宗教」を軸としつつもそれを本質化せず、「宗教」を歴史的な構築物として理解した上での「宗教」に対する拘りを示している。そうすることにより、マッカーラの宗教史研究は「歴史研究的」と言える側面を満たしつつ、「宗教研究的」な側面をも満たした。

筆者は、マッカーラの視点に好意を寄せており、基本的に同様の立場を踏まえている。ただし意義なるもの――宗教的なそれに限らず――の構築・維持という思想的な営みをめぐる考察はマッカーラの小論において行われず、その点において筆者はヘイドン・ホワイトの歴史論に啓蒙された。彼はミシェル・フーコー（一九二六～一九八四）に影響を受け、歴史を不変の過去としてではなく、絶えず変化する語りの過程とみなすべきであると主張した。歴史的知は単純に「過去に関する真理」の理解ではなく、歴史家による言説的産物である。ホワイトは「歴史的事実」と呼ぶようなものは歴史家によって言語を用いて構築されたものである、と言い、「事実」を「叙述の下での出来事」として描く。つまり、事実はその記述から切り離すことはできない。ホワイトは過去の出来事の存在を否定するわけではないが、「実際に起こったこと」を記述しようとする如何なる試みも、「物語」として表現されなければならないことを主張する。換言すれば「過去」なるものは、その歴史的表現から離れて存在するのではない[68]。

構築のみならず、意義の維持をも考慮している筆者にとっては、ホワイト論はきわめて有効なものである。なぜなら、近代なる時代において物事の存在意義とその持続は、ほぼすべて、「歴史」なるものにより表現されるからである。この列島の僧侶は、近代における自らの意義を発見するために、己れを「歴史」の枠組みの中に語りなおし、結果、「日本仏教」なる物語が成立した。かかる〈物語〉の形成はまさに、近代仏教者による「宗教的な意義の構築」を表現するものである。第一部および第二部には、国民国家と僧風刷新というふたつの語りの枠組みを軸として、そういった意義・維持の具体例を描きたい。

以上、本研究の基本的な問題（近代における「西洋」と「東洋」の言説的交流）、対象（近代日本のアカデミズム仏教研究）、方法（言説史的な手法を踏まえた「宗教史学」）に関して述べた。第一部と第二部で展開される具体的な考察に関しては、各部の「緒言」で記されており、ここでは省略した。

註

（1）Said, Edward W. *Orientalism*, 25th Anniversary Edition, with a New Preface by the Author(New York：Vintage Books, 2003［1978］）今沢紀子訳『オリエンタリズム　上下』（平凡社、一九九三年）。

（2）Almond, Philip C. *The British Discovery of Buddhism*（Cambridge：Cambridge University Press, 1988）.

（3）Droit, Roger-Pol. *Le culte du néant：les philosophes et le Bouddha*, Éd. augm. d'une préface（Paris：Seuil, 2004［1997］）島田裕巳・田桐正彦訳『虚無の信仰――西欧はなぜ仏教を怖れたか』（トランスビュー、二〇〇二年）。

（4）Lopez, Donald S., Jr. "Buddha" In *Critical Terms for the Study of Buddhism*, edited by Donald Lopez Jr.（Chicago：Chicago University Press, 2005）, p. 15.

（5）Pinto, Fernão Mendes. *Peregrinaçam*（Lisboa：Pedro Crasbeeck, a custa de Belchior de Faria, 1614）, 第二一五章を参照。この著作はポルトガル国立図書館 Biblioteca Nacional de Portugal のウェブサイト（<http：//purl.pt/82>二〇〇九年十月一日アクセス）にて閲覧可である。

（6） LOPEZ, Donald S., Jr. *The Story of Buddhism : A Concise Guide to its History and Teachings*（San Francisco : HarperSanFrancisco, 2001）, p. 11 および前掲の LOPEZ, “Buddha”, p. 5.

（7） “［T］*here is no data for religion*. Religion is solely the creation of the scholar’s study”（SMITH, Jonathan Z. *Imagining religion : from Babylon to Jonestown*. Chicago : University of Chicago Press, 1982）, p. xi.

（8） UPHAM, Edward. *The History and Doctrine of Budhism, Popularly Illustrated ; with Notices of the Kappooism, or Demon Worship, and of the Bali, or Planetary Incantations of Ceylon : with Forty-three Lithographic Prints from Original Singalese Designs*（London : R. Ackermann and Co., 1829）.

（9） 前掲 ALMOND, *The British Discovery of Buddhism*, p. 17.

（10） 仏教の起源地については ALMOND, pp. 20-24 を見よ。仏陀の人種をめぐる議論に関しては、註（4）前掲の LOPEZ, “Buddha” を参照。

（11） LOPEZ, “Buddha”, p. 16.

（12） LOPEZ, Donald S., Jr. “Introduction” In *Curators of the Buddha : The Study of Buddhism under Colonialism*, edited by Donald Lopez Jr.（Chicago : University of Chicago Press, 1995）, p. 3.

（13） BURNOUF, Eugène. *Introduction à l’histoire du Buddhisme indien*（2e éd. rigoureusement conforme à l’édition originale et précédée d’une notice de Barthélemy Saint-Hilaire sur les travaux de Eugène Burnouf）.（Paris : Maisonneuve, 1876［1844］）.

（14） 註（12）前掲 LOPEZ, “Introduction”, *Curators of the Buddha*, p. 5.

（15） 下田正弘「仏教研究と時代精神」（『龍谷史壇』一二二号、二〇〇五年）、三二頁。

（16） 下田「仏教研究と時代精神」、三二頁。

（17） SNODGRASS, Judith. *Presenting Japanese Buddhism to the West : Orientalism, Occidentalism, and the Columbian Exposition*（Chapel Hill : University of North Carolina Press, 2003）および KETELAAR, James. *Of Heretics and Martyrs in Meiji Japan : Buddhism and Its Persecution*（Princeton, N.J. : Princeton University Press, 1990）岡田正彦訳『邪教／殉教の明治——廃仏毀釈と近代仏教』（ぺりかん社、二〇〇六年）の第四章「バベルの再召——東方仏教と一八

九三年万国宗教大会」を参照。なお、筆者は直接に参照できなかったが、万国宗教会議に関しては SEAGER, Richard. *The World's Parliament of Religions : The East/West Encounter, Chicago, 1893*（Bloomington : Indiana University Press, 1995）もよく言及される著作である。

（18）TWEED, Thomas A. *The American Encounter with Buddhism, 1844-1912 : Victorian Culture & the Limits of Dissent*, with a new preface by the author（Chapel Hill, NC : Univ. of North Carolina Press, 2000［1992］）.

（19）ROCHA, Cristina. *Zen in Brazil : The Quest for Cosmopolitan Modernity*（Honolulu : University of Hawai'i Press, 2006）. なお、ブラジルにおける仏教に関しては、*O Budismo no Brasil*（edited by Frank USARSKI, São Paulo : Lorosae, 2002）も取り上げるべき近年の成果である。

（20）HARDING, John, Victor HORI and Alexander SOUCY, eds. *Wild Geese : Buddhism in Canada*（Montreal : McGill-Queen's University Press, 2010）.

（21）ROCHA, Cristina and Michelle BARKER, eds. *Buddhism in Australia : Traditions in Change*（London : Routledge, 2011）.

（22）LOPEZ, Donald S., Jr. *Prisoners of Shangri-La : Tibetan Buddhism and the West*（Chicago : University of Chicago Press, 1998）.

（23）GOMBRICH, Richard and Ganath OBEYESEKERE. *Buddhism Transformed : Religious Change in Sri Lanka*（Princeton, N.J. : Princeton University Press, 1988）島岩訳『スリランカの仏教』（法藏館、二〇〇二年）。

（24）山口輝臣『明治国家と宗教』（東京大学出版会、一九九九年）、磯前順一『近代日本の宗教言説とその系譜——宗教・国家・神道』（岩波書店、二〇〇三年）、星野靖二『近代日本の宗教概念——宗教者の言葉と近代』（有志舎、二〇一二年）を参照。

（25）たとえば本書の第一部・第一章を参照。

（26）そのほかにも、次の成果も取り上げることができよう——AMSTUTZ, Galen. *Interpreting Amida : History and Orientalism in the Study of Pure Land Buddhism*（Albany : State University of New York Press, 1997）, PREBISH, Charles and Martin BAUMANN, eds. *Westward Dharma : Buddhism beyond Asia*（Berkeley : Univ. of California Press, 2002）,

McMAHAN, David L. *The Making of Buddhist Modernism*（New York：Oxford Univ. Press, 2008）. APP, Urs. *The Birth of Orientalism*（Philadelphia：University of Pennsylvania Press, 2010）は仏教以外の問題も扱った近年の大きな成果であり、是非、参照されたい。

（27）註（12）のLOPEZ, *Curators of the Buddha*（1995）.

（28）註（4）のLOPEZ, *Critical Terms for the Study of Buddhism*（2005）.

（29）LOPEZ, Donald S., Jr., ed. *Modern Buddhism：Readings for the Unenlightened*（London：Penguin, 2002）.

（30）LOPEZ, Donald S., Jr. *Buddhism & Science：A Guide for the Perplexed*（Chicago：University of Chicago Press, 2008）.

（31）FAURE, Bernard. *Bouddhismes, philosophies et religions*（Paris：Flammarion, 1998）. ちなみに表題をはじめとして仏教の「多様性」を強調する本著は、仏教を「複数形」で語る近年の学術的な傾向をよく表している。たとえば、オックスフォード刊*Very Short Introductions*というベストセラーシリーズの『仏教入門』（一九九六年）において、著者のダミアン・ケオゥンも「ひとつの仏教」の本質的な捉え方に関して警告している（Damien KEOWN, *Buddhism：A Very Short Introduction*, Oxford & New York：Oxford University Press, 1996, とくにpp.1-3を参照）。同じく、二〇〇七年公刊の論文集『（諸）仏教考察入門』に、編集者のカレン・デリスとナタリー・ガマーが仏教を「複数形」で語る必要性を示している（Karen DERRIS and Natalie GUMMER, "Introduction: Defining Buddhism(s)", In *Defining Buddhism(s)：A Reader*, edited by Karen Derris and Natalie Gummer, London & Oakville：Equinox Publishers, 2007, p. 1-2）。

（32）フォールはたとえば、「仏教に思想があるということだけでなく、仏教は「考えるために役立つ」ということも示したい」と述べる（FAURE, *Bouddhismes, philosophies et religions*, p.9．傍点は引用者）。

（33）末木文美士『仏教vs.倫理』（筑摩書房、二〇〇六年）。

（34）末木『仏教vs.倫理』、一一頁。

（35）日本仏教の「倫理欠如」と本覚思想に関しては、『仏教vs.倫理』一二三～三一頁を見よ。「社会参加仏教Engaged Buddhism」に関しては同著作、七二～八六頁を参照。

（36）末木『仏教 vs. 倫理』、一一頁。
（37）末木『仏教 vs. 倫理』、九二頁。
（38）末木『仏教 vs. 倫理』、九七頁。
（39）末木『仏教 vs. 倫理』、一〇六頁。
（40）末木『仏教 vs. 倫理』、一七四頁。
（41）註（12）前掲 LOPEZ. "Introduction," *Curators of the Buddha*, p. 12.
（42）AHMAD, Aijaz. *In Theory: Classes, Nations, Literatures*（London & New York: Verso, 1994 [1992]), p. 172.
（43）本書の第一部・第一章・第三節を参照。
（44）たとえば TANAKA, Stefan. *Japan's Orient: Rendering Pasts into History*（Berkeley: University of California Press, 1993）を参照。いずれにしても、近代日本における「仏教」観念の広がりは、同国における「アジア」言説の定着と密接に関係しており、近年その問題に取り組む研究がいよいよ増えてきた。それに関して、リチャード・ジャフィの研究——"Seeking Śākyamuni: Travel and the Reconstruction of Japanese Buddhism"（*Journal of Japanese Studies*, 30/1, 2004 前川健一訳「釈尊を探して——近代日本仏教の誕生と世界旅行」『思想』九四三、二〇〇二年）および "Buddhist Material Culture, 'Indianism,' and the Construction of Pan-Asian Buddhism in Pre-War Japan"（*Material Religion*, 2/3, 2006 桐原健真／オリオン・クラウタウ共訳「戦前日本における仏教的物質文化、〈インド趣味〉、および汎アジア仏教の形成」『東北宗教学』第四号、二〇〇八年）——を参照。小川原正道編『近代日本の仏教者——アジア体験と思想の変容』慶應義塾大学出版会、二〇一〇年）所収の諸論考も参照されたい。
（45）GIDDENS, Anthony. *The Consequences of Modernity*（Stanford, CA: Stanford University Press, 1990）松尾精文・小幡正敏共訳『近代とはいかなる時代か？——モダニティの帰結——』（而立書房、一九九三年）、三五頁。
（46）島地黙雷・生田得能『三国仏教略史』（鴻盟社／哲学書院、一八九〇年）、下巻、四三丁表～四四丁裏。
（47）島地・生田『三国仏教略史』、四四丁裏。
（48）ケテラーは島地・生田の教導職廃止をめぐる発言について次のように指摘している。
明治中期に政府が宗教を公認と非公認とに区別する企てを放棄したことは、少なくとも島地にとっては新しい宗教言説形態の基準となった。自律的な組織と教育制度の確立は、新仏教にとっては出発点にすぎなかった。近代的な「仏教史」が独立したものとして創出されたことは、自律的な言説の実践《プラクティス》であり、廃仏毀釈以後の再形成にとってこれも重要な局面の一つであった（ケテラー『邪教／殉教の明治』、二七五頁）。

(49) 加藤熊一郎『日本仏教史』（吉川半七、一八九二年）、九一～一〇一頁を参照。

(50) Ketelaar, James E. "The Non-modern Confronts the Modern: Dating the Buddha in Japan" (*History and Theory*, Vol. 45, Number 4, 2006), p. 69, footnote 12.

(51) 林淳「近代仏教と国家神道——研究史の素描と問題点の整理——」（『禅研究所紀要』第三四号、二〇〇五年）、八六頁。

(52) 林「近代仏教と国家神道」、八七頁。

(53) 林「近代仏教と国家神道」、八七頁。

(54) 林「近代仏教と国家神道」、八七頁。

(55) 林「近代仏教と国家神道」、八九頁。

(56) 大谷栄一「書評2」（同編「書評特集　末木文美士『明治思想家論』『近代日本と仏教』を読む」『南山宗教文化研究所　研究所報』第一六号、二〇〇六年）、一五頁。

(57) 大谷「書評2」、一五頁。

(58) たとえば、孝本貢「近現代」（日本仏教研究会編『日本仏教の研究法——歴史と展望』法藏館、二〇〇〇年）、木場明志「近代仏教研究を問う」（池田英俊・他編『国家と仏教——自由な信仰を求めて』シリーズ「現代日本と仏教」第二巻、平凡社、二〇〇〇年）、前掲の林淳「近代仏教と国家神道」（二〇〇五年発表）、大谷栄一「近代日本の「政治と仏教」のクロスロード」（『南山宗教文化研究所　研究所報』第一六号、二〇〇六年）、大谷栄一「「近代仏教になる」という物語——近代日本仏教史研究の批判的継承のための理路」（『近代仏教』第一六号、二〇〇九年）、そして林淳「近代仏教の時代区分」（『季刊日本思想史』第七五号、特集「近代仏教」、編集責任：林淳・大谷栄一、二〇〇九年）を参照されたい。

(59) 末木文美士『明治思想家論』（トランスビュー、二〇〇四年）、五頁。

（60）林淳「思想史と宗教史のあいだ」（『日本思想史学』第三五号、二〇〇三年）、八七頁。

（61）拙稿「恐怖の源から救い主へ――宗教学における〈歴史〉の位置づけ」（『論集』印度学宗教学会、第三四号、二〇〇七年）を参照。

（62）たとえば、ミルチャ・エリアーデの以下の指摘に着目しよう。

つまり、《宗教の歴史》という表現の中で、力点が置かれねばならないのは「歴史」という語ではなく、「宗教」という語だということである。というのは、もし「歴史」を〔学として〕営む仕方は、技術の歴史から人間の思惟の歴史に至るまで数多くあるとしても、「宗教」に取り組む仕方は唯ひとつしかないからである。それは宗教的事実に密着することである。なんらかの事象を「歴史」として扱う前に、そのあるがままの事象をそれ自体として、独立にはっきりと理解することが重要である（ELIADE, Mircea. *Images et symboles : essais sur le symbolisme magico-religieux*, Paris : Gallimard, 1952, p. 36 前田耕作訳『イメージとシンボル』〔エリアーデ著作集　第四巻〕、せりか書房、一九八八年、四〇頁。なお筆者は日本語訳に手を加えている）。

（63）ジャック・ル・ゴフおよびピエール・ノラが監修したシリーズ『歴史の作成 *Faire de l'Histoire*』（一九七四年刊）の第二巻（『新たな方法』）に所収されているドミニック・ジューリア「宗教なるもの――宗教史」には、歴史学における宗教へのアプローチがよく例証されている。ジューリアは以下のように説明している。

実際には、人文科学 sciences humaines は、宗教現象を俗的対象とは異なった方法では扱わない……。分析者にとって重要なのは、対象となっている宗教的主張の事実としての位置づけ le statut de vérité でなく、かかる主張が、それらを説明する社会あるいは文化と如何なる関係を有しているのか、ということである。ゆえに宗教的主張はしるし symptômes であり、それらが表す内容とは異なる何かを示すものとなる（JULIA, Dominique. "La Religion : Histoire Religieuse" In *Faire de l'histoire : nouvelles approaches*, dir. de Jacques LE GOFF & Pierre NORA. Paris : Gallimard, 1974, pp. 139-140).

さらに「歴史学」と「宗教学」との認識論的相違を考察するものとして、エドゥアルド・バスト・ヂ・アルブケーキ（一九四二～二〇〇九）の諸論考を参照されたい。たとえば ALBUQUERQUE, Eduardo Basto de. "Distinções no Campo de Estudos da Religião e da História" (In *O estudo das religiões : desafios contemporaneous*, edited by Silas

GUERRIERO. São Paulo : Paulinas, 2003）、同 “A História das Religiões”(In *O espectro disciplinar da Ciência da Religião*, edited by Frank USARSKI. São Paulo : Paulinas, 2007）、同 “Historiografia e Religião”（*Revista Nures*, Publicação Eletrônica do Núcleo de Estudos ‘Religião e Sociedade’ da PUC-SP, n. 5, 2007.〈http://www.pucsp.br/revistanures/〉）、および同 “Da história religiosa à história cultural do sagrado”（*Ciências da Religião - História e Sociedade*, vol. 5, n. 1, 2007.〈http : //www3.mackenzie.br/editora/index.php/cr〉）を見よ（両ウェブサイトは二〇一一年一月二十九日にアクセス）。

（64）BRAUDEL, Fernand. *Écrits sur l'Histoire*（Paris : Flammarion, 1969）, p. 90.

（65）McCALLA, Arthur. “The Importance of Recent Historiography for the Study of Religious Thought”（*Method and Theory in the Study of Religion*, 2/2, 1990）.

（66）McCALLA, “The Importance of Recent Historiography for the Study of Religious Thought”, p. 176.

（67）McCALLA, Arthur. “When is History not History?”（*Historical Reflexions/Réflexions Historiques*, 20/3, 1994）, pp. 451-452.

（68）WHITE, Hayden. *Metahistory : the Historical Imagination in Nineteenth-century Europe*（Baltimore : Johns Hopkins University Press, 1973）.

第一部

国民国家と「仏教」をめぐる歴史叙述

第一部　緒言

「日本仏教 Japanese Buddhism」はそもそも、何を意味するのか。その用語の下に、何が語られてきたのか。そしてそれが、如何なる言説的機能を有してきたのか。「日本仏教は日本の仏教であろう」という安易な回答はまず、決してできないものである。近代の過程において「日本における仏教」という捉え方をした者もいれば、「日本的な仏教」あるいは「日本化した仏教」——そこでの「日本」は何を意味するにせよ——という理解の者も存在したわけである。たとえば、本部・第四章に取り上げられる花山信勝（一八九八～一九九五）は、一九三〇、四〇年代の段階に、「日本仏教」という術語の多義性について指摘していた。彼は例えば以下のように記している。

> 「日本仏教」といふからには、それは当然「支那仏教」「印度仏教」「西蔵仏教」「満蒙仏教」「セイロン仏教」「ビルマ仏教」「タイ仏教」「欧米仏教」等と、相対的に考へられる仏教であり、且つ「仏教」といふ一般の概念から特殊化された「日本仏教」といふ概念である可き筈である。果たして然らば、「仏教」といふ概念の外に、或ひは「仏教」といふ概念とは別に、「日本仏教」といふ概念が、存立し得るか否かといふことから、解

決して行かなければならぬ。(1)

つまり、単なる「日本における仏教」としての「日本仏教」ではなく、それとはまた異なるものとしての「日本仏教」の可能性を、花山は考えていた。なお、かかる概念は「存立し得るか」という自問に対して、彼は肯定的な回答を示している。いや、「存在し得る」と答えている以上に、かかる概念を今後、仏教がこの列島に栄えるための必須条件だとしている。花山はさらに、次のように説明している。

思想は現実なくして存在し得ず、全体は個を離れて存在し得ないやうに、少なくともわれわれ日本人にとつては、「日本仏教」を離れて「仏教」一般といふやうなものを考へることは、事実的に不可能なわけである……。／そこで、題目の第一義の結論として述べて置きたいのは、「日本仏教」といふ用語は、最近の時勢の波に乗せられて踊り出た言葉のやうに受けとれるかもしれぬが、事実はさうでなく、われわれ日本人の思考し実践する仏教は、単なる「仏教」でなくして「日本仏教」であり、此の意味からすれば、学術的にもまた当然「日本仏教」と呼んで差支へないといふ点である。(2)

花山はこうして、「単なる」仏教とは異なる「日本の」仏教という概念の学術的研究を提唱する。ただしこういった探究に取り組んでいたのは、彼一人ではない。同時期に、西義雄（一八九七～一九九三）も「仏教」と区別される「日本仏教」概念を考察しており(3)、東京帝国大学宗教学研究室講師であった矢吹慶輝（一八七九～一九三九）も「日本精神」と「日本仏教」との関係について述べている。(4)これはもちろん、いずれもが熱狂的な国家主義の最も盛んな時期に示されたものであり、そのコンテキストでの試みとして理解すべきであろう。しかし少なくとも、上記の語りは「日本仏教」の意義に対する自明な解答は存在しない、という認識を我々に与えてくれる。

だが同じく、花山が指摘するような「日本仏教」と「仏教一般」といった区別を、単なる十五年戦争期の生産物として片付けることもできない。「日本仏教」を通してでなければ「仏教一般」を考えることはできず、仏教実践の必須条件としての「日本人」の自覚を必要とする思想的な立場は近代日本の独特な生産物として捉えてもよいかもしれないが、「仏教一般」に対する「日本仏教」の特異性をめぐる考察は決して、近代に始まるような新たな試みではない――古代より近世にわたり、「本朝仏法」や「本朝高僧」を語る書物が多く著されたことは事実である。ただし近代という国民国家の形成期には、「日本人」のアイデンティティなどが問題化されるにつれて、この列島における「仏法」の展開をめぐる語り方は、それに伴うように変遷する。本書の第一部は、そういった「日本」という近代国家の枠組みでの「日本仏教」という術語の出現および行方を、考察するものである。

先述の如く、「日本仏教」という言説の系譜を、伝統社会における「本朝仏法」などにも求めることは、不可能ではない。しかし、その「本朝仏法」をめぐる語り方はひとまず置くとしても、幕末期において日本列島に展開した「仏法」を語る一連の言説と、一八八〇年代のそれの間にすら、断絶を見出すことができる。たとえば、一八五〇、六〇年代前半の「護法論」の詳細を検討した森和也は、勤王僧の月性（一八一七～一八五八）が著した『仏法護国論』における主張を、次のようにまとめている。

> 仏教の側から自ら政治の手段としての有益性を強調しているが、国家像が「神国」という日本における特殊形態に結びつくとき、「神国」である「日本」という特殊な場における日本仏教という特殊な宗教の存続を保障

するうえでは有効であっても、仏教が「神国」である「日本」を越えて存在することを一切担保し得ない論理であった(5)。

この月性の立場は、前近代における「日本」と「仏法」を結び付けて語る言説の典型であると筆者は捉えている。森が指摘するように、そこで展開される〈日本仏教〉の論理において、かかる「仏教」が「日本」（神国）を越境する点に困難が生じる。つまり、日本列島における仏教の特徴を語るこの段階での言説は、内なる存在に対して語ろうとする。それとは異なり、一八八〇年代以降の仏教言説は、「文明諸国」に対する語りを成しており、かつそれが〝普遍性〟を有した語りの枠組みにおいて提示される。もちろん、伝統社会においても「仏法」は「天竺」に起源があり、「本朝」を遥かに越えたものであるという認識は存在した。ただし、我々が前近代の「仏法」に見出し得るような〝普遍性〟もまた、一八八〇年代の仏教言説にみられるそれとは異なるであろう。前者は〝日本列島を越える真実〟という意味が与えられ得るのに対し、後者は〝人類共通〟として把握されるべきである。さらに、後者は「仏法」が、「宗教 religion」・「科学 science」・「哲学 philosophy」といった言説の枠内に語り直される段階を意味している。要するに、「日本」を越えた相手に対して語りつつ、前近代とは異なる〝普遍性〟を有したカテゴリの枠組みに「仏教」を再構築していく点に、近代の「日本仏教」論の特徴を見出すことができよう。

かかる「日本仏教」論の展開をめぐる理解に貢献すべく、筆者は次のような考察を試みたい。上述のように、近代における「日本仏教」をめぐる言説のひとつの特徴は「宗教」や「科学」などを踏まえている点にあるため、本部の第一章においては仏教とそうしたカテゴリとの遭遇をまず考えたい。具体的には、これまで取り上げられることが稀であった東京（帝国）大学の講師であった原坦山（一八一九〜一八九二）に焦点を当て、近世と近代の両時代を生きた学僧は仏教を「宗教」および「哲学」との関係において如何にして語り直したのかを考える。かかる段階を経た仏教は、今度はネイションにまつわる言説と如何に関連したのかをも考察すべく、第二章においては坦山の後を継いだ村上専精（一八五一～一九二九）とその学術的営為を取り上げる。

第三章には、明治末期から大正期にかけて、「西洋」に対する日本の独自性をめぐる議論の枠に仏教が持ち込まれる段階を検討するため、坦山と専精と同じく東京帝国大学で印度哲学を講じた高楠順次郎（一八六六～一九四五）が示した「仏教国民論」に焦点を当てる。第四章では、花山信勝（一八九八～一九九五）および家永三郎（一九一三～二〇〇二）の語りを比較し、十五年戦争期における「日本仏教」言説の展開を考え、戦後のその行方に関しても触れたい。

こうして本書の第一部は、東京帝国大学の講壇に立ち、「仏教」を講じた数人の研究者の思想を取り上げ、国民国家にまつわる言説は、如何にして彼らの「仏教」理解の推進力となったのか、ということを考えるものである。そして、その展開の果てに、如何なる「日本仏教」観が我々にもたらされたのか、戦後における「日本仏教史」なる物語の構造を考える。

註

（1）花山信勝『日本仏教』（三省堂、一九四四年）、一八五頁。
（2）花山『日本仏教』、一八八～一八九頁。
（3）西義雄「「日本仏教」史観――日本精神史の一内容として――」（大倉邦彦先生獻呈論文集編纂委員会編『国史論纂――大倉邦彦先生献呈論文集』躬行會、一九四二年）。
（4）矢吹慶輝『日本精神と日本仏教』（佛教聯合會、一九三四年）。
（5）森和也「幕末仏教の一構図――排仏論と護法論のはざまで――」（『東方』第一七号、二〇〇二年）、一五一頁。

第一章

「日本仏教」以前

原坦山と仏教の普遍化

はじめに

「日本仏教 Japanese Buddhism」は、その熟語が示すように、〈国民国家〉を指す「日本」と、〈宗教〉を指す「仏教」によって成立しており、近代の独特な文脈において創造される観念である。前近代的な「護国即護法」思想の枠組みに語られる「本朝仏法」や、同枠に展開される「護国・防邪」を一体化した形式での幕末維新期の護法論とは異なり、「日本仏教」という言説は内なる存在に対してこの列島における仏教の特徴を語るものではなく、のちに見るように、普遍のなかで「日本仏教」を主張するような語り方である。

こうして、近代に展開された「日本仏教」言説の系譜を考えるにあたって、それを暗に伝統的な「本朝仏法」という語り方に求めることは、妥当ではないことが確認された。近代における「日本仏教」という語りの特徴とは、上記に触れた如く、「宗教」・「科学」・「国家」といったような、西洋中心でありながら「普遍性」を装った言説のなかで促進されることである。したがって、あらゆる「仏教」のなかの「日本仏教」の特徴（場合によってはその優位性）を主張する言説の系譜は「仏教」がそういった諸言説の枠組みで語りなおされ、内なる存在のみならず、外なる存在を念頭に置いた語りを展開するようになる時期に、まず求めなければならない。こういった仏教のいわば、普遍化過程とその複雑性を考察すべく、原坦山（一八一九～一八九二）にみる仏教言説の展開に焦点を当てたい。

坦山は、日本近代仏教史の概説書において、必ずと言ってよいほど紙数が割かれる人物の一人である。彼は明治初期、日本における初の「通仏教」的な集会とされる「諸宗同徳会盟」の盟主を務めたこともあり[1]、同会盟をもとに設けられた仏教学校の校長職にも就いている。明治五［一八七二］年に神祇省が廃されて教部省が設立され、その下に設置された大教院で教導職も務めたが、次節で詳しく取り上げるように、官僚的なミスで職を辞めさせられ、曹洞宗の僧籍から離れざるを得ない状態に追い込まれる。一八七九年、東京大学綜理であった加藤弘之（一八三六～一九一六）の依嘱をうけ、和漢文学科における最初の仏書講読師となり、死去する一八九〇年代初頭まで、活発な講演や執筆活動を続けた。

このように記述すると、坦山が明治前期における仏教界の動向をどれほど象徴しているのかを強く実感させられるであろう。事実、先述のように、坦山の名を挙げない近代仏教史概説書はほとんどないが、彼が明治前期において果たした役割に比べ、その思想の内実まで考察したものはきわめて少ない[2]。坦山は明治初年、諸宗同徳会盟に積極的に関わった者で、のちに東大で「印度哲学」を講じた人物でもある。その教えを直接に乞うた者のなかには明治中期「護国愛理」を主張して排耶言説の大きな担い手となった井上円了（一八五八～一九一九）や、同じくキリスト教を批判して国民道徳論を展開させた井上哲次郎（一八五六～一九四四）、または一八八九年に「尊皇奉仏大同団」を結成した仏教啓蒙思想家の大内青巒（一八四五～一九一八）などがいる。仏者が皇国という内なる存在に対して「宗門」の者として自己を語る諸宗同徳会盟の段階、そして仏者がこの列島を越えた世界に対して「宗教者」として自己を語る円了たちの段階の最中に生き、両フェイズを経験している坦山の思想にはその展開は如何にして現れているのか。

本章は両者――すなわち明治初期の（いわば）前近代的な諸宗同徳会盟の「護国仏法」と、明治中期以降、大内青巒に象徴されるような「尊皇仏教」――のあいだの連続と断絶を理解する糸口として、坦山仏教学を検討し、近代仏教の成立における彼自身の位置づけも明らかにしようとする。より具体的に本章の課題を述べると、まず坦山の生涯に触れたのち、明治初年における坦山の思想に焦点を当て、それが一八八〇年代、つまり仏書講読師として勤めていた時期においてどのように展開したのかを考えたい。

第一節　原坦山の生涯――近世的宗学と近代的仏教学のはざま

坦山は文政二［一八一九］年、仙台伊達家の藩士・原元右衛門の二男である新井勇輔の長男として、岩城国平村（現・福島県いわき市）に生まれた。幼年時代より両親に漢詩などを学び、のちには平藩校施政堂に入学した。そこで才能が認められ、何歳かは詳らかではないが江戸に出て神林清助（生没年不詳）について漢学を学ぶ。天保四［一八三三］年当時、佐藤一斎（一七七二～一八五九）が教授であった昌平黌に入学して、数年後には近世後期における儒医の代表的な存在である多紀元堅（一七九五～一八五七）の塾に入り、医術を修めている。この時期、出来事の正確な年月日までは知られていないにせよ、一八四〇年代前半において、糧を得るためにも駒込・吉祥寺の栴檀林（宗門の子弟養成所）で経書を講じていたことは確かである。そこで、京璨《きょうさん》（「京燦」と記されることもある）という学僧と議論をすることとなったが、その条件として「敗者は勝者の弟子となる」と定められていた。議論の詳細を示す史料がないため、その内容は明確ではないが、儒仏の優劣をめぐるものであったと推測できる。結果は京璨に敗れ、「仏法は中々大丈夫の学問である」[3]と納得した坦山は、得度し、「仏者」としての道を歩み始めたのである。

こうして仏門に入った坦山は、晩年、「余は元来学問の方より入りたること故「有難屋」の方は下手なり」と述べたように[4]、自らを「有難屋」――すなわち、祈禱や葬儀などの儀礼的な行為を通じて、「信」を中心とする仏教の実践者――といった類の僧侶と一線を画していた。学僧という自己認識が顕著にみられる坦山は、禅学を修めるにあたっても「師匠」と呼ぶべき者は一人にとどまらず、複数の禅師に学んでいる。また、同じ曹洞宗の奕堂（一八〇五～一八七九）と蔵雲（生没年不詳）と生活を共にしながらも、ときには一人でも山奥で修行して、禅僧侶の「実践」にも励んでいた。さらに禅学のみならず、一八四〇年代後半に比叡山に上り天台教学も学んでいた[5]。

安政三［一八五六］年、山城国愛宕郡白川村（現・京都市左京区）の心性寺住職となり[6]、この時期に蘭学医の小森宗二（一八六二年没）と「心」の所在をめぐって議論している[7]。そこで、意識の中心としての「心」の所在を「ムネ」に見出す伝統的な仏教生理学は、「実験から来たのだから余程確である」[8]とされる「西洋の学問」に否定される。胸にあるのは「血液の出納を司る」臓器にすぎないのであり[9]、意識そのものはそこより生じるのではないということに納得した坦山は、それ以降の人生を変えるような危機感を覚えた。すなわち生理学的な「事実」に直面した彼は、釈迦の教義を新たな枠組みにおいて語りなおす必要性を痛感したのである。

小森との出逢い以降、西洋医学の勉強に励んだ坦山は早くも安政七［一八六〇］年に『心識論』を刊行し、仏教を「西洋の説」の枠組みにおいて語りなおす必要を主張している[10]。坦山はこれ以降、独自の仏教理解を象徴する「脳脊異体論」や「惑病同原論」を展開する自著を次々と発表し、明治二［一八六九］年にこれらを『時得抄』としてまとめて刊行し直している。渡部清は坦山による医学的な仏教理解を以下のように説明している。

通常、心の状態を表す対立概念として悟りと煩悩ないし無明（妄念・妄想にとらわれた状態）が問題にされるが、坦山はこれを脳の状態として分析的に説明する。すなわち、悟りとは脳と脳に集中する神経系統の働き全体がなにものにも邪魔されずに純粋に働く状態であり、それは如実に自心を知って、すべての人間に本具の仏性を明らかに見ることであって、仏教固有の表現としては「直指人心見性成仏」と言われる。それに対して、「煩」とは腰部を源として欲望と妄念を生動させる液体が脊髄をとおって胸腹に集結する状態であり、さらに脳の働きを覆って妨害することを「無明」というのである……その結果、彼の理解する限りでは、一般的な身体器官的疾病は「惑病」と表裏一体と言われる。[11]

『時得抄』が刊行されたのは、神祇官により神道国教化の道が歩み出される時期であり、「神仏判然令」に伴う「廃仏毀釈」の嵐が最も強く吹いていた時期でもある。このような時代状況の下で生まれた強い危機意識を動因として、明治元［一八六八］年十二月、京都において「通仏教」概念への大きな一歩ともされる「諸宗同徳会盟」が諸宗派の高位僧により結成される。会盟は建白書などを通して盛んに活動し、のちに諸宗が力を合わせた形で仏教学校である「総黌」も設けられた。この時期に、結城の長徳院住職であった坦山は会盟に積極的に参加し、盟長や、総黌の校長も務めたのである。明治五年三月、神祇官の後身であった神祇省が廃止され、教部省が設置される。同年四月に「三条教則」の発布と教導職設置が実施され、神主・僧侶はともに教化に従事することとなる。一八七三年一月に神仏合同の大教院が開院され[12]、そこで教導職に補せられた坦山は、一八七三年後半「三条教則」関係の書物の出版届を怠り、出版関連の法令違反の罪に問われた。坦山は、当時の宗務局の役僧に疎んじられていたようであり、法律に触れた者は宗内に置けないという口実で、曹洞宗宗務局は坦山を教導職から降ろすように教部省に進言し、ついに彼は僧籍まで剥奪されることとなった[13]。

僧籍を離れた一八七三年から、坦山は東京浅草で自らが建てた小屋に住み、易者として生活を送る。しかしこの時期、彼は西本願寺門主の大谷光尊（明如、一八五〇〜一九〇三）に見出され、築地別院に招聘され講義している。さらに僧籍がなかったことも縁となったのであろう、一八七九年、東京大学に科外として「仏書講義」が設けられると、それを任された。このように坦山の社会的評価が高まると、早くも翌一八八〇年に曹洞宗は坦山の僧籍を回復し、相模の最乗寺の住職に据えたのである。曹洞宗は、東京大学講師となった坦山を「一宗の栄誉」として復籍させたであろう、という古田紹欽の指摘は正鵠を射ていると言える[14]。大学綜理の加藤弘之が坦山に仏書講読師を委嘱した理由は必ずしも明らかではないが[15]、坦山は東京大学で仏教関係の講義を行った最初の人物となった。やがて講義は正式に「印度哲学」という名の下に行われるようになり、一八八二年に真宗大谷派僧侶の吉谷覚寿（一八四三〜一九一四）も講師として加えられ、二人は隔年で講義を行うようになった[16]。坦山は『大乗起信論』などを講じながら、一八八四年に発足した哲学会でも講演や発表を行い、「学界」における活動に加え、自身が設立した仏教式医療法の普及会である「仏仙会」（旧名「仏仙社」）をも指導していた。一八八八年に坦山は帝国大学を辞任し、一八九一年に駒澤大学の前身である曹洞宗大学林の総監となる。翌年五月に曹洞宗管長事務取扱（総持寺系）となるが、わずか一ヶ月で辞任する。七月、己の死を予期して知人らに葉書で通知したという逸話が残っているが、境野黄洋（一八七一〜一九三三）はそれが「全く虚偽《うそ》」であると書き残している[17]。いずれにしても、葉書を書いたとされる同日に、坦山は七二歳の人生を終えた。

第二節　原坦山の明治初期

前節ですでにみたように、明治維新のとき、坦山は長徳院住職であった。神仏判然の諸令、そしてそれに伴う廃仏毀釈への対応として発足した諸宗同徳会盟への積極的な参加の一方、彼は個人としても政府に対する建言などを通して活動していた。本節では、坦山が明治元年から大教院設置に至る間に著したものを中心に扱う。「仏法不可斥論」から始め、諸宗同徳会盟の活動枠において起草されたであろういくつかの建言をみよう。

仏陀者天竺之古言也、此謂二覚者一亦称二智者一。起信論曰、覚二心源一故名二究竟覚一。然則自レ非二諸仏一不レ能レ覚二心源一。而異教之徒不レ能レ究二其実一。務排二斥之一。所謂雖レ有二至道一不レ学則不レ知二其善一者也。予曾聞二諸教之大略一。若二支那之名教西洋之理学一、可レ謂レ得二其要一矣。唯至下治二心惑一究中覚性上則以二仏法一為レ最。若二夫治レ心防レ外之要一。既巳〔ママ〕論レ之。今不二復贅一レ之。[18]

坦山は『大乗起信論』に基づき、「仏法」を「心源を覚す」ための最も優れた道として叙述する。「異教の徒」は、『大乗起信論』の内容に象徴される「至道」とその「善」を知らずに仏教を批判するが、坦山は自らが「支那の名教」（儒学）や「西洋の理学」を含む「諸教」の概略を聴いた上で、「仏法」こそ「覚性を究むる」ための最高の道であると結論する。坦山は、「心」の整った状態に到達するための最も有効な「道」として仏教を捉えており、この可能性のなかにこそ仏教の価値を見出す。「心」の理想的なあり方に導くものとしての仏教を主張する点は、坦山による護法論の特徴でもある。さらに、ここで注目すべき点としては、坦山は「西洋の理学」を「教」なるものの領域に置いている。次節において検討するように、「教」と「学」という両カテゴリが明白な形で分化され、それが坦山の仏教理解の土台となり、仏教の意義と目的を語る枠組みそのものとなっていく。次に、「贈諸宗之集会所」（即同盟会）」という史料をみよう。

某謹白。方今天下万機一新。当此時西洋之諸教。殆将遷延弥蔓。実仏氏成敗興亡之所係。不可不為痛歎。而顧其所由。非特彼国之権勢熾盛。教徒巧衒而已。抑我仏法中世已来。諸弊交起。学徒偸惰。未能全脱彼之所破矣。奔馳於名利之途。而失仏祖之旨者。滔々皆是也。吾仏法衰疲癆極之日也。譬之難歒鋭卒。不宜攻伐戦討。恐致一敗難収。豈暇論其国之正邪強弱乎哉。然則為之何如。莫如養其労疲而滋長精力。養労長力莫如務学。務学之要。在審其所適従。而予未審当今之所適従。謹質諸十方諸徳明師。将黽勉従事。伏請清諭。[19]

ここで、坦山は「西洋の諸教」の話題に触れ、その蔓延の要因を他国の勢力のみに見出さず、仏法上の「弊」にあるとしている。「諸教」とはおそらく、キリスト教の諸派を指すのではなく、キリスト教と科学を指しているであろう[20]。そしてそれらが「遷延弥蔓」の状況に至っているのは「中世已来」、仏法に生じた「弊」のためにほかならない。いまだ仏教が批判を免れていないのは、僧侶が学問を惰り、「名利の途に奔馳」しているからである。ここで、坦山は国政と宗制を切り離せないものとする仏教観は示さず、むしろ逆に、国家の保護によらざる仏教実践を唱えている。仏法の「衰疲癆極」を脱するのに必要なのは、国同士の「正邪・強弱」を論ずることでなく、自己の衰退に対する反省を踏まえた「学」に尽力することである。換言すれば、「教」を興す上での第一条件は仏教に親和的な国家の政策の実現ではなく、仏者としての自己修養ということになる。つまり、坦山は政治の次元ではなく、内省の次元において、仏法の復興を目指す人物であった。

ただし、仏法の復興は政治と異なる次元——すなわち個人修養のレベル——においてもたらされるべきものであるとはいえ、坦山は仏法と国政を無関係なものと捉えているわけではない。明治四［一八七一］年、新政府に提出された「仏法の国益たるを論す」において、坦山はさらに、次のように記している。

或問曰、子の如き有益の法にもせよ、治国安民の法に於て所用なきか如し、如何、答曰、仏法の本意は治心解惑のみ、人々心を治めは垂拱して天下平かならん、豈益なしと謂んや、問、当今富国強兵を以て治国安民の上策とす、如何、曰、人々富国強兵を談して其実に達せすんは恐くは至治を期しか〔た〕し、予か所見を以てするに、治国安民の本源は人心を和するにあり、人心和するときは強兵利器なしと雖も猶至治を期すへし、夫れ心は万法の原なり、故に一心正しけれは万法皆正しく、一心邪なるときは万法皆邪なり、故に心を治むることを得は、之を文に用るときは才識を益し固陋を破す、之を武に用ゆれは智勇を加へ怖畏を離る、之を居常に用ゆれは身心和楽にして惑病を断す、豈国家の巨益にあらすや。(21)

「仏法の本意」を「治心解惑」とする坦山の立場は、その「本意」と「治国安民の本源」とを一致させようとするものである。「万法の原」である人々の「心」を治めることにより、明治国家における最大の課題であった「旧来の陋習」の打破や「富国強兵」の事業が実現されると坦山は結論する。さらに彼は、かかる営為に対する仏教のもたらし得る貢献も看過できないことであるとして、次のように立論していく。

必すしも兵の強弱を論せす、暴国は侵掠を事とす、強兵に非されは之を待つこと能はす、但人心を和するは本なり、強兵は末なり、若人心を失すれば強兵利器皆敵国の用をなす、何の所益かあらん、故に人心を和するに至ては仏法大いに益あり、少欲知足より（今の僧侶多欲不知足なるは仏の法にあらず）無我無諍の法を教へ、因果応報の理を諭す、故に分外の望みなし、四恩を談じて国王国土の恩を報ぜしむ、故に痴闇の者と雖も尚能和意協同して暴戻に至らず、豈是益なしと謂べけんや、或曰、今仏を排する者は然らず、之を文に用ゆれば譊誕にして益なし、之を武に用ゆれば柔弱にして兵気を挫折し之を民に用ゆれば虚妄にして実義なしと、如何、曰、従前の仏者、仏法の本意に達せざる者其弊なきにあらず、若夫実地に達して之を用ひば其益前の如し、其末を追ひ其弊に従へば其害所説の如し、苟も其人に非れば道虚く行はれず、譬へば武の如とし、能く之を用ゆれば治国の要道たり、能く之を用ひざれば民を害し国を亡す、何ぞ必ずしも仏法のみならんや。[22]

こうして坦山は、当時の多くの僧侶の姿を「仏の法にあらず」と断じながら、これを正しく行っている僧侶が「無我無諍の法」や「因果応報の理」を人々に教えることはまちがいなく「治国」に資するものである、と主張する。彼は、国家の司る領域とは異なる次元、すなわち個人の領域における仏教の刷新を第一に掲げ、その「本」よりさまざまな「益」が生じると説く。この「仏法の国益たるを論す」という史料では、同時代の僧侶による仏教の不適切な実践を批判しており、この論理自体は特異な護法論ではない。[23]しかし、仏教の復興を個人修養の次元、しかも「心」をキーワードとする内省的な営みを重視する点に、坦山の特徴がある。

仏教を「個人」の領域内に置く坦山の立場を理解するために、江戸後期における儒学諸派の影響を念頭に置く必要がある。坦山は一九世紀前期に、儒学者として一流の教育を受けた者である。昌平黌で儒学を個人修養の道として理解した佐藤一斎に学んだことは、坦山にとって少なからぬ影響があったものと考えられる。一斎はひとつの学派に拘泥する者を厳しく批判し、文章解釈の重要性を強調することでもたらされる弊害を指摘した人物である。知性偏重に対して圧倒的な嫌悪感を抱いた一斎は、こういった罠から逃れるために、言葉をいったん放棄し、「心」を学問の基とすべきであると提唱する。[24] 彼の「思想の特徴は、「道」の内的な「自得」を本領とすることにより、それに対する学のあらゆる外的な要素を無化した点に」あり、[25] その上で「他者に頼らない自発性と自らの責任とを強調する」という。[26] また、中村安宏が指摘するように、「一斎は学徒が……他人の学説をうのみにして自己をおろそかにしている状況を見て」おり、それを嘆いて批判したのである。[27] すなわち一斎にとって、「学」とは個々人が「心」を通して会得されるものであった。この立場は、後に見ていくように、坦山による「心性の実験」の強調と非常に親近性を有している。

かくして、坦山における仏教理解を、単に西洋由来の諸言説との遭遇から生じたものとすることはおそらく、適当ではない。今回は指摘するに留めるが、個人的体験を主題化していく坦山の仏教思想は、近世後期における儒学の延長線において検討する必要があろう。ちなみに、悟りを〃典型的〃な宗教体験として語った鈴木大拙が系譜する今北洪川（一八一六～一八九二）も元儒者であり、坦山と同様な文化的空間で育った。洪川における理想的な仏教実践は、坦山のそれに通じないところも多くあるが、言葉を超える内面的体験が語りの中心となっていることは偶然の一致ではないであろう。[28] このように考えれば、維新期以降の仏教言説にみる「心」重視の態度は、西洋的宗教言説との関連のみならず、江戸後期における儒学思想の延長線上に系譜するものとして考えるべきであろう。

第三節　アカデミズム仏教学の誕生

第一節において紹介したように、坦山は一八七九年、東京大学綜理であった加藤弘之に「仏書」を講じるべく招かれる。この時期、坦山は大学講師としてのみならず、発足間もない哲学会でも講演活動を展開していた。本節では、坦山の仏教理解（およびその目的）は如何に変化したのか、これまでの考察を念頭に置きながら検討していきたい。

この時期になると、坦山は以前よりも〝釈迦本来の仏法〟を強調するようになる。ただし、それは釈迦の教理内容や具体的行動そのものよりも、釈迦が説いた教えの「実験」が強調されるのである。この「実験」は坦山の語りの中心となっていくカテゴリでもある。彼はこの言葉を「理学」（近代科学）の語りにも通じるような形で用いるものの、「実験とは現代の意味でのそれではなく、実践者自身の経験を指」しているのである[29]。坦山は、仏教衰退の要因を教えの不適当な「実験」にある、と一八七三年の『心性実験録』において示し[30]、その立場は次に挙げる一八八六年の「印度哲学の実験」に至るまで一貫していた。

講演に二の大旨あり、一は釈迦氏の為めに実験真証の正法社会に泯絶し、荒唐無稽の妄法となるを痛惜し、二には一切人類の為めに、離苦妙楽の最勝道を失亡するを悲願す／宇宙間無量の事物、我が五官に触れ感覚せしむるもの、亦我に在て感覚するもの、之を精究し、其の実理に達するは容易の業にあらざるなり、仏教は本より感覚者を研究するの教学にして、其実幽邃玄妙と称す、先づ仏教の通則に転迷開悟といふ、而して迷悟の区域甚だ曖昧たるが如し、今其実際を究んと欲するに其原由を尋ねざるべからず、／第一釈迦氏滅後、徒に其名義を伝へて其実験真証の法を失す。／第二伝記訳述の徒、濫りに其教を装飾せしが為め種々の名義を設立し、卒に謊誕架空の説に流る、（出定後語等の所破逃れ難きものあり）、／第三後世の僧徒、虚飾無実、心行反対、公衆を心服せしむるに足らず、／是の如くの原因あるに由て、仏教の実験真証の正理を今日に談ずるの至難なる所以なり……。[31]

この史料からはさらに、坦山の思想における注目すべき展開を窺うことができる。前節で確認したように、明治初年の坦山はキリスト教と科学を同じ「教」というカテゴリの枠内に捉えていた。しかし一八八〇年代後半の坦山は、両者が質的に異なるものであるという認識を深め、仏教をますます「学」と同一視していく。

この時期、坦山が仏教批判者の代表として取り上げるのが「異教之徒」ではなく、「大乗非仏説論」の道を開いた『出定後語』（延享二［一七四五］年刊）を著した富永仲基（一七一五〜一七四六）であることからは、この仏教と科学との親近性を見出そうとする態度を窺うことができる。「仏法」を「教」ではなく「学」の領域内に捉え直すことを目指していた坦山は、当時「科学的」として評価されていた富永の大乗非仏説の枠内に仏教を再構築する必要を感じていたのであろう。[32] かくして一八八〇年代を通して、西洋から導入された諸観念と向き合うに従って、坦山は「宗教 religion」というキリスト教と同型のカテゴリで「仏教」を語ることにいよいよ違和感を覚えていったのである。以下、一八八五年の発言に注目していきたい。

学問は実験・索蹟・比較の三法を精密にし、事物の真理を究明するを学問と云ふ、学問の目的は智にあり、教は法の目的は信に止まると、是れ蓋し西洋諸教皆天主上帝を帰所となし、人間の見聞覚知の及ばざる所となせば信に止るといふこと当れり、然れども仏教も之と同じく信に止るとは云がたし、何となれば仏教といひ仏道といひ仏学といひ、皆古来通称し来れり……仏氏の経論に信解行証の次序あり、信を初級となし、証を終位となす、（信を仮名と云名字と云未だ真の仏者と云がたし）……西洋諸教の見聞覚知の外に天主上帝を求むるが如きにあらず……、仏学と云仏教と云皆当れり、況んや仏氏の最上結果を究竟覚と云、無上智と云、決して見聞覚知の外に在る者にあらず……。(33)

キリスト教と「理学」が同じように「教」というカテゴリに置かれた維新期とは異なり、この時期の坦山は、両者を「教」と「学」として弁別し、前者は「信」そのものを目的とするのに対し、後者は「智」を最終目的とするものであると規定する。(34)すなわち「西洋諸教」（第二節で取り上げた「贈諸宗之集会所即同盟会」における「西洋之諸教」とは意味が異なる）は「教」の域をでないが、仏教は「学」でもある以上、「証」を実現することが必要となる。仏教に「信」のみならず「智」をも見出そうとする坦山が〝信のみ〟の仏教者を批判的に見ていたことは、彼が「有難屋」なる類の僧侶と自らを区別していたことからも知ることができる。

最乗寺住職の時代、祈禱も行わず、檀家に「有がたきこと」を聴かせもしなかったことが檀家自身に問題とされた、という逸話が残されている。(35)坦山にとって、「信」に止まらないことこそが仏教の長所であった。すなわちキリスト教は「信」のみであるのに対し、仏教は「信」と「智」の両方ともを兼ね備えたものと彼は考えたのである。この弁別は井上円了が同時期に、『真理金針』（一八八六～一八八七年刊）において設定した「宗教」の型を強く連想させるものである。円了は「宗教」を「情感の宗教」と「智力の宗教」に分け、キリスト教は前者にすぎないのに対して、仏教には「聖道門」（智力）と「浄土門」（情感）があるように、両方を兼ね備えていると主張する。(36) 上記の坦山の発言は一八八五年、すなわち円了が哲学科を卒業した年のことであり、その積極的な執筆活動を始める以前のものである。早い段階から「学問屋」と「有難屋」とを区別する仏教観を前提としていた坦山が、その講義に出席していた円了に影響を与えていた可能性は否定できない。もとより二人の間に影響関係があると考えられるものの、その語りの目的は異なっていた。

『真理金針』では、日本が「近代国家」として、如何なる「宗教」を採用すべきかという問いに答えるために、円了は仏教を「宗教」として主張する必要があった。「宗教」が英語のreligionの翻訳語として定着することに決定的な影響を与えた円了の語りにより、「仏教」は初めて、キリスト教に勝る「宗教」として登場したのである。(37) しかし坦山は、「仏教」を「キリスト教」と同型のものとして語ることには強い限界を感じていた。彼は、〝国家は如何なる宗教を採用すべきか〟という議論が盛んに行われる一八八〇年代末において、それに関心がまったくないかのように、仏教を「宗教」として語ること自体を拒んでいる。坦山に関する論考が必ずと言ってよいほど取り上げる次の一文をみよう。

印度は上古に文化の聞へある国にて、当今に流行する所の宗教中、仏教猶太教等最も上古に属す、今仏教の性質を察するに、釈迦氏自性の実理を発明して仏教を設け、心性の実体を菩提・涅槃・真如・仏性・〔ママ〕と名づけて種々に教化せられたり、而して釈迦の出世は上古草昧なるが故に人皆奇怪不思議を奉崇し、遂に之を混淆附会したる者にして、真如・菩提・〔ママ〕等は決して奇怪不思議なる者に非ず、後世学科分立するに及んで、皆実験を基礎とするより、概して宗教として閣置せらる、に至れり、然とも仏教は他の宗教の如く幽冥荒茫信を目的とするにあらず、ヲルコット氏曰く「レリジョン」（宗教）と云語は仏教に用ゆること妥当ならず、仏教は寧ろ道義哲学と称すべきなりと、余は直ちに心性哲学といふを適当とす……。(38)

一八八七年のこのテキストに「宗教」なる語が用いられている――それが〝仏教は宗教ではない〟ことを論証するためにせよ――ことにまず注目したい。坦山が「教法」を放棄し、「宗教」なる言葉を初めて積極的に用いたのは、仏教の非宗教性を主張するためであった。キリスト教をモデルとする「西洋的」な宗教概念で「非西洋」を語ることに深刻な限界を強く感じ、一九六二年の著作に **religion** なる用語の放棄までをも唱えた宗教史学者のW・C・スミス（一九一六～二〇〇〇）(39)のはるか以前に、坦山に象徴されるような日本列島出身の仏者が、自己を語ろうとする際に、**religion** という概念の限界を感じていたことは、日本に限らず、近代宗教思想史上、きわめて興味深い事実である。

坦山が「教法」を放棄し、「宗教」を用いるようになったもうひとつの要因がある。一八八六年、浄土真宗本願寺派の赤松連城（一八四一～一九一九）が、「宗教 **religion**」を「仏教に用ゆること妥当ならず」と主張したH・S・オルコット（一八三二～一九〇七）によって著された *Buddhist Catechism*（原著一八八一年）の日本語訳出版を可能にした。(40)さきに掲げた坦山によるオルコットの言及は、まさにこの『仏教問答 *Buddhist Catechism*』からなのである。『仏教問答』では、坦山が指摘したように、仏教を語るにあたり「宗教 **religion**」は適当ではなく、「道義哲学 **moral philosophy**」の方が適当と説かれている。(41)オルコットは神智学協会の会長を務めながら、スリランカを中心とする仏教の「復興」運動の積極的な担い手となっていた人物である。『仏教問答』において、オルコットは仏教を「啓示宗教 **revealed religion**」ではなく、「科学的宗教 **scientific religion**」であることを繰り返し強調し、そのための特別な章までを設けている。(キリスト教的な)創造論の無謬性、仏陀は人間であったことなど、当時の科学とまったく矛盾しないような語りを提示していくこの『仏教問答』は、明治日本における多くの仏教活動家の好みにきわめて合致するものであった。事実、一八八九年に初来日を果たしたオルコットは、日本各地の仏教者の前例のない大歓迎を受けているのである。(42) ただし、坦山はオルコットの仏教理解に強い魅力を感じたとはいえ、それを全面的に受け入れたわけではない。

オルコットの思想を詳細に扱ったS・プロセロによれば、オルコットは「宗教を主として道徳の観点から定めていた。『仏教問答』は教義より行為に重点を置いた」。さらにオルコットは「宗教は知識的および儀礼的な営みよりは、倫理上の営みであった」として、「仏教者とは、その教え ideas を信じてその儀式 rituals を行うような者ではなく、仏教的戒律 precepts を守る者」だと捉えていた。(43) このことは、オルコットが仏教を "moral philosophy" と定義づけていることからも明らかである。当初から戒律主義を条件付きのものとして捉えていた坦山は、(44) オルコットの思想をそのまま、簡単に受け入れるわけにはいかなかった。坦山からすれば、仏教は形式的な倫理や道徳にとどまるものでなく、むしろそれらは「覚心」という最終目的へと導く手段として捉えていたのである。ゆえに、彼はオルコットの「仏教は宗教ではない」という主張を受け入れつつも、それを「道義」を究めるような「哲学」でなく、『大乗起信論』で説かれるような「心」の究極的性質を究める「哲学」として仏教を捉えたのである。

坦山におけるこのような仏教に対する立場は、晩年に至るまで一貫している。仏教は信仰や儀礼を旨とするものでなく、それらは「心」の本質に達するための手段にほかならない。一八八〇年代、坦山は「宗教」をはじめとする新たな概念に直面し、これらを導入しながら新たな形での「仏法」を構成した。

おわりに

坦山が帝国大学の講壇を降りた時期に、この大学における「科学的」仏教研究はまた異なる方向に動こうとしていた。坦山が辞任した二年後の一八九〇年に、村上専精が「印度哲学」の講師となる。釈迦が説いたことを直接「実験」することが仏教の理想的実践であると主張し、いわば歴史超越的な発想に基づいていた坦山に対し、専精は「歴史」にこそ仏教の真骨頂を見出した――彼は「仏説」の歴史的展開を明らかにすることにより、諸仏教に共通するもの（いわば仏教の本質）が初めて把握可能になると説いたのである。[45] これに加え、マックス・ミュラーの下に留学した南條文雄や高楠順次郎の影響もあり、西欧から導入された文献学中心の仏教研究がその基盤を構築しつつあった。日本の近代仏教学におけるこのような展開の結果、坦山以後の学界において、坦山仏教学の系統を引く者はみられなくなっていく。

とはいえ、坦山は同時代や後世の人々にまったく影響を及ぼさなかったわけではない。彼が早くも幕末期から内省的行為としての「実験」に仏教の理想的実践を見出し、〝個人〟の次元における宗教的修養を中心に自身の護法論を展開したことは、近代的宗教としての仏教の誕生を意味するものでもあった。しかしながら宗教言説のレベルで考えれば、かかる仏教理解における〝心〟とは、キリスト教（とくにプロテスタンティズム）における〝心理〟という「不可解」な領域と次元を異にするものである。[46] 後者が超越的存在である外部へと開いていく回路を有することにその究極的な意義が見出されるのに対し、坦山が「仏教は相手によらずして、直ちに自己の一心上の探求なり」と述べているように、[47]「心」は「証」され得るものとして、「個人の合理的な明証性」[48]の領域内に置かれたものとして捉えられているのである。すなわち坦山は心理言説をキリスト教と共有しつつも、これを外部の超越者に関連させることなく、仏教を個人的探求とする語りを提示してゆく。まさに〝仏教は超越的存在を認めない[49]〟というテーゼの言説化過程であった。

本章の冒頭においても述べたように、坦山は明治初年の諸宗同徳会盟に参加しており、大教院に出仕し、東京大学においては井上円了や井上哲次郎、学外では大内青巒がその教えを受けている。坦山を通して理解できるように、伝統宗学を踏まえながら「諸宗」の公認を唱える明治初年の仏教者と、近代学問を踏まえながら「日本仏教」を主張する明治中期以降の仏教（学）者との間に、否定できない断絶がある。前者は〝皇国〟という内部のみを相手に語ろうとするのに対して、後者は〝文明諸国〟という外部を相手に、普遍性を有するとされるカテゴリ――すなわち「宗教」、「仏教」や「科学」など――をもって語ろうとしたものである。坦山が抱えた課題は、まず人間の「心」に潜んでいる普遍的な真実に導くものとして「仏教」を語りなおすことであった[50]。

坦山は、伝統宗学と近代学問を兼ね備え、「仏法」を「真」と唱えながら、己が理想的仏教実践を普遍性のなかに再構築し、近世宗学を近代仏教学へと転回する道を開いた。晩年の坦山には、「国家的使命を担った帝国大学[51]」という場に勤めながらも、国民精神なるものに合わせた形で仏教を語ろうとする姿勢はみられない。坦山にとって、「実」がそこに宿るものではなかったことは明らかである。弟子の大内青巒が結成した「尊皇奉仏大同団」は、彼が夢みた仏教の「明日」では決してなかったのであろう[52]。

次章では、（東京）帝国大学で坦山の後を継いだ村上専精が、「仏教 Buddhism」なる普遍的なカテゴリの枠組みにおいて、如何にしてこの列島におけるそれの特徴を語ったのか、換言すれば専精による「日本仏教」という言説の構築とその政治性を考察したい。

註

（1）　諸宗同徳会盟に関しては、本書の第二部・第一章を参照のこと。

（2）　管見の限りではあるが、坦山に関する論考は次のものが挙げられる――池田英俊『明治の新仏教運動』「第二章　護法思想の形成と戒律主義・第四節　坦山の護法思想と心性の実験」（吉川弘文館、一九七六年）、古田紹欽「原坦山と実験仏教学」（『日本大学精神文化研究所教育制度研究所紀要』第一一集、一九八〇年）、水野博隆「原坦山の思想」（『宗学研究』第一九号、一九七七年）、同「原坦山の思想について」（『宗学研究』第二〇号、一九七八年）、川口高風「解説」（［秋山］釈悟庵編『原坦山和尚全集』名著普及会、一九八八年［一九〇九年版の復刻］）、金森西叡「原坦山における東と西の批判」（『北陸宗教文化』第二号、一九九〇年）、渡部清「仏教哲学者としての原坦山と「現象即実在論」との関係」（『哲学科紀要』第二四号、一九九八年）、木村清孝「詳論・原坦山と「印度哲学」の誕生――近代日本仏教史の一断面」（木村清孝博士還暦記念会『東アジア仏教――その成立と展開』春秋社、二〇〇二年）、田山令史「原坦山の身心観をめぐって――近代日本の一側面〈研究ノート〉」（『現代医療の諸問題――仏教ヘルスケアの視点から』仏教大学総合研究所紀要別冊、二〇〇三年）、吉永進一「原坦山の心理学的禅――その思想と歴史的影響」（『人体科学』第一五巻・第二号、二〇〇六年）、葛睿「西村茂樹の思想的研究――学問・宗教そして道徳」（東北大学大学院文学研究科二〇一一年度提出博士論文）の第三章「宗教から哲学へ――西村茂樹と原坦山の「仏教」」。須藤春峰『原坦山伝』（福島県平市・平活版所、一九六三年）も記しておこう。なお、前掲の川口「解説」の主旨は、同『明治前期曹洞宗の研究』（法藏館、二〇〇二年、八五～九五頁）にもある。『坦山和尚全集』（以下、『全集』と略す）は、一九〇九年の初版に加え、一九八八年の復刻版も刊行されている（復刻版は『原坦山和尚全集』と改題された）。後者は最後に付け加えられた川口高風「解説」を除けば、初版と頁番号を同じくする。また、初版は二〇一二年三月現在、国立国会図書館の「近代デジタルライブラリー」〈http://kindai.ndl.go.jp/index.html〉で閲覧可能である。

（3）　大内青巒「坦山老師の事歴」（『全集』、九頁）。

（4）　原坦山「動植二原論」（『全集』、五八頁）。

（5）　明教新誌主筆「原坦山師の遷化を悼む」（『全集』、三九五頁）。

（6）大内（「坦山老師の事歴」、二二頁）は「心照寺」としているが、おそらく誤りである。
（7）大内「坦山老師の事歴」、二四～二五頁。
（8）大内「坦山老師の事歴」、二六頁。
（9）明教新誌主筆「原坦山師の遷化を悼む」（『全集』、三九六頁）。
（10）原坦山『時得抄』「心識論」（『全集』、八五頁）。
（11）渡部「仏教哲学者としての原坦山と「現象即実在論」との関係」、九九頁。なお、渡部は「惑体者、黏纏渾濁の流動液体也、惑体蔽㆑脳、謂㆓無明㆒、集㆓結於胸腹㆒、謂㆓煩悩㆒……」という「印度哲学の実験」（『全集』、四七頁）の言葉によっている。ただし、坦山の心身論かつその仏教療法に関して、吉永「原坦山の心理学的禅」が詳しい。
（12）小川原正道『大教院の研究――明治初期宗教行政の展開と挫折――』（慶應義塾大学出版会、二〇〇四年）、一七頁。なお大教院に関しては、小川原著を参照されたい。
（13）大内「坦山老師の事歴」、三六～三七頁。
（14）古田「原坦山と実験仏教学」、一六五頁。
（15）なお、木村清孝がその説明を試みている。木村「詳論・原坦山と「印度哲学」の誕生」、一五～二〇頁を参照。
（16）末木文美士『近代日本と仏教』「アカデミズム仏教学の展開と問題点」（トランスビュー、二〇〇四年）、二一七頁。
（17）「原坦山と言つたら、誰でも記憶《〔ママ〕》して居る禅門近代の名匠であつたが、其の死ぬ前に、知人に一々死ぬことを報《ほう》知《こく》をしたなど、評判せられて、事の外世に喧伝せられたものであつた。――然しあれは全く虚偽《うそ》で、何でもない、眼をねむるすぐ前に、今死ぬといふことを、一枚だけは書いたらしい、それを枕頭《まくらもと》に聚まつて居た小僧ども弟子達が、手をわけて端書《はがき》を書き、和尚の自筆など、言つて世を騒がしたものだそうだ、これは今まで世に知られて居ないことだから、ついでにこゝに書き記して置く」（境野黄洋「坦山和尚と回天覺巖」『布教』第一二号、一九〇九年九月）。
（18）原坦山「仏法不可斥論（諸宗同盟之題）」（『全集』、一六九～一七〇頁）。適宜訓点を改めた。以下同。
（19）原坦山「贈㆓諸宗之集会所㆒（即同盟会）」（『全集』、一九〇頁）。

（20）一八七三年の『心性実験録』において、その区別はより明白となる。
物必盛衰あり、動静彼此の免れがたき所、方今仏氏の学衰運に係る其原二あり、一は其徒の怠慢、二は西学の隆盛、而して西学の我仏を排する者二あり、曰耶教、曰理学夫耶蘇の教は欧米の専ら奉崇する所、我　国教と旨を異にす、理学は実験精覈にして根拠あり、大に畏るべしとす（『全集』、一〇四頁）。

（21）原坦山「仏法の国益たるを論す（明治四年官衙に呈する者）」（『全集』、二四二頁）。

（22）原坦山「仏法の国益たるを論す（明治四年官衙に呈する者）」（『全集』、二四三頁）。

（23）たとえば本書の第二部・第一章および第二章を参照。

（24）SAWADA, Janine. *Practical Pursuits : Religion, Politics and Personal Cultivation in Nineteenth-Century Japan*（Honolulu : University of Hawaiʻi Press, 2004）, pp. 16-17. 一斎の言葉を挙げるなら、次の発言に注目したい。
学は自得を貴ぶ。人徒らに目を以て字有るの書を読む。故に字に局られて、通透するを得ず。当に心を以て字無きの書を読むべくんば、乃ち洞して自得有らん（『言志四録』「言志後録」一三六［岡田武彦監修『佐藤一斎全集　第一一巻』明徳出版社、一九九一年、二一三頁］）。

ただし、「文字を離れる」立場は一斎に限るものでなかった。石田梅岩（一六八五～一七四四）の心学や、富永仲基自身の立場も、文字によらない「実践される道」を強調したという。島薗進「近代日本における〈宗教〉概念の受容」（同・鶴岡賀雄編『宗教〈再考〉』ぺりかん社、二〇〇四年）、一九四～一九五頁を参照。このような「文字」に対する不信感が、坦山にも見られる。たとえば「宗教聖典は小説的ぢや」（『全集』、三六〇頁）を参照。

（25）荻生茂博『近代・アジア・陽明学』（ぺりかん社、二〇〇八年）、一四六頁。一斎自身は、以下のように述べている。
弊を矯むるの説は、必ず復た弊を生ず。只だ当に学は己れの為にするを知るべし。学は己れの為にするを知る者は、必ず之れを己れに求む。これ心学なり。得力の処に至れば、則ち宜しく其の自得する所に任ずべし。小異有りと雖も、大同を害せず（『言志四録』「言志後録」一一九［前掲『佐藤一斎全集　第一一巻』二〇八頁］）。

（26）中村安宏「佐藤一斎」（同・村山吉廣『佐藤一斎・安積艮齋』［叢書・日本の思想家31］明徳出版社、二〇〇八年）、八八頁。

(27) 中村「佐藤一斎」、八八頁。なお、当論文は筆者が参照したなかで、一斎に関する最も便利なアセスメントである。「心」に関してはとくに八七～八九頁を参照されたい。
(28) 今北洪川に関しては、SAWADA, Janine. "Religious Conflict in Bakumatsu Japan : *Zen Master Imakita Kōsen and Confucian Scholar Higashi Takusha*" (*Japanese Journal of Religious Studies*, 21/2-3, 1994) 桐原健真／オリオン・クラウタウ共訳「幕末における宗教的対立——禅師今北洪川と儒者東澤瀉——」(『日本思想史研究』第四一号、二〇〇九年)、および SAWADA, *Practical Pursuits*, pp. 18-22 を参照。
(29) 吉永「原坦山の心理学的禅」、七頁。
(30) 「我仏氏の学上古は実学真証にして戯論少し、中古已来実証の法衰へ、空論虚義の法起り、遂に今日の衰頽に及べり、彼洋学と何ぞ相反する、有志の者、豈省覚せざらんや、豈慨嘆せざらんや、豈悉く之を時運に附すべけんや、其責に任ずる者、仏子に非ずして誰ぞや」(『全集』、一〇七～一一〇頁)。
(31) 原坦山「印度哲学の実験」(『全集』、四四～四五頁)。
(32) 富永に関してはJ・E・ケテラー『邪教／殉教の明治——廃仏毀釈と近代仏教』(岡田正彦訳、ぺりかん社、二〇〇六年)の第一章を参照。鈴木範久『明治宗教思潮の研究』(東京大学出版会、一九七九年)、六～八頁も参照。
(33) 原坦山「学教の異同仏教諸教の異同」(『全集』、五二頁)。
(34) なお、「智」に対する「信」の領域内のものとして宗教(「教法」、「教門」)を捉える立場は、坦山に始まるものでないことは言うまでもない。キリスト教をモデルとしたこの宗教理解は、はやくも一八七三年に西周(一八二九～一八九七)の発言に窺うことができる(島薗「近代日本における〈宗教〉概念の受容」、二〇一～二〇二頁を参照)。ただし、仏教の非宗教性を主張するためにこの言説を用いる坦山は、先駆的な役割を果したと考えてもよいであろう。
(35) 原坦山「已れの仏法は有難屋ぢやないわい」(『全集』、三六六～三六七頁)。
(36) 「智力」と「情感」の宗教といった区分に関しては、井上円了『真理金針』(『井上円了選集　第三巻』東洋大学、一九八七年)、一五〇～一九七頁を見よ。言うまでもなく、仏教を「聖道門」と「浄土門」に分ける思想は円了に始まるものではなく、日本においては中世以降、とりわけ浄土系の宗派の枠に用いられたものである。ただし、仏教を「宗教」として総合的に語るため、相互補完的な関係においてその二門を語る試みは、円了の段階のことであると理解しても大きな間違いはなかろう。ここでは、円了に対する坦山の一方的な影響力を強調しようとしているわけではない。坦山は「聖道門」や「浄土門」なる言葉自体を用いないが、「信」と「智」を同じ「仏教」の枠組において、しかも段階的なものとして捉えていたことは特筆に値する。

(37) 山口輝臣『明治国家と宗教』（東京大学出版会、一九九九年）、二九～五五頁。

(38) 原坦山「印度哲学の要領」（『全集』五四～五五頁）。初出は『教学論集』第四四号（一八八七年八月）。傍線は原文通り。

(39) SMITH, Wilfred Cantwell. *The Meaning and End of Religion* (Minneapolis: Fortress Press, 1991 [1962])。スミスをめぐる考察は、ASAD, Talal. "Reading a Modern Classic: W. C. Smith's 'The Meaning and End of Religion'" (In *Religion and Media*, edited by Hent de VRIES and Samuel WEBER. Stanford, Calif.: Stanford University Press, 2001) 中村圭志訳「比較宗教学の古典を読む——W・C・スミス『宗教の意味と目的』」（タラル・アサド／磯前順一編『宗教を語りなおす』みすず書房、二〇〇六）を参照。

(40) 吉永進一「明治期日本の知識人と神智学」（川村邦光編『憑依の近代とポリティクス』青弓社、二〇〇七年）、一二一頁。

(41) 原文は次のとおり——"The word 'religion' is most inappropriate to apply to Buddhism which is not a religion, but a moral philosophy" (*A Buddhist catechism*. Sri Lanka: Ministry of Cultural Affairs, 1908 [1881], 42nd ed., p.1)。日本語訳には「「レリジョン」（宗教ト訳ス）トイフ語ハ仏教ニ用ルコト妥当ナラズ。仏教ハ……レリジョンヨリモ寧《ムシロ》道義哲学ト称スヘキナリ」（今立吐酔訳『仏教問答』仏書出版会、一八八六年、七〇頁）とある。

(42) しかし、吉永が指摘するように、「一八八九年……が過ぎると、急速に仏教界の神智学熱は冷めていく」のである（「明治期日本の知識人と神智学」、一二三頁）。一八九一年、オルコットは二度目の来日を果たしているが、ほとんど話題にならかったようである。なお、佐藤哲朗『大アジア思想活劇——仏教が結んだ、もうひとつの近代史』（サンガ、二〇〇八年）はオルコットの訪問に関する詳しいアセスメントである。

(43) PROTHERO, Stephen. "Henry Steel Olcott and 'Protestant Buddhism'" (*Journal of the American Academy of Religion*, LXIII (2), 1995), p. 295. また、西尾秀生「オルコットの仏教思想」（『近畿大学文芸学部論集　文芸・芸術・文化』

第三二号、二〇〇二年）や同「明治期の仏教徒のオルコット理解」（『印度哲学仏教学』第二一号、二〇〇六年）も参照に値する。

(44)　坦山はあたかも雲照のような律僧が「三学における戒学に重きをおいて思想活動を行ったように、心性の実験や、心をもって万法の原拠とするなど一連の発想から、三学における定学を重視しつつ自戒内省から世俗論まで敷衍せんとしたのである。したがって坦山の主張する戒律主義は、従来の仏教にみられる戒律の形式や威儀の保持に捉われることなく、もっぱら一心生起の具体相に即して実証的に把握しようとすることにあった」と池田英俊が評価する（『明治の新仏教運動』、一〇一頁）。坦山自身は、次のように記している。

　一分戒、二分戒、乃至満分戒等ありて、其人の意楽に随て之を制するのみ、然るに世の戒を持すると称するもの、多くは己れの持戒を以て他人の非法を誹毀し、持戒を以て其身を尊大にし、持戒を以て他人を侮慢するに至る、是皆持戒の本色にあらず……五戒十戒乃至三千八万等の目ありと雖も、其要旨に達せば其細目の如きは宜きに随て可なり、経曰（瓔珞本業）戒は形の非を除くと、又古人曰一戒をも持せず万戒をも犯さずと、其要旨を得たりと云ふべし……戒を持するは定を得んが為め、定を修するは智慧を発せんが為なりと知るべし。智慧は万法大原因……（『全集』、二四～二六頁）。

(45)　専精による「仏説」の理解とその意義に関しては、岡田正彦「宗教研究のヴィジョンと近代仏教論――「仏意」と「仏説」」（『季刊日本思想史』七五号、二〇〇九年）を参照。

(46)　磯前順一『喪失とノスタルジア――近代日本の余白へ』「内面をめぐる抗争――近代日本の歴史・文学・宗教」（みすず書房、二〇〇七年）。

(47)　原坦山「人体新説」（『全集』、七四頁）。

(48)　磯前「内面をめぐる抗争――近代日本の歴史・文学・宗教」、一一八頁。なお、本論における「内面」に関するあらゆる言及は、津田左右吉などを扱う磯前のこの論考に大きな示唆を受けている。

(49)　たとえば、FAURE, Bernard. *Le Bouddhisme*（Paris : Le Cavalier Bleu, 2004 ; Collection *Idées Reçues*）, pp. 63-66を参照。

(50)　東京在住の外国人を通して、自著『時得抄』を諸国に贈ろうとした。この事実は、坦山が自論を日本の枠を遥かに越えるものとして捉えていたことの証左でもあろう。金森「原坦山における東と西の批判」、三三一～三四頁を参照。

(51) 末木「アカデミズム仏教学の展開と問題点」、二一七頁。

(52) 「明日」に対する「希望」や「苦悩」としての「歴史」というメタファーは、GUARINELLO, Norberto. **"História científica, história contemporânea e história cotidiana"** (*Revista Brasileira de História*. 24 (48), 2004, とくに p. 26) に示唆を受けている。

第二章

「日本仏教」の誕生

村上専精とその学問的営為を中心に

はじめに

一八八〇年代後半は、前章においても確認したように、それまでこの列島に展開していた伝統的宗門が「宗教religion」言説と出会う時代であり、普遍性universalismを有した「仏教Buddhism」という言説が成立していく時代でもある。「興禅護国」「王法為本」あるいは「立正安国」などといった伝統的な護国論的教義が、「本朝」というカテゴリにおける対内的な語りであったのに対し、「日本仏教」という言説は「世界宗教」としての「仏教」における自らの特徴を対外的に語るものとなり、両者はその指向性において本質的に異なるものである。本章は、この「日本仏教」の形成過程とその歴史的意義を考察するものである。

本章が中心的に取り上げようとするのは、「日本仏教」の歴史的研究を確立した村上専精[1]（一八五一〜一九二九）であるが、これに先立つ〝前史〟として明治中後期において公刊された「日本仏教史」をその題目に掲げる一連の書物の内容をまず考察することを通して、専精以前に対する彼の「日本仏教史」叙述の独自性を明らかにしていきたい。さらにこれを踏まえつつ、一九〇〇年代前半から発表される「日本仏教の特色」を語った専精の一連の論説をも取り上げ、明治末期における「日本仏教」をめぐる言説の展開を考察したい。

第一節　初期の『日本仏教史』とその課題

一八八四年に公刊された、近代日本初の「日本仏教史」は、実際には、その表題に「仏教」という言葉が記されていない点で注目すべき著作である。のちに『仏教滅亡論』（一八八八年刊）を発表し、議論を巻き起こした『団団珍聞』の記者や『読売新聞』の主筆として知られる田島象二[2]（一八五二～一九〇九）によって著されたこの「日本仏教史」には、『日本仏法史』というタイトルが与えられている。この事実は、当時、この列島の宗門を超え、インドに起源を有する「宗教」としての Buddhism に当たる日本語が、いまだ定まっていなかったことを物語っている。近代以前において、「仏道」・「仏法」・「仏教」はそれぞれ異なる意味で用いられており、これらのことばが仏教者の間において、明治一〇年代後半に至ってもなお、「仏教 Buddhism」という新規なことばの代わりに有効であったことは、彼らの著したテキストに窺うことができる。[3]

姉崎正治の「日本宗教史概観」（一九〇七年発表）が、新渡戸稲造の『武士道』（一九〇〇年刊）や岡倉天心の『茶の本』（一九〇六年刊）といった著作と同様に、英語圏からの逆輸入であることに注目する磯前順一は、「このような一連の日本の土着的伝統を記述する言葉は、西洋の眼差しを意識することではじめて鋳造されることが可能になった」と指摘する。[4]もとより田島の『日本仏法史』は英文で著されたものではないが、「外国」に対する自己言及をその動因としている点では同様であった。彼は「此書モト。英国サトウ氏〔Ernest Mason Satow, 1843-1929〕ノ為ニ作ル」と述べており、[5]また本書の執筆にあたり、「巴利《パーリー》ノ史体ヲ踏襲」しているとも主張している。[6]田島がインドの古典的な言語に通じていなかったであろうことを考えると、彼が西欧の仏教研究をふまえてこの著作を成したことは、想像するに難くない。「編年体ニ倣」って叙述された『日本仏法史』は、仏教界における事件（とくに朝廷に関わるそれ）が年代順に排列されているが、それは単なる年代史chronologyではなく、同時に田島は、「意見ヲ加フル処」があることを強調している(7)。

そして田島の著作が公刊されたのと同じ一八八四年、明治期における在家仏教運動を大きく推進させた大内青巒（一八四五～一九一八）は、『日本仏教史略』を発表する。本書は、上巻のみが刊行されるにとどまったため、その叙述は寛平九（八九七）年七月に宇多天皇が位を皇太子に譲ったところで終わっている。その叙述の形式は、田島の『日本仏法史』と同様に、歴代天皇在位中の「仏法」にかかわる出来事を列記する一方で、みずからの「意見」を加えている。しかもそれは、「藹々居士〔大内〕曰く……」と記され、随所でその私見が明白な形式で述べられている。彼はこの著作において、日本における仏教の定着と皇室の深い関係を述べ、仏教に対する歴代天皇における個人的信仰を強調し、その信仰を今後、仏教者が倣うべきモデルとして描き出す。たとえば、「嗚呼、仏教を信すること、天皇の如くにして而して始て真に仏教を信する者と謂ふべし。仏教を護すること天皇の如くにして而して始て真に仏教を護する者と謂ふべし」といったように、天皇は理想的な仏教者として説かれているのである(8)。

さらに二年後の一八八六年には、僧侶でも在家信者でもなく、後に政教社の設立者の一人として知られるようになった三宅雪嶺（一八六〇～一九四五）もまたその処女作として『日本仏教史　第一冊』を世に問うている（この著作もまた、一冊目で終わっている）。本書は、『日本仏教史』という題を掲げているものの、「日本仏教」関連の話題に割かれる紙幅がわずかである点に注意が引かれる。もとよりそれは、本書が、「第一章　古史ノ真偽」・「第二章　カミノ意義」・「第三章　開闢ノ説」によって構成される「第一篇　仏教到来前ノ宗教」で終わっているためであるが、三宅が「日本仏教」を対象としたことは、これを通して「宗教全般」における発生と変化の「一定ノ理法」を明らかにするという所にもそのひとつの理由がある。[9]「宗教religion」なるものが「日本」において如何なる進化を見せたかという問いに応えようとした三宅にとって、仏教は、あくまでその理解の助けとなる一つの事例であり、それゆえに研究すべきものだったのである。

太子信仰を基礎とする上宮教会などで活動し、近代仏教の大衆化にも尽力した加藤咄堂（一八七〇～一九四九）の手筆になる『日本仏教史』が公刊されたのが一八九二年であり、[10]沢柳政太郎（一八六五～一九二七）によって付された「序」には、以下のように記されている。

曰く大に仏教を改良して新社会の状境に応せしめさるへからす……。自ら仏教改良を以て任する者あり……如何にせは能く之を興隆するを得べき。曰く之をして古に復らしめは即ち大に光明を放つべし。仏教の興隆は実に復古にありて改良にあらさるなり。若し之を疑ふ者は其盛衰の沿革に問ふべし。[11]

ここで、歴史的存在としての仏陀の教説とは切り離し、日本独自の近代的な「仏教」を語り始めた井上円了を意識しているであろう沢柳は、[12]仏教復興の根本を「日本仏教」の伝統そのものに求め、その手段としてこれを歴史的に叙述することの意義を主張する。一方、加藤自身もまた、「本書は其第一着手として、日本仏教歴史の大要を記し、聊か世人今日の喝望を充たし、又昏臥熟酔に耽るの教家を警醒せむとす」と述べ、[13]「昏臥熟酔に耽るの教家」すなわち僧侶を覚醒させる手段として、「日本仏教史」を語っている。そしてその叙述の形式について、加藤は、「従来仏教歴史の編年体を避け、批評的眼光を以て成る可く、因果の関係を明かならしめむとせり」と、伝統的な道徳的批評ではなく、諸事件の「因果」の論理的解釈を中心とした近代的な歴史叙述の方法を意識していることを表明している。[14]

加藤の著作から三年後にあたる一八九五年に公刊された日本仏教史は、これもまた上巻で終わっている。相澤祖明（生没年不詳）と渡邊童麟（同前）はその『日本仏教歴史』の「自序」に、「洋の東西を問はず時の古今を論せず苟も人類の存在する処にして宗教なるもの、存在せざるはなし」と「宗教」の遍在性と普遍性とを指摘している。[15]そして仏教はインドに起源があり、「支那」や「朝鮮」を通して日本に渡来したが、「千三百有余年日本国家と盛衰を共にし来り今や益々進んで日本仏教の名を以て世界を圧倒するの趨勢をなせり」と断言する彼ら[16]は、本書の目的を、以下のように述べている。

此書を編述するその意専ら日本国家の為めにする所あらんと欲してなり過去に於ける仏教が日本国民の思想を如何に変化せしめたるか国家に如何なる利或は害を与へしか如何なる教理如何なる宗派が如何なる時代に隆盛を極めしかを推論し以て現今及び将来の景況を予想せんとす。[17]

「日本国民」と仏教との関係を主張するこの相澤・渡邊の著作は、いくつかの点でこれまでの傾向を象徴するものであると同時に、新たな展開をも見せている。すなわち、第一に、「編年体」という形式から完全に脱却し、章毎に取り上げられるトピックに関連する出来事の原因とその後の展開に重点を置くという近代的な歴史叙述の手法を取り入れている点である。また第二に、「国史」にかかわる事件のみならず、「読者が教理と歴史とを付着する」ことの助けとなるために、「各宗の教理」の「綱要」も提示している点である。[18]ただし、本書は上巻で終わっているため、「各宗教理の綱要」は南都六宗にとどまっている。

以上、一八八四年～一八九五年の間に公刊された日本仏教史の概観を通して、次のことが確認できたであろう――①著者は在家仏教の信者、あるいは三宅のように、既成仏教と制度的なつながりのない者であった、②一部の著作では、皇室との関係を語りの軸としている、③編年体から近代的歴史叙述への転回が主張される。これらの「語り」について、次節以降では、「日本仏教史」という言説を更に展開させた人物である村上専精に焦点を当てて検討していきたい。

第二節　村上専精と「日本仏教史」

伝統的な編年体を選択しなかった相澤・渡邊『日本仏教歴史』のスタイルに影響したものとして、その著作が公刊される一年前に創刊された学術雑誌『仏教史林』の存在が考えられる。一八九四年四月八日、「仏誕生の聖日」にその第一号が発行された本誌は、村上専精・境野黄洋・鷲尾順敬らの哲学館（現東洋大学）系の仏教学者が中心となって編集責任を担い、一八九七年三月に至るまで刊行された。さらに『仏教史林』廃刊の同年十月には、村上・境野・鷲尾らは共著で『大日本仏教史』を公刊する。この著作が当初、全五巻の予定であったことは、第一巻末尾の「出版予告」を見てわかるが、これもまた、明治期における多くの「日本仏教史」と同様に、初巻のみに終わっている。

これらの出版事業の中心人物であった村上専精は、伝統教学と近代学問のはざまに生きた人物であったが、その大乗非仏説論（とそれがもたらした結果）が物語っているように、彼は後者、すなわち仏教学に対する近代的学問の立場からのコミットメントがむしろ強いものであったと言ってよい。『仏教統一論』（第一編『大綱論』金港堂、一九〇一年刊）などにおいて大乗仏説の歴史的存在を否定したために、真宗大谷派の僧籍を脱せざるを得なくなった彼のいわば、「近代的」立場は、自らの信念を表明する『予が真宗大谷派の僧籍を脱するの告白書』（金港堂、一九〇一年刊）にも確認することができる。

あらゆる仏教に通じる本質を把握するための方法として、「歴史研究」と「比較研究」の重要性を強調する専精の学問的傾向性は、共著の『大日本仏教史』においてすでに明白なものであった。本節では、『大日本仏教史』刊行の翌年から二年間をかけて発表された単著としての『日本仏教史綱』に焦点を当て、一九世紀末の世紀転換期における「日本仏教史」の叙述スタイルおよびその内容の変化を考えていきたい。まず専精は、『日本仏教史綱』の試みについて、以下のように述べている。

社会進歩の形勢は、一にして止まず。他に又研究の必要を感ぜしむるものあり。何ぞや、曰く仏教各宗の比較研究是なり。抑近世欧州に於ける比較宗教学の趨勢は、已に我国に到来しぬ。而して日本現今の仏教界を見るに、其教理は四分五裂するも、誰ありて之を統一せんとする者なし。各宗は互に鬩牆の状あるも、一人の此が調和を講ずる者なし。故に比較宗教の潮流を聞くと共に、余をして其必要を感ぜしめたるものは、仏教各宗の比較研究なりき。此に依て、余は去ぬる明治三十一〔一八九八〕年已後聊か研究の方針を一変したり。即ち歴史研究としては、社会現象の事実史よりも、寧、思想発達の教理史に注意し、教理研究としては、宗派的部分の研究よりも、寧、宗派の比較研究よりして、統一的合同調和に尽瘁することとなしぬ。(19)

岡田正彦がすでに指摘しているように、「仏教活論」を唱えた井上円了とは異なり、村上専精は仏教の「統一」を第一に目指したことは、ここからも明らかである。[20]ただし、ここで専精が「統一」しようと試みたのは、仏教一般というよりも、「日本仏教」にほかならない。つまり「明治三十一年」に公刊された『日本仏教史綱』の上巻の営みは、「比較宗教学」の方法を用いつつ、この列島に展開した各宗の「統一的合同調和」を図ることであった。以下、「歴史研究としては、社会現象の事実史よりも、寧、思想発達の教理史に注意」する専精の学門的営為とその意義を考えたい。

『日本仏教史綱』各章の詳細については、本章末尾に付録資料として掲載している。これらから明らかなように、この著作において専精は各宗（主として執筆当時に現存していた宗門）の成立・教義、およびその展開の記述に意を注いでいる。彼は、従来の「日本仏教史」の表舞台に登場することがほとんどなかった各宗の教理内容を叙述し、高僧の社会的・思想的営みにも触れていこうとする。南都六宗の扱いは概略的であるが、いわゆる平安仏教以降では、各宗の教義を叙述する章は必ず立てられており、同じく、その祖師と「其門下」に関する章も設けられている。こうして各宗の教理と高僧の事業の叙述に重点を置いた専精は、それまで「各宗綱要」と「高僧伝」という異なった枠組みにおける語りを「日本仏教史」という名の下に再構築し、それを新たに展開させたと言えよう。ジェームス・ケテラーがすでに指摘しているように、明治期は凝然（一二四〇～一三二一）とその『八宗綱要』が再発見される時期でもあり、凝然の著作に限らず「各宗綱要」という語りの枠組みは、各々の宗門がその個性を失わずに「仏教」なる近代的なカテゴリの下に自らを再構成する道具として利用されたのである。[21]明治期における「各宗綱要」の語りは、ケテラーが言う「コスモポリタン的な仏教」の誕生に不可欠なものであったことは明らかであるが、ここで注目したいのは、明治三〇年代、専精を中心とする「日本仏教史」が盛んとなるにつれて、「各宗綱要」の出版が以前の活力を失っていくことである（表1を参照）。

表1　近代における「各宗綱要」一覧

出版年	題目	著者	註校等	出版社
明九（一八七六）	『八宗綱要抄』	凝然	円解	永田文昌堂
明一一（一八七八）	『八宗綱要啓蒙録』	楠潜竜	渥美契縁	東派本山教育課
明一一（一八七八）	『八宗綱要鈔講解』	福田義導	——	西村九郎右衛門（護法館）
明一四（一八八一）	『八宗綱要攷証』	藤井玄珠	——	赤沢融海
明一五（一八八二）	『八宗綱要鈔』	凝然	酒井最正	西村九郎右衛門（護法館）
明一八（一八八五）	『標註八宗綱要』	凝然	黒田真洞	大村屋総兵衛
明一八（一八八五）	『標註八宗綱要』	凝然	黒田真洞	山城屋藤井佐兵衛
明一九（一八八六）	『標註八宗綱要』	凝然	黒田真洞	出雲寺文次郎
明一九（一八八六）	『標註八宗綱要』	凝然	黒田真洞	文光堂
明一九（一八八六）	『仏教十二宗綱要』	小栗栖香頂	——	仏教書英訳出版舎
明一九（一八八六）	『仏教各宗大意』	石村貞一	——	石村貞一（吉川半七）
明二〇（一八八七）	『鼇頭十二宗綱要——東洋哲学必携』	町元呑空	——	布部文海堂
明二〇（一八八七）	『鼇頭十二宗綱要——東洋哲学必携』	町元呑空	——	永田文昌堂
明二〇（一八八七）	『冠註八宗綱要』	凝然	杉原春洞・瀬辺恵燈	法藏館
明二一（一八八八）	『通俗十七宗綱要』	伊東洋二郎	——	其中堂
明二一（一八八八）	『標註八宗綱要』	凝然	黒田真洞	寺田文彫堂
明二一（一八八八）	『標註八宗綱要』	凝然	黒田真洞	西村九郎右衛門（護法館）
明二一（一八八八）	『冠導八宗綱要』	凝然	杉原春洞・瀬辺恵燈	法藏館
明二一（一八八八）	『八宗綱要——啓蒙』	町元呑空	——	藤井文政堂
明二一（一八八八）	『八宗綱要講義』	柳沢迎存	行誡	永田文昌堂
明二二（一八八九）	『冠註八宗綱要』	凝然	堀江慶了	西村九郎右衛門（護法館）
明二二（一八八九）	『八宗綱要私記（附八宗綱要分科）』	勤息義城	——	沢田文栄堂

明二二（一八八九）	『八宗綱要鈔啓蒙録』	楠潜竜	渥美契縁	法藏館
明二三（一八九〇）	『〈標科傍註〉八宗綱要』	凝然	町元呑空	出雲寺文治郎・等
明二三（一八九〇）	『〈受験必携〉八宗綱要問題答案』	真野順戒	――	真野順戒
明二三（一八九〇）	『明治諸宗綱要』	吉谷覚寿	――	是真会
明二四（一八九一）	『〈受験必携〉八宗綱要問題答案』	真野順戒	――	真野順戒
明二六（一八九三）	『〈仏教大意〉通俗十七宗綱要（第二版）』	伊東洋二郎	田島象二（序）	其中堂
明二六（一八九三）	『八宗綱要鈔啓蒙録（第二版）』	楠潜竜	渥美契縁	法藏館
明二七（一八九四）	『八宗綱要鈔講述（附録・融真日時宗綱要）』	凝然	吉谷覚寿	法藏館
明二七（一八九四）	『明治諸宗綱要』	吉谷覚寿	――	法藏館
明二八（一八九五）	『八宗綱要――仏教通俗講義』	織田得能	――	光融館
明二九（一八九六）	『日本仏教各宗大旨』	泉静真	――	哲学書院
明二九（一八九六）	『仏教各宗綱要』	仏教各宗協会	島地黙雷他（編）	貝葉書院
明三二（一八九九）	『通俗仏教各宗綱要』	来馬琢道	――	鴻盟社
明三六（一九〇三）	『仏教各宗原理通論』	渡辺宗全	井上円了	文明堂
明四二（一九〇九）	『八宗綱要講義』	境野黄洋	――	東洋大学出版部
大五（一九一六）	『八宗綱要講話（上下）』	境野黄洋	――	丙午出版社
大八（一九一九）	『仏教各宗大意（上下）』	伊藤義賢	――	顕道書院
大一五（一九二六）	『仏教各宗大意（上下）』	平安専修学院	――	興教書院
昭二（一九二七）	『八宗綱要解説』	柏原祐義	――	法文館
昭二（一九二七）	『八宗綱要講義』	仏教学会	――	仏教学会
昭三（一九二八）	『通俗仏教各宗要義』	小野清秀	――	藤井佐兵衛
昭五（一九三〇）	『八宗綱要講話』	境野黄洋	――	丙午出版社
昭七（一九三二）	『講本八宗綱要鈔』	凝然	龍谷大学（編纂）	龍谷大学出版部
昭一五（一九四〇）	『仏教各宗綱要』	小林一郎	――	大乗仏教会

専精によって、「各宗綱要」といった宗門の伝統的な語りの形式が「日本仏教史」に対して試みられるようになったことは、「各宗綱要」の衰退と無関係ではないであろう。またこのことは、「高僧伝」においても同様である。たとえば来馬琢道（一八七七～一九六四）は、一九〇〇年公刊の『各宗高僧伝』で「高僧の面目を世に知らしめんとして編纂せるものなり、故に題して「各宗高僧伝」と云ひ冠するに「列伝体日本仏教史」の文字を以てしたるも、著者の意は寧ろ後者にあり、たゞ世の解し難きを恐れて、暫く前者を標したるのみ」と述べており、[22]「各宗綱要」のみならず「高僧伝」をも包括していく言説としての「日本仏教史」の成立をこの時期に見出すことができよう。

村上専精の『日本仏教史綱』に象徴されるように、それまで仏教者の自己言及として利用された言説は、彼以降、各宗の教理と高僧の事業を語る場へと変わり、「日本仏教史」の語りと、各宗の独自性の主張が、車の両輪をなしていくこととなる。また、東京帝国大学の講壇に立っていた専精によって「科学的」な「日本仏教」研究の方法が、仏教学のみならず、「日本」を語るアカデミズムの言説空間に入り込んでいく。すなわち、各宗の個性を重視する「日本仏教」の語りが、伝統的宗門、そして仏教学の枠組みを遥かに越えて、国史学、哲学や倫理学などの諸分野へと伝わっていくプロセスが始まるのである。

以上の考察から、伝統的な「仏法」が国民国家と宗教概念の枠組みに再構築されるプロセス――仏教のいわゆる「近代化過程」――は、宗門の利害を念頭においたものであったことがわかる。

柏原祐泉、[23]池田英俊、[24]ジェームス・ケテラー[25]のいずれもが、伝統的な宗門の枠組みを乗り越える試みの出現――すなわち「宗門の人」が自らを「仏教者」として語り直すこと――を、仏教が「近代化 modernize」するための不可欠の条件として捉えていることに対し、ジョン・ロブレグリオは、そこで用いられている「通仏教」概念の有効性について再考を促している。[26]たしかに、明治政府による神仏判然令と、それに伴った廃仏毀釈に応えるべく、多くの宗門の代表的な僧侶は、明治元［一八六八］年一二月に近代日本初の通仏教的団体である「諸宗同徳会盟」を結成し[27]、明治二〇年代の段階になると日本国家にとってふさわしい、一宗一派に拘泥しない「仏教」の構築が井上円了などによって試みられる[28]。

『新仏教』（一九〇〇年発行）同人も「従来の宗教的制度及び儀式を保持するの必要を認め」ないと主張し、既存の宗門に頼らないような仏教実践を掲げている[29]。これらの事実から考えれば、それまでの宗派に束縛されない存在としての「仏教」を構築する作業が近代日本の仏教者の基本的な試みのひとつであったことは否定できない。しかし、上記のように、宗門という機能的な単位を乗り越えるものとしての「仏教」の出現は、伝統的な諸宗の利害を踏まえてのプロセスであることも考える必要があろう。林淳が指摘するように、近代において「通仏教」が叫ばれるようになった一方、「ホンネでは宗派意識が強く、〔宗派ごとに〕バラバラな仏教界」は厳然として存在し続けている。おそらくそうであるからこそ「近代の各宗派が、通仏教史のなかに自らを位置付けようとする欲求」も生まれたのであろう[30]。近年では、引野亨輔が近代に連続するような「宗派意識」は、宗祖が生きた古代や中世において成立したものではなく、むしろ近世中後期の幕藩体制の枠内において形成されていったものであると論証している[31]。このような指摘をも念頭に置けば、近代的な「仏教」概念の裏面としての「宗派意識」の存在を無視することが不可能であることは明らかである。

次節以降、宗派の独自性が失われない――むしろ、それが戦略的に強調される――ような「日本仏教」言説は専精によって、とくに日露戦争後の時期において如何に展開されたのかを考察すべく、彼が「日本仏教の特色」を描いた一連の論説に焦点を当てていきたい。

第三節　村上専精による「日本仏教の特色」――戒律・哲学・信仰

一九〇〇年代後半、村上専精は「日本仏教史」に関するそれまでの研究成果を踏まえつつ諸仏教に対する「日本仏教」の「特色」を本格的に語り始める。一八九〇年公刊の『仏教一貫論』や、三年後の『仏教忠孝編』において、彼はすでに「日本仏教の特色」という課題に触れていたが、以下に扱う諸論説（表2を参照）では、それがより体系化されていくのである。これらの論説の多くでは、「印度仏教」と「支那仏教」の「特色」が挙げられた上で、これらに対し「日本仏教」が如何なる点で相違しているのかという問題設定がなされている。こういった語りは、あの「天竺・震旦・本朝」を通貫した仏法の存在を前提とする伝統的な枠組を用いつつも、それとはまた異質な「日本仏教」の固有性の叙述であった。本節では、専精が捉えた「日本仏教の特色」を踏まえ[32]、これが宗門の道具としての「日本仏教史」と如何なる関係にあったかを考察したい。

表2にみられる論説の多くは、村上が演説した要点をまとめたものであり、その概略は、次のようなものとなっている――①演説、②演説（一九〇七年四月の宗祖御誕生会におけるもの）、③演説（一九〇七年六月一七日東京和強樂堂における興教大師降誕会におけるもの）、④演説、⑤演説（『新仏教』十周年記念演説会におけるもの）、⑥学術論文と考えられるもの、⑦学術論文と考えられるが末尾に「(文責記者)」と記されているもの、⑧学術論文と考えられる。なお、⑤と⑥については、タイトルこそ異なるものの、内容はほぼ同様であるために列挙しておくこととする。これら一連の論説のなかには、空海（七七四～八三五）や覚鑁（一〇九五～一一四四）、あるいは親鸞（一一七三～一二六二）の誕生記念会において述べられ、彼らを称えることを最終目的とするものもある。その意味

①	1906年６月	「日本仏教の特色」	『無盡燈』第11編・第６号(1-6頁)
②	1907年６月	「日本仏教の発展」	『無盡燈』第12編・第６号(5-10頁)
③	1907年７月	「日本仏教の特徴」	『六大新報』第202(5頁)／第203号(6頁)
④	1907年８月	「日本仏教の特色」	『智嶺新報』第78号(7-10頁)
⑤	1910年７月	「支那仏教史に就いて日本仏教史を思ふ」	『新仏教』第11巻・第７号(854-858頁)
⑥	1913年１月	「支那仏教史と日本仏教史の比較」	『仏教史学』第２編・第10号(31-36頁)
⑦	1914年11月	「日本仏教史の特色」	『和融誌』第18巻・第11号(826-836頁)
⑧	1924年６月	「日本仏教の特徴」	『中央仏教』第８巻・第７号(38-48頁)

表２　村上専精による「日本仏教の特色」一連の論説

でもまったく均一なものではないが、大きく分ければ以下のようなカテゴリになる。

まず①～④は、その根底を成す論理には変化がほとんど見られない。⑤～⑥は中国と日本における仏教の相違が中心課題であるが、①～④の論理との類似点も多い。これに対して⑦と⑧の内容は、他の論説とは異なっている。⑦は「宗教」と「道徳」の必要性を考察する性格のものであり、⑧の場合は①～④の内容とは親近性を有しているが、やや長い年月を隔てて語られているためか、論調に明らかな相違も見られる。以下の考察においては、明治後期におけるこの列島の宗門と「日本仏教」の語りという本章の課題に専念すべく、まず①～④の根底的な論理を中心に論じたい（便宜上、②の論説を軸にする）。

専精は、一九〇六年の「日本仏教の特色」において「今の仏教の如き、本と印度の産なりと雖も、亦同じく各地に伝播するに随ひ、時と処とに応じ一種の特色を帯びて、発達し来れるものなりことは掩ふべからざる事実である」と述べているが[33]、それは同時代の井上円了が『大乗哲学』などで示したような「地位相応説」とは異なっている[34]。円了が大乗仏教にとって〝ふさわしい〟地域と〝ふさわしくない〟地域があることを、風土や気候をはじめとした普遍的な基準に基づき叙述しているのに対し、専精は「大乗」という言葉をも用いず、「釈尊の説法」より発展した「仏教」が「印度」・「支那」・「日本」における各々の文化的背景に基づき、如何に展開したかという、その固有性に着目している。ここで、注意すべきことは、専精が「日本」を中心としてそれぞれの「特色」を示しているが、少なくとも明示的には、三者のあいだの優位関係を主張してはいないという点である。

さて、専精は日本に伝来するまでの仏教の「発展」を「第一、規律的制度上の発展」、「第二、哲学的教理上の発展」そして「第三、宗教的信仰上の発展」としている（なおこの「第三」に関しては、「少し言葉が不適当かも知らんが」とも断っている[35]）。専精は、この三段階を空間的にはインド・中国・日本という地理的関係に充当させると同時に、教義面においては「戒定慧」という仏教の三学に喩え、「戒は戒律であつて制度のことである。慧は智恵であつて哲学のことである。定は禅定である。されど自力教にあつての禅定は、他力教にあつての信仰に当ると見てよい」と説明する[36]。

インドには「第一の規律的制度上の発展と、第二の哲学的教理上の発展とが盛んであつた」が、「第三の宗教的信仰上の発展は如何かと云ふと、其れは疑はしい」、という。専精によれば、インド亜大陸に栄えた仏教には比丘や比丘尼といった者はたしかに存在したが、「一般人民にも平等に同一の信仰があつたか何かは疑問である。恐らくは下等人民の信仰は、仏法僧の三宝に帰依すれば功徳があると云ふ位のこと丶、又善悪因果応報の理りを信じて疑はなんだ位のことであつたらしい。一般人民の上に行き亙つて、我が真宗の様な、立派な信仰は無かつたことであらう」という[37]。

中国においては、「第一の規律的制度上の発展があつたとは思はれない」し、「第三の宗教的信仰上の発展も亦同じく疑はしい」[38]。「下等人民の信仰」が「多く道教を以て固めて居つた」中国においては、「念仏」の実践はあったが、それは「地方の一局部」であって、「下等人民」の間にも広がらず、「日本の念仏には及ばない」と専精は指摘する。つまり、「支那仏教の特徴をいへば、唯第二の哲学的教理上の発展」である。具体的に、「支那仏教の特色は、教相判釈せんがため、図らずも理論主義、即ち哲学的になつた所にあると謂つてよい。実に天台の五時八教、華厳の五教十宗の教判の如きは、支那仏教の精華であつて、或る点に於ては西洋の哲学と雖、及ばぬほどのものである」と彼は結論する。(39) これらの地域における仏教の有り方に対して、日本の仏教はどうか。以下の言葉に注目したい。

支那日本は、戒律の方面は寧ろ堕落したと云ふべきである。第二の哲学的教理上の発展は、此れもないではないが、印度支那の発達にはとても及ばない。日本の仏教は、漸くにして支那の書物を研究したに止るのである。そう云ふわけで、日本に於ては第一第二の発展は、先づ無いと云つてもよい。然らば日本仏教の特徴は何かと云へば、即ち第三の宗教的信仰上の発展であつて、之は恐らくは万国に比類がないであらうと思ふことである。(40)

専精は日本における「宗教的信仰上の発展」を、三つの時期に分けて説明する。すなわち「第一期、奈良朝時代の仏教／第二期、平安朝時代の仏教／第三期、鎌倉幕府時代の仏教」である。第一期の仏教は、「支那仏教の講義に過ぎない」ものとして片付けられる。(41) しかし第二期には最澄の天台宗や空海の真言宗が成立し、それらに代表される「平安朝時代の密教の盛んなることは、実に世界第一であ」り、「支那に於ける密教は……日本の密教の盛んなりしに比すべきものでない」と専精は主張する。(42) 要するに日本の密教は、「哲学的理想の上に、宗教的面目を顕はし」、「消極的仏教を積極的にし、理想的仏教を信仰的にした」のである。(43) そして鎌倉仏教は「之より更に一段進んで、日本的発展を示」すものであり、「(一) 坐禅宗。(二) 題目宗。(三) 念仏宗」の三つに大別される(なお、

「坐禅宗」に関しては専精が、「日本では支那より発展して居ないから、特色と云ふ程ではないが、兎に角、彼れは規律主義のものでない。又理論主義のものでない。依つて宗教的信仰に配するのが至当である」と論じている[44]。「日本仏教の特色」を「宗教的信仰上の発展」ととらえた専精は、「日本仏教」のもっとも「発展」したものを、いわゆる鎌倉新仏教を代表する諸宗の実践であると規定する。「坐禅宗」をもやや強引に「宗教的信仰上の発展」の事例とする専精によるこの営みの裏面には、明治末期に存在した宗門とその祖師を「日本仏教」（の「特色」）として語る試みがあったと言えよう。

第四節　村上専精による「日本仏教の特色」――仏教と国家

専精の「日本仏教の特色」論は、いわゆる鎌倉新仏教をその最も発展した実践として強調することにとどまるものではない。彼は早くも一九〇六年発表の①論説に、「日本仏教の特徴」として、その「国家的」な性格や、僧侶の独特な「風儀」を説いており、その傾向は一九一〇年発表の⑤論説と一九一三年発表の⑥論説において、いっそう強まっていく。やや長い引用文になるが、専精は以下のように記している。

仏教と国家との関係に就て之を考ふるに、印度の如きは、釈尊の行跡に就て之を見るも、又遺弟の行跡に就て、之を見るも政治的国家と何等の関係もなかつたものと思はれる。彼の阿輸伽王の如き、又迦膩色迦王の如き、大いに仏教を信じ、その伝播を扶けたものでも、そは冥福を祈る精神に出でしものにして、言はゞ信仰の余瀝である。決して政治的意味を以て、治国安民の策に之を利用するためではなかつたであらうと思ふのである。

要するに印度仏教の如きは、政治と何等の関係も有することなく、全く政治以外に独立せしものに相違ない。／支那と雖も、最初は印度と同様であつたに相違ない。例せば晋時代にありて、沙門も俗人と同じく帝王を拝すべく、又拝すべからざるの沸騰するありて、廬山の慧遠は、之がために「沙門不敬王者論」五篇を造りて、時の官府に抗する所ありしが如きは、仏教が超然として政治以外に独立の態度を取りし徴証である。然るに劉宋時代に来り、終に沙門も王者を拝するの制度が確立すること、なりたのである。此の一事を以て見るも、支那仏教も其初めは、印度仏教と同じく超然主義たりしを想像するに足ると思ふ。しかし後に至れば其主義は全く破れて、政治の方よりも僧官を設け、政治の力を以て仏教を理せんとするに至り、仏教徒も時の為政家に接近して保護を求むるやうになつたのである。併し日本のやうではなかつたやうに思はれる。／我日本仏教の如きは、初めから全く国家的観念の下とに伝播したのである。随つて後日の発展も全く国家との密接の関係を以て、明治の今日に至りしものであると謂つてよからうと思ふのである。[45]

欽明天皇の時期から、聖徳太子、奈良時代の国分寺、平安時代の空海や最澄、鎌倉時代の「坐禅と念仏と題目との三種の仏教」に至るまでの「国家的精神」を論証していく専精は、[46]「仏教の伝播せし国は実に多しと雖も、此の如く終始国家と密合して発展せし処は、恐く外国にはあるまいと思ふのである」と結論するのである。[47]先述のように、国家との関係を「日本仏教の特色」とする専精の立場は、一九一〇年代の論説に連なっていく。彼は、仏教の普遍性と同時に、固有性、さらにいえば国籍性をも認めていた。この意味で、彼における仏教は複数性を有し、それゆえ「日本仏教」は「外国」の仏教とは異なる宗教体系として認識されていたのである。たとえば、一九一三年の[6]論説には、前節で取り上げた「支那仏教＝学問的／日本仏教＝宗教的」という対比に加え、専精はその〝ふたつ〟

の仏教における国家との関係について、以下のように主張している。

日本の仏教は、国家的であつた。支那の仏教の非国家であるとは、全然反対の形成であつた。／支那の仏教は唐宋明等の時代に至つても非国家的であつた。歴代の帝王の仏教を崇重せられた事実も少なくないが、寧ろ帝王一己の宗教思想を満足しようとしたものであつた。然るに日本の仏教は平安朝、鎌倉時代、室町時代等に至つても国家的であつた。各時代に勅願道場の建立が見らるゝのである。五山十刹の如きも、国家的仏教の一経営であつた、禅も、念仏も、日蓮も、皆国家的仏教であつた。興禅護国とか、王法為本とか、立正安国とか、是等の宗祖が各標榜したでないか(48)。

専精はこうして、仏教が日本において普及し、「愚俗の信仰」とまでなり得た理由を、「国家」との関係に求める(49)。「印度仏教」や「支那仏教」の政治・国家との関係は否定されないが、日本の仏教とは異なり、インドや中国におけるそれは「治国安民」のために用いられることもなければ、「下等人民」の隅々まで広がるような「宗教的信仰」を生み出すこともなかった、という見解である。

しかし、日本の仏教こそ「国家的」であるとする専精のこの立場は、彼が積極的に研究活動を開始する一八八〇年代後半から一貫しているわけではない。むしろ、著作を見る限り、初期の専精は「仏教と国家」に関して異なる見解を示していた。たとえば、内村鑑三による「不敬事件」や、これを批判すべく上梓された井上哲次郎『教育ト宗教ノ衝突』（一八九三年四月）の余波で公刊されるに至った『仏教忠孝編』（一八九三年九月）において、専精は「仏教」が「耶蘇教」と異なり「教育勅語」にみられる諸理念とは衝突しないと証明することを、その中心課題としている。すなわち「仏教」は、「君王」や「父母」に対する崇敬（史料上では「恩徳」・「忠義」・「孝順」）とはまったく矛盾せず、むしろそれらの感情を支えるような「宗教」であると彼は説く。『仏教忠孝編』におけるこの論証は、〝日本に同化した仏教であるからこそ〟といったようなものではなく、むしろ〝仏教そのもの〟に「君王」への崇敬を育む要素が存在しているという仏教の普遍性に基づく立場からのものであったことは、この当時における彼の仏教理解が、いわゆる「日本仏教」の言説とは一線を画するものであったことを意味している。この立場は、翌一八九四年に積極的に始まる専精の仏教史学的な営みにも連なる。以下の言葉に注目したい。

嗚呼全世界に於る仏教の開祖は印度立国已来皇糸連綿として断えざる浄飯王の皇子なり。吾日本国に於る仏教の開祖は、日本開国已来の皇系を線緯の如く継げる用明天皇の皇子なり。又印度の仏教を支那に伝へたるは、後漢孝明帝より印度の皇帝に対する勅請に由り、支那の仏教を日本に伝へたるは、百済国の聖明王より吾欽明帝に対する献納に由る、そも仏教は何ぞ此の如く皇帝に因縁厚き乎、是れ吾輩の深く感服せずんはあるへからさる所なり、茲に一言を添へ、同感者の考慮を祈ること爾り。(50)

こうして各国の皇族との関係において仏教の東漸を説明しようとする専精が、「教育と宗教の衝突」論争の枠組みで語っていたことは想像に難くない。しかしこの仏教全般の普遍的な特徴であった国家との親和的関係は、一九〇六年以降の論説において「日本仏教」のみを表すようなものに変わっていく。

このように専精における「日本仏教」という語の用法とその変遷を検討すると、一八九〇年代前半までは比較的に自由な言説空間において語られた「日本仏教」が、日本における宗門の〝独自性〟を語る場へと展開していったことが明らかになってくる。末木文美士は、仏教の「歴史」を探究する専精とその「統一」を試みる専精とのあいだの思想的変遷に着目し、「歴史」に情熱的であった『仏教史林』時代の専精は、一九〇〇年代になるとこれを「教理の下に置」くようになったと指摘する。[51] 専精の思想的展開を描く上で〝「歴史」から「教理」へ〟といった図式もむろん可能であると考えられるが、むしろ『仏教史林』時代の専精はすでに「教理」の下に「歴史」を置いていたのではないだろうか。つまり彼がそもそも仏教史研究に取り組んだのは、仏教の「統一」を図るためであり、歴史叙述は最終目的ではなく「統一」に導くための手段であったと考える方が妥当であろう。専精は一八九〇年に『仏教一貫論』を公に示しており、それに続く彼の史学的営為は第二節でみたように、「統一的合同調和に尽瘁する」事業であった。

先述の如く、専精は一九〇一年に還俗し、その状態は一九一一年、僧籍に復帰するまで続く。この一〇年の間に彼の学術的営為には、上記を含むさまざまな形での変化がみられる。彼は一九〇一年から一九〇五年に至り、『仏教統一論』の第一編（『大綱論』、一九〇一年刊）、第二編（『原理論』、一九〇三年刊）、第三編（『仏陀論』、一九〇五年刊）を発表している。しかし、当初は全五編の予定であった『仏教統一論』はその第四編が公刊されることなく、第五編はかなりの歳月を経て一九二七年に出されるのである。芹川博通によれば、それは「統一論に対する思想的変化が生じたため」であり、[52] 本章で確認したとおり、この変化の最終局面として一九〇六年に「日本仏教の特徴」が示されるのである。今後、一九一〇、二〇年代の専精著作を検討する必要もあるが、専精を理解するにあたり、次のような図式を示したい。すなわち、それまで「日本仏教」なる四字熟語の後半部に重点を置いていた村上専精は還俗し、「仏教統一」事業の挫折にも直面すると、やがてその重点は四字熟語の前半に移行していくという思想的展開の図式であり、その画期は一九〇一年～一九〇五年に求められる。

もとよりこれは、一八九〇年代の専精が、研究上の問題意識としての「日本」を看過していたことを意味しているのではない。むしろ逆に、ミシェル・モールが適切に指摘するように、こういった国家主義的な要素は、この時期の彼の仏教研究には多く見出される[53]。しかし、仏教という普遍的なものの枠組みに「日本仏教」を位置づけるための研究に取り組んだ専精と、「印度仏教」や「支那仏教」に対する「日本仏教」の「国家的」かつ「宗教的」な性格を唱えた専精のあいだには、明らかな思想的断絶を見ることができる。実際のところ、一九〇五年以降における専精の思想的変遷は、先行研究においてもいまだ明らかにされておらず、さらなる研究が必要であることは言うまでもない。とりあえず本章では、仏教の「統一」という事業の一端として、「日本仏教」の歴史的研究に取り組み、その枠組みにおいて伝統的宗門を語り直した専精が、この列島の宗門の（彼が理想視した）実践を、他国の仏教に対して「日本仏教の特徴」としてより本質的に語るようになっていったことを指摘しておきたい。

おわりに

本章では明治中後期において、「日本仏教」を描き出そうとした人々の試みに焦点を当て、その「日本仏教」なるイメージの変容について論じてきた。第一節で取り上げた一八九〇年代半ばまでの「日本仏教史」と題される著作における試みは、次の三点にまとめることができよう――①僧侶が担う言説ではなく、むしろ在家信者などによる営み、②皇室との関係を主張する強い傾向、③「編年体」からの離脱が強調されるといった「近代的」で「科学的」な歴史学の影響の下に、仏教体制外から編まれた歴史である。とはいえ、この時期における「日本仏教史」の言説には定式化された語りのモデルがあるわけではなく、この点で後の制度化されたアカデミズムの場においての語りとは異なっている。

第二節で確認したように、村上専精以降、「日本仏教史」は各宗の教理と高僧の事業を語る場へと変わる。「日本仏教」なる言説の担い手となっていく専精の同僚であり、弟子でもある境野黄洋と鷲尾順敬は彼が提示した新たな枠組みを継承していくのみならず、それをさらに、独自の形で展開させていく。たとえば、雑誌『新仏教』とその運動を率いた人物の一人であった境野は、村上専精と同様に、日本の「仏教史」を「仏教各宗の事実」と「中心人物」で記述すべきであると論じている(54)。

僧侶であり、官学アカデミズムの頂点に立った村上専精は、「日本仏教史」の枠組みにおいて、それ以前の叙述とは異なり、「宗門」を重視した語りを通して仏教界の欲求を満たすと同時に、「日本」を強調した記述によって官学的な側面も満たすことができた。しかし第三、四節において示したように、専精は還俗時代、とくに日露戦争以降の時期において、宗門の独自性を掲げる「日本仏教」の語りをさらに本質化させ、あたかもその熟語中の「日本」へと重点を移したかのようである。専精にとって、きわめて「宗教的」で「国家的」である「日本仏教」の最高形態は鎌倉時代の仏教に見出されるものであった。このことをより明らかにするものとして、最後に、専精の以下のことばを確認しておきたい。

日本仏教の開山は聖徳太子であるが、太子は、元より印度僧にあらず、日本人而も日本国を預つて、万機を裁決せられた人であつた。太子が仏教経典を選択せらる、に当て、法華経と、維摩経と、勝鬘経との三つを取られたのは、実に卓見で、太子の御精神を窺ひ知るに足ると思ふ。法華経は法の躰で、まづ大乗仏教の総代として採り、維摩経は在俗居士の所説、勝鬘経は勝鬘夫人と云ふ一女子の奉仏を述べたもので、即ち後の二経は、

> 寺院や僧侶ばかりが、仏教ではない、寧ろ在家の優婆塞、優婆夷が、日々産業を営みながらも、仏法を修するといふ現実的の御精神から採択せられたもので、決して寂静主義ではなかつたことを思ひ知るべきである。此の思想を受けて伝教大師は、叡山に始めて大乗戒を設けられた、之れも決して印度思想ではなかつた、処が、之より来る所の結として、肉食妻帯を極端に主張するやうになり、遂に又形式に馳せるに至つた。肉食妻帯の是非は且く措き、兎に角、聖徳太子、伝教大師の精神の存する所を取つて断然之れを実現したのは、親鸞上人である。[55]

一八九〇年代中葉まで比較的に自由な言説空間であった「日本仏教」は、村上専精の学術的営為により宗門の独自性を語る場へと変わっていく。仏教が〈普遍的なもの〉として語り直された原坦山の段階を経て、専精により個別の「宗教」として「統一」されるばかりでなく、〈普遍〉のなかの〈特殊〉（すなわち「仏教」のなかの「日本仏教」の「特徴」）すら学術的に語られることが可能となった。事実、上記の引用にも窺えるように、専精が描く〝特徴的な点〟はそのまま〝優位な点〟とは――少なくとも直接的に――結論されていないが、その思想的な営為により「日本仏教」は連続するような、ひとつの「精神」――聖徳太子から親鸞に貫くもの――の発展として語られる段階に至ったのである。

次章では、ある精神の発展として描かれるようになった「日本仏教」が、大正期において如何なる背景のもとに展開したのかを考察するため、専精と同じく東京帝国大学で印度哲学仏教学を講じた高楠順次郎に焦点を当てることとしたい。

註

（1）村上専精は一八五一年、丹波国の真宗大谷派教覚寺に生まれ、幼時期を同国で過ごす。一八七四年に京都東本願寺の高倉学寮に入学するが、数ヶ月後退寮する。三河の入覚寺住職の養子となり、本姓の「広崎」より「村上」に改姓。一八七五年に入覚寺の住職となるが、一八八〇年、三〇歳で京都に戻り、本願寺教師教校に入り、仏教研究に尽力しつつ高倉学寮での講義も行う。一八八七年上京し、曹洞宗大学林や哲学館――ここでは学生としても学びながら――講師を務め、一八九〇年に（東京）帝国大学の教員となる。一九〇〇年代初頭、大乗仏教は歴史的仏陀である釈尊により説かれたものではない（いわゆる「大乗非仏説論」）と主張し、僧籍削除処分を受けるが一九一一年に復籍している。一九一七年、実業家の安田善次郎の寄付により印度哲学講座が創設され、専精がその初代教授に就任する。一九二三年に退官した後、大谷大学の学長などをつとめ、一九二九年、七十八歳の生涯を終える。なお自伝的なものは『六十一年――一名赤裸々』（丙午出版社、一九一四年）や「自伝」（『実践論――聖人親鸞と禅師道元』「仏教統一論　第五篇」下巻、東方書院、一九二七年）がある。村上をめぐる先行研究はさほど多くないが、次のようなものが挙げられる――赤松徹真「明治中期の仏教的〝近代〟の相剋――村上専精を中心として」（『龍谷史壇』八七号、一九八六年）、芹川博通『近代化の仏教思想』「第六章　仏教統一論――村上専精」（大東出版、一九八九年）、末木文美士『明治思想家論』「第四章　講壇仏教学の成立――村上専精」（トランスビュー、二〇〇四年［初出二〇〇〇年］）、Michel MOHR, "Murakami Senshō: In Search for the Fundamental Unity of Buddhism", James Mark SHIELDS, "Parameters of Reform and Unification in Modern Japanese Buddhist Thought: Murakami Senshō and Critical Buddhism" and Ryan WARD, "Against Buddhist Unity: Murakami Senshō and his sectarian critics"（以上の英語論文はすべて *The Eastern Buddhist*, New series, vol.37, n.1-2, 2005 に収録）、高山秀嗣「村上専精にとっての〈教育〉」（『九州龍谷短期大学紀要』五七号、二〇一一年）である。村上をめぐる多くの成果は、彼を井上円了と比較した性格のものであり、たとえば、以下のようなものがある――田村晃祐「井上円了と村上専精――統一的仏教理解への努力」（『印度学仏教学研究』四九・二、二〇〇一年）、岡田正彦「宗教研究のヴィジョンと近代仏教論――「仏意」と「仏説」」（『季刊日本思想史』七五号、二〇〇九年）、江島尚俊「哲学的仏教研究から歴史的仏教研究へ――井上円了と村上専精を例として」（『大正大学大学院研究論集』三四号、二〇一〇年）。

（2）田島の『未来預言仏教滅亡論』（其中堂、一八八八年）は当時の僧侶の「衰退」を嘆き、その「挽回」を狙うものである。翌年、田島論のいくつかの点に反駁すべく、萩倉耕造は『仏教不滅亡論』（其中堂、一八八九年）を発表している。かかる論争に関しては、桜井匡『明治宗教史研究』（春秋社、一九七一年）、九〇〜九四頁を参照。

（3）たとえば前章で取り上げた原坦山は、一八八五年の講義に、同じような枠組みではあるが「仏教」・「仏道」・「仏学」をそれぞれ用いている（「学教の異同仏教諸教の異同」『坦山和尚全集』、光融館、一九〇九年、五二頁）。島薗進は、大隅和雄（『愚管抄を読む――中世日本の歴史観』平凡社、一九八六年）の論をも踏まえ、以下のように指摘している。

中世に「仏教」という語はすでに用いられていたが、限定された用い方だった……。もっともふつうに用いられたのは「仏法」や「仏道」の語だった。「仏法」は「仏・菩薩、教義、修行、祈禱、儀礼、僧侶、寺院など、仏教に関するすべてを包み込むことばとして、広く用いられた」……（中世日本において）「仏道」や「仏法」は実践に重きを置いた語だが、「仏教」は経典に書かれているような文字化された真理命題に力点がある……。明治維新以降、主に「仏教」の語が用いられるようになったということは、中世から近代に至る間に「仏」の「法」や「道」の語で理解されていたものが、「仏」の「教」として存在するものとして理解されるように変化したということを意味する（島薗進「近代日本における〈宗教〉概念の受容」同・鶴岡賀雄編『宗教〈再考〉』ぺりかん社、二〇〇四年、一九二〜一九三頁）。

また、大槻文彦が編集した『言海』の第四冊（一八九一年刊）に、「仏教」は「ホトケノヲシエ。仏法。」（八九八頁）と定義されているのに対し、「仏法」の項目には「ホトケノノリ。仏ノ教へ。仏道。仏教。」（八九九頁）とあり、明治中期の段階に日本語として「仏法」は「仏教」より広義の言葉であり続けたことの証左となり得る。それが変わるのは、おそらく、「仏教」が“Buddhism”の訳語として定着してからのことであろう。

（4）磯前順一「〈日本宗教史〉を脱臼させる――研究史読解の一試論」（『宗教研究』第三五七号、二〇〇八年）、四六頁。

（5）田島象二『日本仏法史』（潜心堂、一八八四年、上巻）、九丁表。

（6）田島『日本仏法史』上巻、七丁表。

（7）田島『日本仏法史』上巻、七丁表。
（8）大内青巒『日本仏教史略』（鴻盟社、一八八四年、上巻）、四四丁裏〜四五丁表。
（9）三宅雄次郎『日本仏教史　第一冊』（集成社、一八八六年）、一〇頁。
（10）実は一八八六年の三宅著作と、一八九二年の加藤著作のあいだに、「日本仏教史」とは題されないが、それに近い性格のものが発表されている。一八九〇年、島地黙雷（一八三八〜一九一一）と生田得能（一八六〇〜一九一一）は『三国仏教略史』（全三巻）を公刊し、その下巻をなす「日本」には彼らもまたその先行者と同様、各天皇在位中の仏教にかかわる出来事を挙げている。島地・生田のこの著作は、特に「印度」の部分における歴史上の人物としての釈迦に関して、欧米の宗教研究者の最新の説を日本語で紹介する意味で、学問的な転換の兆しとしても考えられる。上巻の「凡例」において、次のように記されている——「仏出世入滅。年時ノ不同ナル。古来三十三種ノ異説アリ……「カンニングハム」氏〔Alexander CUNNINGHAM, 1814-1893〕ノ敬王癸亥……博士「マクスミューラル」氏〔Friedrich Max MÜLLER, 1823-1900〕ノ敬王甲子……ニ近似シ」（凡例、一丁表〜裏）。この著作における「釈迦伝」とその意義に関しては、岡田正彦「「ブッダ」の誕生——「近代」の歴史記述と「仏教」」（『宗教学年報』第二五号、二〇〇五年）、特に四五〜四八頁を見よ。岸田（和田）有希子もこの著作をめぐる話題に触れている（『日本中世における臨済禅の思想的展開』東北大学大学院文学研究科二〇〇六年度提出博士論文、六〜七頁）。なおJ・E・ケテラーもすでに、本書に関してさまざまな指摘を行っており、彼によれば当時のこのような著作は伝統的な「三国」思想を利用しつつ、「東漸」して「進化」を経た仏教が「日本仏教」となったプロセスを描くことが目的である（『邪教／殉教の明治——廃仏毀釈と近代仏教』岡田正彦訳、ぺりかん社、二〇〇六年、二七三頁）。「三国仏法」という歴史観・宇宙観それ自体は、近代に始まるものではなく、日本の古代的・中世的世界観の土台をなしているであろうが（たとえば、市川浩史『日本中世の歴史意識——三国・末法・日本』〔法藏館、二〇〇五年〕を参照）、島地・生田はスペンサー論を踏まえ、伝統的な三国史観を、そのいわば「近代的」なかたちに展開させているとも言えよう。
（11）沢柳政太郎「日本仏教史序」（加藤熊一郎『日本仏教史』吉川半七、一八九二年）。
（12）たとえば、以下の言葉に注目しよう。

新たに一宗教を起こすの宿志を断ちて、仏教を改良してこれを開明世界の宗教となさんことを決定するに至る。これ実に明治十八年のことなり。これを余が仏教改良の紀年とす（井上円了『仏教活論序論』［原著一八八七年］東洋大学創立一〇〇周年記念論文集編纂委員会編『井上円了選集　第三巻』、東洋大学、一九八七年、三三七頁）。

(13) 加藤熊一郎『日本仏教史』、一頁。
(14) 加藤『日本仏教史』、二頁。
(15) 相澤祖明・渡邊童麟『新撰日本仏教歴史』（上巻、国母社、一八九五年）、一頁。
(16) 相澤・渡邊『新撰日本仏教歴史』上巻、四頁。
(17) 相澤・渡邊『新撰日本仏教歴史』上巻、「例言」、一頁。
(18) 相澤・渡邊『新撰日本仏教歴史』上巻、「例言」、一〜二頁。
(19) 村上専精『大綱論』（［仏教統一論　第一編］金港堂、一九〇一年）、三〜四頁。
(20) たとえば、註(1)前掲の岡田「宗教研究のヴィジョンと近代仏教論」を参照。
(21) ケテラー『邪教／殉教の明治』「第五章　歴史の創出——明治仏教と歴史法則主義——」、とくに二五〇〜二五九頁を参照。
(22) 来馬琢道『各宗高僧伝』（鴻盟社、一九〇〇年）、「例言」、一頁。
(23) 柏原祐泉『日本近世近代仏教史の研究』（平楽寺、一九六九年）、四四四〜四四五頁。
(24) 池田英俊『明治仏教教会・結社史の研究』（刀水書房、一九九四年）、三二頁。
(25) ケテラー『邪教／殉教の明治』、二五〇〜二五九頁。
(26) LoBreglio, John S. "Uniting Buddhism: The Varieties of Tsūbukkyō in Meiji-Taishō Japan and the case of Takada Dōken" (*The Eastern Buddhist*, New Series, vol.37, n.1-2, 2005, p. 39). ロブレグリオはこの論文において、「近代仏教」を語るにあたり必ずといってよいほど登場する「通仏教」という用語は、非常に多義的であり、その枠組みには性格のまったく異なるものも位置づけることが可能であるため、用語の整理を試みている。彼によれば、少なくとも、四つのサブカテゴリを挙げることができる——Pan-denominational Buddhism 全宗派的仏教、interde-

nominational Buddhism 宗々相互仏教、interdenominational Buddhism 宗内通仏教、non-denominational Buddhism 無宗派的仏教（同論文、とくに pp. 39-53 を参照）。

(27) 諸宗同徳会盟に関しては本書の第二部・第一章・第三節〜第六節を参照されたい。

(28) たとえば円了『真理金針』（原著一八八六〜八七年）や註(12)で取り上げた『仏教活論序論』（両著は前掲『井上円了選集　第三巻』に所収）を見よ。

(29) 新仏教徒同志会（設立当初は「仏教清徒同志会」）「綱領」は、雑誌『新仏教』の創刊号（一九〇〇年）にて発表される。その全文はたとえば、赤松徹真・福嶋寛隆編（二葉憲香監修）『「新佛教」論説集　上』（永田文昌堂、一九七八年）、六頁などにある。

(30) 林淳「コメント1」（テーマセッション3「近代日本の〈仏教〉概念の生成と変容」『宗教と社会』第一一号、二〇〇五年）、二二二〜二二三頁。

(31) 引野亨輔『近世宗教世界における普遍と特殊――真宗信仰を素材として』（法藏館、二〇〇七年）を参照。引野著に対する筆者の理解は、拙稿「書評と紹介　引野亨輔著『近世宗教世界における普遍と特殊――真宗信仰を素材として』」（『宗教研究』第三五八号、二〇〇八年十二月、一〇四〜一一〇頁）を参照。

(32) なお江島尚俊は「日本仏教」言説における村上の「特色論」の重要性についてすでに指摘している――同「近代日本における「仏教」観の一研究」（大正大学大学院文学研究科二〇〇八年度提出博士論文）二頁を参考のこと。江島論文は示唆的であるが、射程は我々のそれとやや異なるため、村上の「特色論」に詳細な検討を加えていない。

(33) 村上専精「日本仏教の特色」（『無盡燈』第一一編・第六号、一九〇六年六月）、一頁。

(34) 円了自身は「地位相応説」を以下のように説明している。

古来の学者は教法には時機相応と不相応との別あるを説くも、いまだ地位相応と不相応との別あるを説かず。これその一を知りてその二を知らざる論なり。故に余はここに地位相応論を掲げて大乗仏説の一証となさんと欲す。地位相当とは、土地および気候の異なるに従って、人の思想も嗜好もまた異なりて、これに弘まる教法上に相応と不相応との別を生ずるに至るをいう。なお時機に相応、不相応の別あるがごとし。たとえば日本は古来これを称して大乗相応の地となし、その初め大乗小乗共にこの国に伝わりしも、小乗は早く滅びて、大乗のみひとり存するに至れり。これ日本の地理気候、人心人情の大乗に適して小乗に適せざるゆえんなり。これに反してインドは昔時大乗小乗共に行われしも、今日は大乗を失ってただ小乗のみを存するは、その地味人情が小乗に適して大乗に適せざるゆえんなり（井上円了『大乗哲学』［原著一九〇一年］東洋大学創立一〇〇周年記念論文集編纂委員会編『井上円了選集　第五巻』東洋大学、一九九〇年、四五二～四五三頁）。

(35) 村上専精「日本仏教の発展」（『無盡燈』第一二編・第六号、一九〇七年六月）、五頁。
(36) 村上「日本仏教の発展」（一九〇七年六月）、六頁。
(37) 村上「日本仏教の発展」（一九〇七年六月）、六～七頁。
(38) 村上「日本仏教の発展」（一九〇七年六月）、七頁。
(39) 村上「日本仏教の発展」（一九〇七年六月）、七頁。
(40) 村上「日本仏教の発展」（一九〇七年六月）、八頁。
(41) 村上「日本仏教の発展」（一九〇七年六月）、八頁。
(42) 村上「日本仏教の発展」（一九〇七年六月）、八～九頁。
(43) 村上「日本仏教の発展」（一九〇七年六月）、九頁。
(44) 村上「日本仏教の発展」（一九〇七年六月）、九頁。
(45) 村上専精「日本仏教の特色」（『無盡燈』第一一編・第六号、一九〇六年六月）二～三頁。
(46) 村上「日本仏教の特色」（一九〇六年六月）、三～四頁。
(47) 村上「日本仏教の特色」（一九〇六年六月）、四頁。専精はこの論説において、仏教が国家的に伝播したことは他国にない日本の特色としているが、二箇所ほど（四頁、六頁）で「西蔵仏教」の国家的特色にも触れ、それを「例外」としているのである。
(48) 村上専精「支那仏教史と日本仏教史の比較」（『仏教史学』第二編・第一〇号、一九一三年一月）、三二～三三頁。
(49) 村上「支那仏教史と日本仏教史の比較」（一九一三年一月）、三五頁。
(50) 村上専精「聖徳太子伝」（『仏教史林』第一号、一八九四年）、五九頁。傍線は原文どおり。
(51) 末木文美士『明治思想家論』「第四章　講壇仏教学の成立――村上専精」（トランスビュー、二〇〇四年）、一〇六〜一〇七頁。
(52) 芹川『近代化の仏教思想』「第六章　仏教統一論――村上専精」、一五九頁。
(53) 註(1)前掲の MOHR, "Murakami Senshō"（とくに pp.93-95）を参照。専精自身の言葉を挙げるなら、以下のものに注目したい。
　余輩一片の精神は凝結して金石よりも堅く、之を敲くに砕けす、之を打つに破れさるものあり、それは抑も余輩の精神此の如く凝結する所以は、一に仏教史は日本の国史に至大の関係あるか故に国家を思ふ忠義心に指導せらる、と二に仏教史は吾身の栖息する自家の経歴なるか故に仏教其者を思ひ祖先其人を思ふ義務心に勧誘せらる、とに由るものなり（村上専精「仏教史研究の必要を述べて発刊の由来となし併せて本誌の主義目的を表白す」『仏教史林』第一号、一八九四年、九〜一〇頁）。
(54) 境野黄洋『日本仏教小史』（鴻盟社、一九一一年）、「序言」、一頁。
(55) 村上専精「支那仏教史に就いて日本仏教史を思ふ」（『新仏教』第一一巻・第七号、一九一〇年七月）、八五六〜八五七頁。

付録資料（「日本仏教史」一連の著作の目次）

①田島象二『日本仏法史』（上下、潜心堂、一八八四年）
目次なし

②大内青巒『日本仏教史略』（上、鴻盟社、一八八四年）
「欽明天皇十三年以下」より「宇多天皇」にかけて、各天皇の名前。

③三宅雄次郎（雪嶺）『日本仏教史　第一冊』（集成社、一八八六年）
第一篇　仏教到来前ノ宗教（第一章　古史ノ真偽／第二章　カミノ意義／第三章　開闢ノ説）

④**加藤熊一郎（咄堂）『日本仏教史』（吉川半七、一八九二年）**
第一章　日本渡来以前の仏教を一観す（波羅門教及び其時代の哲学、釈迦之小伝、大小二乗の争、支那の拾三宗）・第二章　仏教の渡来より奈良朝の終に至る（仏教渡来以前人民の宗教心、神仏二主義の衝突、厩戸皇子、仏教の弘布、本地垂迹説、南都の六宗、社会事業に関する影響、年表）・第三章　平安朝の始より平氏の滅亡に至る（平安朝仏教の概況、台言二宗の開宗、最澄空海両師の伝、朝権の盛衰、易行道の興起、仏教の文学に及ぼせる影響、年表）・第四章　頼朝の覇府を開きしより北条氏の亡滅《ママ》に至る（社会の状況と仏教の隆盛、浄土、禅、真、日蓮等の開宗、源空、栄西、道元、親鸞、日蓮、等の略伝、仏教厭世教と同視せらる、年表）・第五章　北条氏の滅亡より徳川氏の幕府に至る（仏教玩弄物となる、僧徒と諸侯との争闘、蓮如上人真宗の中興、王室の式微、仏教と美術、年表）・第六章　徳川時代の仏教（基督教の侵入、徳川氏の保護政策、排仏毀釈の萌芽、僧徒の勤王家、仏教的文学、年表）・第七章　明治の仏教（排仏毀釈、教部省の設立、大教院の組織、僧侶の海外遊学、政教分立、仏教徒の運動、仏教の現況、仏教の未来、年表）・附録（第一章　仏教大意・第二章　本地垂跡《ママ》考）

⑤**相澤祖明・渡邊童麟『新撰日本仏教歴史』（上巻、国母社、一八九五年）**
上編　上世史――第一章　日本仏教沿革の大勢・第二章　仏教渡来以前・第三章　仏教の渡来・第四章　蘇我物部二氏の争闘・第五章　聖徳太子伝・第六章　慈善事業・第七章　僧尼の権輿及び位置・第八章　本地垂迹説・第九章　僧官僧位及び僧侶に関する官制・第十章　仏式葬祭の由来・第十一章　帝王宰臣の奉仏・第十二章　仏教と政治・第十三章　文学に及ぼせる影響・第十四章　仏教と美術・第十五章　三論宗・第十六章　成実宗・第十七章　法相宗・第十八章　倶舎宗・第十九章　華厳宗・第二十章　律宗・第廿一章　禅の伝来

⑥**村上専精・境野哲海・鷲尾順敬『大日本仏教史』（第一巻、溯源窟、一八九七年）**
上世史：　第一期――第一章　仏教渡来の年時及び司馬達の事跡・第二章　百済貢献の事情幷に蘇我物部両氏の軋轢・第三章　推古朝の仏教及び聖徳法王の事跡・第四章　三論成実両宗の伝来及び高僧の事跡・第五章　三論宗の教系及び沿革・第六章　三論宗の教判及び教理・第七章　成実宗の伝播及び教理・第八章　教界年鑑　／　第二期――

第九章　大化改新以後仏教の趨勢・第十章　法相倶舎両宗の伝来及び高僧の事跡・第十一章　法相宗の教系及び沿革・第十二章　法相宗の教判及び教理・第十三章　倶舎宗の沿革及び教理・第十四章　秘密宗の密伝・第十五章　僧尼に関する法度法令・第十六章　諸大寺の造営・第十七章　国分寺の創設幷に法会の濫觴・第十八章　東大寺の建立及び大仏の開眼・第十九章　戒律宗の伝来及び高僧の事跡・第二十章　戒律宗の教系及び沿革・第廿一章　戒律宗の教判及び教理・第廿二章　華厳宗の伝来及び其教系沿革・第廿三章　華厳宗の教判及び教理・第廿四章　奈良朝末の仏教（一）・第廿五章　奈良朝末の仏教（二）・第廿六章　仏教の文学美術工藝に及ほせる影響・第廿七章　教界年鑑

⑦村上専精『日本仏教史綱』（上下、金港堂、一八九八年〜一八九九年）

上巻目次＝総論／第一期　三論法相時代――第一章　仏教の初伝及び物部中臣二氏と蘇我氏の争・第二章　推古朝の興仏並に聖徳太子の出世・第三章　三論成実両宗の伝来・第四章　三論成実両宗の起原及び其教義・第五章　法相宗の伝来及び其宗の大徳・第六章　法相具舎両宗の起原及び其教義・第七章　大化改新以後の趨勢・第八章　東大寺及び国分寺の建立・第九章　華厳宗の伝来並に其起原及び教義・第十章　戒律宗の伝来及び鑑真和上の事蹟・第十一章　戒律宗の起原及び其教義・第十二章　皇室貴族の帰依及び諸寺の造営（一）・第十三章　仏教と政治の関係・第十四章　仏教に関する制度（一）／**第二期　天台真言時代**――第一章　天台真言の開立及び両宗の入唐求法・第二章　南都仏教の大勢・第三章　伝教大師及び其門下・第四章　天台宗の起原及び教義・第五章　叡山の戒壇創立・第六章　弘法大師及び其門下・第七章　真言宗の起原及び教義・第八章　真言宗分派の淵源・第九章　益信聖宝の二僧正並に其門下・第十章　寛朝仁海二僧正の出世・第十一章　東密事相の分流・第十二章　密教の隆盛並に修法法会・第十三章　慈覚大師及び其門下・第十四章　智証大師及び其門下・第十五章　叡山の隆盛及び慈慧僧正の出世・第十六章　山寺二門の分立・第十七章　慧心檀那の二僧都及び慧檀両流の異義・第十八章　天台円教の分流・第十九章　台密事相の分流・第廿章　東台両密の関係並に異同・第廿一章　山寺二門及び南北の軋轢・第廿二章　覚鑁上人の出世並に古義新義分派の濫觴・第廿三章　浄土教の漸興及び空也上人の出世・第廿四章　融通念仏宗の開立及び良忍上人の出世・第廿五章　皇室貴族の帰依及び諸寺の造営（二）・第廿六章　仏教に関する制度（二）

下巻目録＝第三期　浄土、禅、日蓮、時代――第一章　本期仏教の大勢・第二章　南都仏教の状況・第三章　叡山僧

侶の暴横及び元亀の大難並に其再建・第四章　頼瑜和尚の出世並に教相諸山の興廃・第五章　南北二京律宗の興廃・第六章　浄土宗の開立並に法然上人及び其門下・第七章　浄土宗の源流及び教義・第八章　聖光良忠及び証空上人・第九章　法然上人門下の異議・第十章　浄土宗の分派・第十一章　浄土真宗の開立並に親鸞上人及び其門下・第十二章　真宗の教義・第十三章　真宗の分派及び覚如存覚の二上人・第十四章　一遍上人の出世及び時宗の教義・第十五章　禅宗の伝来並に栄西禅師及び其門下・第十六章　栄西禅師以後の臨済禅の隆盛・第十七章　曹洞宗の伝来並に承陽大師及び其門下・第十八章　禅宗の源流並に教義・第十九章　聖一大応二国師の出世及び其門下・第二十章　夢想国師及び其門下・第廿一章　円明国師の出世及び曹洞宗の分派・第廿二章　日蓮宗の開立並に日蓮上人の出世・第廿三章　日蓮宗の教義・第廿四章　日蓮上人の門下並に日蓮宗の分派・第廿五章　日像上人の出世並に京都の日蓮宗・第廿六章　蓮如真慧の二上人及び本願寺高田の関係・第廿七章　蓮如上人滅後の真宗及び石山の戦争並に一向一揆・第廿八章　真盛上人の出世並に天台真盛派の分出・第廿九章　浄土宗白旗名越二流の繁栄・第三十章　皇室貴族の帰依並に諸寺の建立／**第四期　諸宗持続時代**——第一章　徳川氏の寺家制度及び崇伝長老・第二章　天主教の禁止並に宗門改め・第三章　天台宗の状況並に天海大僧正・第四章　日光東叡両山の建立及び浅草寺・第五章　妙立霊空の出世及び円耳顕道の反抗並に華厳の鳳譚・第六章　天台宗学風の変動及び叡山安楽院の沿革・第七章　真言宗の状況並に正法律の興起・第八章　高野山学侶行人聖方の軋轢・第九章　智豊両山の由来並に其興隆・第十章　臨済宗の状況並に白隠禅師の出世・第十一章　曹洞宗の状況・第十二章　曹洞宗の復古並に月舟卍山の師資・第十三章　浄土宗の状況及び檀林・第十四章　東西両本願寺の分立及び其学黌・第十五章　両本願寺に於ける宗義の紛争・第十六章　日蓮宗中興の三師並に談林の起源・第十七章　日蓮宗不受不施派の興起・第十八章　黄檗宗の開立並に隠元禅師の事・第十九章　木菴高泉の二禅師並に其後の状況・第二十章　普化宗及び修験道・第廿一章　増上寺と両本願寺との宗名争論・第廿二章　神儒二道学者の排仏論／**第五期　明治維新以後の仏教**——第一章　明治初年の状況・第二章　社寺局設置以後の状況

第三章

大正期における日本仏教論の展開

高楠順次郎の仏教国民論を題材に

はじめに

前章において確認したように、「日本仏教」を語る一連の言説は、少なくとも一八八〇年代からさまざまな形でこの列島の仏教者により展開された。「日本仏教」は比較的自由な言説から現存の宗門を強調する場へと変わり、日露戦争以降の時期にそれはさらに展開し、「家族」や「精神」などの言説との関連において語られるようになる。大日本帝国憲法や教育勅語が機能し始めた一八九〇年代に――とりわけ一八九一年における内村鑑三の「不敬事件」に伴う国民と宗教をめぐる議論の深化以降――仏教を日本の「国体」とは矛盾しない宗教として主張する傾向をいっそう深め、「国民道徳」との関係において仏教を語る複数の著作が発表されるに至る。

たとえば、前章でも触れたように、井上哲次郎の『教育ト宗教ノ衝突』を強く意識した村上専精の『仏教忠孝編』は、教育勅語の諸理念（あるいは井上が解釈したそれ）は「仏教」とは衝突せず、むしろ合致するものであると主張する早い段階での試みである。この初期段階における言説は、仏教信仰と天皇崇敬の調和の可能性が主張されるものの、この調和の根拠は「日本仏教」独自の精神なるものに求められることはなかった。ここには、仏教者における天皇観の転換と共に、仏教そのものに対する自己認識の変質を見ることができるであろう。

本章で主に扱う問題は、国民道徳論からの要請という思想史的背景のもとで成立した仏教言説が、日露戦争を経て、大正期において如何に展開されたのか、である。この課題に取り組むべく、本章では高楠順次郎（一八六六〜一九四五）が著した『仏教国民の理想』（丙午出版社、一九一六年刊）に焦点を当てる。東京帝国大学教授であり、サンスクリット語学者であった高楠は、渡辺海旭（一八七二〜一九三三）らと共に『大正新脩大蔵経』（一九二四〜一九三四年刊）を編集した人物として概説的な近代仏教史などで描かれることは多いが、戦前における彼の思想的な営みを考察する論考はほとんど見られない。

こうして本章は、まず高楠の生涯に触れ、続いて彼の思想に対する先行研究を確認する。そして『仏教国民の理想』を中心に、高楠が「危険」思想と見做す「個人主義」と、これを防ぐ方法としての仏教「信仰」という問題の意義について考察していきたい。詳細は本論において述べるが、「個人」対「家族」といった二項対立的な捉え方は、高楠思想の根底に位置するものであり、さらにそれは「日本」にまつわる諸言説との密接な関係をなして展開されている。彼のこのような思惟様式を明らかにするためにも、『仏教国民の理想』が成立するコンテキストとしての「家族主義」に関する同時代的議論を取り上げ、これへの高楠の参加を考察しつつ、〝日本的なもの〟と仏教の〝あるべき姿〟がより表裏一体のものとして語られるようになる大正初期の言説空間を確認したい。

第一節　高楠順次郎の生涯

高楠順次郎（号・雪頂）は慶応二［一八六六］年、備後国御調郡八幡村（現・広島県三原市八幡町）の熱心な真宗門徒である沢井観三の長男として生まれた(1)。幼名は梅太郎であり、一八七九年に学制下の小学校を卒業すると、現地の小学校教師を務めるようになる。一八八五年、西本願寺が京都で開設した普通教校への進学を志し、広島県を離れる。以降、沢井洵と改名した高楠は、「反省会」という禁酒などを掲げる学生運動に参加し、一八八六年に『反省会雑誌』(『中央公論』の前身)を発表する。

一八八九年に京都西本願寺の教校を卒業し、さらなる進学を考えた洵であったが、(東京)帝国大学に入学することを選択せず、海外留学を志した。しかしその実現のためには、当然のことながら金銭上の問題が存在したため、真宗門徒であった高楠孫三郎という実業家の婿養子となれば留学の経費を負担するという話を持ちかけられた彼は、結婚に同意する。この「高楠」への改姓に伴い、婿としてよりふさわしいと考えられた「順次郎」に改名したのである。同じ真宗系の者であり、英国留学を経た仏教学者の南条文雄(一八四九～一九二七)による紹介状を手に渡英した高楠は、当初、政治学や経済学を学ぶつもりであったようである。しかし南条による紹介状は、彼のオックスフォード大学における師のマックス・ミュラー(一八二三～一九〇〇)に宛てたものであり、ミュラーは高楠に面会した際、次のように訊いたのである――「君は興味のために学問をするのか、金儲けのために学問をするのか」と。後者とはとても言えなかった高楠は「興味のため」と答えると、「よし、それならば、印度学という学問《ママ》は素晴らしい。これをやるにはまず梵語と巴利語だ」とミュラーに言われ、その道を歩むこととなった(2)。

こうしてインド学を学び始めた高楠は、一八九四年に学部を卒業してB.A.(学士)号を取得すると、そのままオックスフォード大学に進学するのではなくヨーロッパ各地を遊学することを選択し、ドイツではベルリン大学・キール大学・ライプチッヒ大学などで学び、またコレージュ・ド・フランスでシルヴァン・レヴィ(一八六三～一九三五)にも教えを乞うている。一八九六年にはイギリスのオックスフォード大学に復帰し、同年中にM.A.(修士)号を取得した彼は、翌一八九七年一月、七年間の留学を終えて日本に帰国する。そして同年六月に、東京帝国大学文科大学講師に就任、一八九九年には教授に昇進し、博言学講座を担当することとなる。数年後、梵語講座の新設に伴って、その初代教授となる。教育者・研究者としての高楠はこの時期、木村泰賢（一八八一〜一九三〇）や宇井伯寿（一八八二〜一九六三）などの多くの研究者を指導する一方で、『ウパニシャッド全書』（一九二二〜一九二四年刊）、『大正新脩大蔵経』（一九二二〜一九三四年刊）、『国訳南伝大蔵経』（一九三六〜一九四一年刊）という「三大叢書」を監訳し、その編纂に尽力した。

定年退職数年前の一九二四年に、高楠は武蔵野女子学院という仏教主義の教育機関を創設する。一九二七年の退官に伴って武蔵野女子学院の院長となり、執筆活動に取り組みつつ女子教育に力を注いだ。学院創設から二年、それまでの研究が国際的にも認められ、『大正新脩大蔵経』の刊行に対し、フランス学士院 Institut de France のスタニスラ・ジュリアン賞を与えられた。大正末期から昭和期にかけ、高楠は『宇宙の声としての仏教』（一九二六年刊）、『人文の基調としての仏教』（一九二九年刊）などの、「〇〇としての仏教」という一連の著作を次々と公刊し、当時における仏教の可能性——無論、彼が考えたそれ——を表明していく。今日でも名著として広く読まれている *The Essentials of Buddhist Philosophy*（初版一九四七年）[3]の基となった講演を一九三九年、ハワイ大学で行い、帰国後も武蔵野女子学院での仕事を続ける。一九四三年に院長を辞し、翌年には文化勲章を与えられ、一九四五年六月二十八日、終戦まであと二ヶ月弱の時期に、八十歳という年齢で没した。高楠が今日もなお「三大叢書」で記憶されているのは、決して無意味なことではない。ことに『大正新脩大蔵経』がスタニスラ・ジュリアン賞を授与された事実は、日本の仏教学者による研究成果が初めて「世界レベル」のものとみなされたことの証左であろう。高楠の編纂事業により日本は「仏教学」の最先端国へと展開し、少なくともアジアにおいては、仏教研究に取り組もうとする者のメッカとなった。つまり高楠以降、中国を始めとするアジア諸国の仏教者は、それまでの自らの信念と実践の「正しいあり方」を学ぶべく、日本に留学し始めたのである。このプロセスは、ステファン・タナカが指摘するような「日本型オリエンタリズム」(4)の成立に大きく貢献したと考えられるが、この『大正新脩大蔵経』の思想史的な意義(5)に関しては、別稿に譲りたい。本章では、高楠の編纂事業ではなく――その研究への準備としても――まず彼についての基礎的情報を確認し、その国民道徳論を考えたい。

第二節　高楠順次郎をめぐる先行研究

高楠をめぐる従来の研究は、主に直弟子も含む武蔵野女子大学（二〇〇三年に「武蔵野大学」に名称変更）を中心とする研究会により行われてきた。著作目録や伝記などの基礎的資料は、すでにこの研究会により作成されている。高楠の生涯や学風を詳しく語るものとしては、同研究会の参加者である鷹谷俊之による『高楠順次郎先生伝』（一九五七年刊）や、同研究会編の『雪頂・高楠順次郎の研究――その生涯と事跡』（一九七九年刊）も挙げられよう。後者の構成は以下のとおりとなっている（丸括弧内は執筆者名）。

「序文」（雲藤義道）／「第一章　雪頂・高楠順次郎の生涯」（雲藤義道）／「第二章　ヨーロッパ留学とインド学・仏教学研究」（田中教照）／「第三章　東西思想の比較研究」（花山勝友）／「第四章　三大叢書の編纂とその歴史的意義」（小山一行）／「第五章　仏教女子青年会運動と浄土真宗」（山崎龍明）／「第六章　教育理念と武蔵野女子学院の創設」（石上智康）／「年次別著作論文目録・年譜」（藤田良仙）

その他にも、上記の成果を発表した武蔵野大学を中心とする研究会は、近年、『高楠順次郎全集』（全一〇巻、教育新潮社、一九七七年〜二〇〇八年）も完成させている。(6)『全集』もまとめられており、論考も蓄積されているようにみえるものの、その多くの成果はやや「高僧伝的」とも言うべき文脈において叙述され、高楠を時代状況のなかでとらえるのではなく、彼を顕彰的に評価する性格のものであると言わざるを得ない。また『全集』は、「抜粋」という形式で所収されているものも少なからず存在しており、本章が中心的に取り上げようとする『仏教国民の理想』もまたそのひとつである。なお、『高楠順次郎全集』第七巻に所収されている『仏教国民の理想』の「解題」（山崎龍明筆）には、次の言葉を見ることができる。

> 高楠の諸論考の中、民族蔑視や差別等々種々なる問題があるが、全集という性格上可能なかぎり原型に従った。しかし顕著な問題性を有する言辞に対しては削除したい箇所があることも事実である。(7)

編集者が意図的に、「顕著な問題性を有する言辞」を『全集』から削除したい——「抜粋」というタームの下で実際に削除しているのだが——と明言するような現在の高楠研究にこそ、むしろ多くの「問題」があると言わざるを得ない。もとよりこのことは『全集』の公刊を始めとする、武蔵野大学関係者を中心に展開された成果の価値を全否定すべきことを意味するものではないが、高楠思想の研究を行うにあたってはこれらの成果の性格を十分に考慮することが求められよう。

本章冒頭で触れたように、高楠思想の根底には事物の二項対立的な描写——「西洋／東洋」・「基督教／仏教」・「物質／精神」・「個人／家族」など——がある。しかし如上の先行研究は、このような〝二項対立〟を高楠の思想的構造として捉えず、おのおのの対立を個別的に扱おうとする傾向がある。先学者の多くは、「西洋／東洋」をめぐる高楠の戦時中の語りを、明治末期に起因する思想的諸対立という枠組みの展開として把握せず、個別問題として扱っているため、高楠の営みの解釈そのものにもズレがあると言わざるを得ない。たとえば、『雪頂・高楠順次郎の研究』所収の花山勝友論文（第三章）では、太平洋戦争中に行われた、高楠の遺著とも言える『新文化原理としての仏教』（一九四六年刊）のもととなった講演が取り上げられ、高楠による「東西思潮合流の思想」が強調される。すなわちそこでは、「西洋」と「東洋」との思潮のいずれかではなく、それらの相違を越えるような新たな「文化」の構築を提唱する人物として高楠が描かれ、彼がこれら両極端の間における、いわば仏教的な「中道」を見出しているかのような解釈が展開されている。[8]あるいは、雲藤義道のように、高楠による「東西思潮合流」の思想に聖徳太子の「和」に連続するような要素を見出し、「道の東洋」と「理の西洋」の合流や調和を、近代社会の行き詰まりを打破する上での有効な方法とみなす論者も存在する。[9]

かかる先行研究に対して、本章では、高楠の思想が「日本」との密接な関係において形成されたものであり、かつその根本は大正期においてすでにできあがっていたことを明らかにしていきたい。[10]以下の考察において示すように、高楠による「合流」の思想は、決して日本を超克するものではなく、むしろ日本を称揚するものである。[11]すなわち本章は、高楠の思想の根底を、「二項対立」的思考に求めるのと同時に、その成立をナショナリズムとの関わりにおいて考えようとするものである。この点で高楠研究として新たな試みであるとともに、「日本仏教」をめぐる言説論的研究にも貢献するものとなろう。

第三節　『仏教国民の理想』とその試み

本章が中心的に取り上げる『仏教国民の理想』は一九一六年に公刊された。上篇「国民と宗教」（初出一九〇九年）、中篇「仏教の地位」（初出一九一五年）、下篇「久修十題」（新稿）という三篇により構成される本書は、この時期における高楠の日本仏教論をみる格好の素材である。[12]高楠は晩年にかけて、「仏教と国民」をめぐる数多くの著作を発表しているが、本書の上篇を成す「国民と宗教」はその最初の試みであり、日露戦争における大日本帝国の勝利に大きな刺激を受けて著されたものである。[13]

日露戦争において大勝利を収め、その「精神的」な価値を十二分に示すに至った「日本民族」は今後、「文明」として更なる「発達」を果たすために、その「偏狭的な大和魂」を抑制する必要があると、高楠は過剰な自尊心に警鐘を鳴らす。[14]この点で、『仏教国民の理想』には、積極的な他国侵略への呼びかけはなく、むしろ日本国内の（主に経済的な）発展を強く主張するものであった。高楠にとって日露戦争の勝利とは、「西洋文明」に対する「日本民族」の「精神」の優位性を証明するものであり、それゆえこの「精神的」側面においてはもはやこれ以上、西洋に学ぶ必要はないと結論される。[15]しかし他方で、国内社会の振興を考えた場合、西洋の「物質的」側面から学ぶべきところはいまだ多い、と彼は指摘する。「精神的文明」である日本が、如何にしてその「徳性」を保ちながら「物質的文明」たる「西洋」の「智能」を吸収できるのか――これこそ、高楠が『仏教国民の理想』において解決しようとしたディレンマである。

高楠によれば、異文化を受容することは非常に危険な事業であり、無自覚的に行うべきものでない――なぜならば長所のみならず、その短所をも吸収する危険性が孕まれていることを常に意識しなければならないからである。異文化を受容する際には「日本」対「西洋」、「精神」対「物質」、「家族」対「個人」、「徳性」対「智能」といった対立——これらは、高楠の仏教道徳論の根底にあり、たびたび繰り返されるモチーフである——が生じるものであり、これらを解決するものとして、「仏教」さらに極言すれば「日本仏教」が登場する。この点で、高楠の言う「仏教」も、ある程度、彼による独自の構築物にほかならなかった。

インド哲学を専門とした高楠は、仏教がそれ以前のインド思想に多く依拠しているとは認めるものの、「釈迦如来出世の常時に於ては、全印度は一方に於ては無宗教の俗的生活が行はれ、一方に於ては、病的宗教の苦行が行はれ、健全なる社会の基礎となるやうな宗教は、嘗て行はれて居なかった」と記し[16]、「実に印度に価値ある文明は、皆仏教文明である、研究する価値あるものは印度仏教である」とすら述べる[17]。釈迦以前のインド宗教を出発点として発展した仏教の「発達史」は、以下のようにまとめられている[18]。

一、天然宗教＝古吠陀教＝自然を主とせるもの
二、人種宗教＝波羅門教＝教権を主とせるもの
三、国法宗教＝波羅門教＝法典を主とせるもの
（一〜三）国民的宗教

四、倫理宗教＝仏教＝履修を主とせるもの
五、哲学宗教＝仏教＝思索を主とせるもの
六、純宗教＝仏教＝信念を主とせるもの
（四〜六）世界的宗教

七、実際宗教＝仏教＝仏法と王法とを合はせて主とせるもの
（七）国家的宗教

この一覧で注目すべきことは、彼の「発達史」が「印度の梨倶吠陀……時代から、日本の蓮如上人に至るまで」の叙述であるということである。[19]そこには、高楠の〝真宗中心史観〟とも呼ぶべき仏教理解を見ることができる。このことは、「今直接に必用なのは、四、五、六、七」であり、「四と五とは釈迦の教であつて……即、自力教である、その六は弥陀の教であつて……即、他力教である、七は他力教が進化して更に国家的着色をしたものである」と主張していることからも理解できよう。[20]また高楠は、「仏教」の発展をより詳しく、次のように説明している。[21]これは、上記の四〜七に対応するものであろう。

①「倫理的仏教」——釈迦在世の仏教
②「哲学的仏教」——大乗仏教の成立まで
③「宗教的仏教」——信仰を本位とする仏教（主に阿弥陀信仰）
④「真俗的仏教」——「国家的趣味を本旨とする」（主に蓮如に象徴されるような）仏教

「行基菩薩に依て日本的宗教とせられし仏教は、更に一歩を進めて、国家的宗教となつたのである、之が仏教進化の頂上であ」[22]ると主張し、この列島に展開した仏教——「日本仏教」——を、その最も発展した形態と捉える高楠は、さらに、そのうちの一形態——鎌倉仏教なかんずく浄土真宗——を究極形態として捉えている。すなわちその〝さらなる一歩〟としての〝仏教進化の頂上〟を、彼は以下のように叙述する。

僧侶の古俗を全く脱化して、日本の国風に醇化して、日本国民性の要求に適応して、ピツタリと日本主義と一致すべき宗教としたのが親鸞聖人である、仏教は親鸞聖人に依て全然国民化せられたのである。／聖徳太子から親鸞聖人までに、仏教はかういふ風に全然日本化せられたのである……親鸞聖人の真宗は、……日本に於ける仏教進化の終決である、仏教は推古時代より鎌倉時代に至る、凡そ七百年を経て、全く日本の国民性と合一した、形式の上に於ても、精神の上に於ても、全然日本国民性と同化せられたのである。(23)

高楠はこうして鎌倉仏教を賛美し、(24)そのなかでもとりわけ親鸞の「信仰主義」が特別な位置を占めていることは、著作の至るところで見ることができるのである。また「真俗一貫」を掲げて「家族主義」に合一する親鸞の仏教を、彼は、「日本仏教」の頂点はもちろん、仏教そのものの頂点と位置づけた。このように「真俗一貫」を称え、〝聖徳太子から親鸞聖人へ〟という図式で仏教の「日本化」を語る立場は、高楠の直弟子である花山信勝が十五年戦争期において提示するような日本仏教論に驚くほど通じるものである（次章を参照）。以下、「精神的文明」、「家族主義」と「個人主義」といった対立が日本社会にもたらす問題を解決し得るものとして高楠が主張した「阿弥陀信仰」を取り上げていきたい。(25)

第四節　個人主義、家族主義、そして阿弥陀信仰

『仏教国民の理想』における問題意識の中心は、日本は如何にして、欧米の先進国に取り残されないように「発展」していくべきか、ということである。その解答を高楠は、「日本文明の精神」と「西洋文明の物質」の調和に求めている。「古来我が国民には、強弱の両方面が著しく顕はれて居る、我が国民の弱いと云ふのは物質的方面で、

強いと云ふのは精神的方面であ」る[26]と指摘する彼にとって、主たる関心は、「日本民族」は如何にして日露戦争において証明した自らの「精神」を失わずに「西洋文明」の「物質的」な技術を吸収できるのか、ということであった。

「日本人」を「精神的の方面では奈良朝の昔も、明治の今日も、多くの差はあるまい」[27]と観察する高楠は、この国民が「家族主義」に養われたゆえに強い「内部」(「精神」)を有していると規定する(この問題に関しては後述)。「家族主義」は「日本人の精神」の本質的な土台であり、その歴史的表現のひとつが「祖先教」と彼が呼んだものであって、それは大陸文化の導入よりも遥か以前から機能していたものであると彼は捉える。

高楠の理解では、「日本人」はこのような「家族主義」を基礎として外来の文化を受容してきたのであり、それはたとえば儒教もまた「家族」をその教説の中心に据える「宗教」ではあるが、「日本人」はかかる思想体系の「家族主義」的なところのみを受け入れ、君主の放伐を許容する天命思想を拒否した、と彼は言う[28]。このような「家族主義」の立場からすれば、『仏教国民の理想』執筆の数年前に「主上の聖影を拝せず」という事件を起こしたキリスト教も、「今日では教育勅語を式場に朗読する」など「日本化」してきたものの、その教説はやはり「祖先教」に対立するものにほかならないことになる[29]。ここからわかるのは、いわゆる外来文化に先行して「日本人」という主体が存在し、その精神的基礎たる「家族」を通して、〝他者〟の文化から自らの主義に合致する要素のみを選び取るという日本文化に対する認識の存在であり、彼がそのような選択的文化摂取の形態を指向していた、ということである[30]。

不完全ながらも「日本化」を遂げてきた儒教やキリスト教に比べ、仏教はより完全な「日本化」のプロセスを経ているると高楠は考えていた。そしてそのプロセスを、彼は、行基(六六八〜七四九)によって大きく展開された神仏習合や本地垂迹、さらに仏教と「祖先教」の融合に見出すのである。神と仏の「調和」によって、「兎も角も日本の国民性は安堵した、即、祖先教と仏教とが根本的に衝突しないと云ふ自覚が生じた」と指摘し、これを「仏教の日本化した第一歩」とする彼は、その「日本化」が上記で触れたように親鸞によって完成されたと結論するのである。[31]

かくて、高楠は〝仏教の頂上〟や〝日本化した仏教〟といった諸概念を、親鸞の教えに重ねあわせつつ、ほぼ同義的に用いていくことで、「日本化」する仏教の歩みを叙述する。[32] これらの言説的装置を通じ、国民道徳の基礎として仏教（ことに真宗）を最もふさわしいものであると主張した彼には、その「宗教」を必要とする理由があった。本節の冒頭にも触れたように、『仏教国民の理想』において頻出するモチーフとして、「物質的文明」と「精神的文明」の対立がある。高楠の主要な関心は、如何にして「西洋文明」を特徴づける「個人主義」――日本の固有性を根拠づける「家族主義」と矛盾するこの「危険思想」――を回避しつつ、西洋の「物質的」な側面のみを吸収すべきか、ということであった。この問題への解答として、ここに「内面」をつかさどり、「個人」を屈服させ得るもの――つまり現世的な「倫理」の届き得ない領域まで浸透するもの――として「宗教」が登場してくるのである。[33]

真宗大谷派僧侶の仏教史学者で仏教運動家でもある境野黄洋の唱えた「信仰為本」を親鸞の主張に則ったものとして捉える高楠は、[34]〝仏教の理想〟という視点から「日本人の本務、仏教家の本務、真宗信者の本務」について、次のように述べている。高楠は、「人間は四つの関門を通らなければ真の人間ではない、仏教徒ではない、また真の親鸞聖人の教に従つたものとは云はれない」、と主張する。この「四つの関門」とは、順に、①「家族的生活」、②「社会的生活」、③「国家的生活」、④「個人的生活」であり、[35] このうち「家族的生活」は日本の場合、最も基礎的な関門であって、他の「生活」の土台となる。しかし高楠は、次のように第四の「個人的生活」が個人主義に陥ることへの警戒心を隠さなかった。

〔たとえ最初の〕三関門が完成しても、個人的生活が完全せねば家の為にも国の為にもならない、これが最も大切のことで誤りの起るところである、個人的生活の完全と云ふことは、個人を完全にすることであるから、これからして個人主義となり、利己主義ともなり、自然主義ともなる、これは心得が至らないからである、これを防ぐには個人的生活と宗教的生活とが全然一致すると云ふことの外に道はない。(36)

さらに、「国家に君があり、社会には人がある、家族には親がある」のに対して「個人的生活は主人がない」ため、かかる「生活」には「自然主義、危険主義の根本となる」あやうさが常に孕まれていると考えた高楠は、それゆえに「個人的生活」の次元における「対象」としての「宗教」の必要性を主張したのである。(37)つまり、彼は四つの「関門」を満たした「精神教育の基礎」として「信仰生活」あるいは「宗教的生活」（高楠において両者は同義語として用いられている）なるものを提唱する。

個人的生活との一致は、即ち霊的自覚である、その霊的自覚は絶対他力の信仰によつて自覚するが最も大なる自覚であり、完全の自覚である、かくて仏の為さしめ玉ふ所は之を為し仏の捨てしめ玉ふ所は之を捨てる、仏の命令により仏の光明と生活する身となれば、凡べて報恩の生活である、即ち信仰生活である、それが精神教育の基礎を形作り、自然に国家的生活、家族的生活、社会的生活が完全に行はれることゝなるのである。(38)

「絶対他力の信仰」を土台として、高楠が述べる「仏」のように振舞えば――あるいは、その「仏」と同一になれば――「個人的生活」と「信仰的生活」とが同一のものとなり、その「霊的自覚」から「国家的自覚」、「社会的自覚」、さらに「家族的自覚」ももたらされる。かくて、真に国家のために尽力する「個人」が生じるのである。これはまさに「絶対他力の信仰」を通して、西洋の「物質的文明」がもたらす「個人主義」の〝危険性〟を免れると同時に、「日本人」の「個人的生活」を国家的事業と直接的に連絡させるような営みへと変えていくという国民道徳論であり、信仰としての仏教を基礎にした点で特筆すべき構造を有している。このような「個人」を克服する阿弥陀信仰という揺るぎない土台があれば、たとえ如何に「物質的文明の工芸」を吸収したところで、その危険な面である「個人主義」を回避することができる、と彼は言う。「危険」な「個人」を克服するには、やはり「宗教」の登場を待たなければならないのである。

高楠にとってこの「宗教」なるものは、日本がさらなる発展を図るために「西洋の工芸」をいっそう受容しなければならない今後にこそ求められるものであり、とりわけ「個人」の克服という課題において不可欠なものであった。しかし、いくら「宗教」が必要であるとはいえ、それは当然「国家的生活に於て不完全を免れない」儒教でもなければ「家族的生活に於て不完全を免れない」キリスト教でもなく、「四種の生活に於て……遺憾のない」仏教のみが果たせる役割であると結論されるのである(39)。

第五節　高楠と家族主義――コンテキストによせて

「家族」なるものを重要視する高楠の口吻に接すると(40)、あたかも「日本仏教」のすべてがこれに還元できるかのような印象をうける。『仏教国民の理想』における家族礼賛は、それ単独ではなく、思想史的に――当時、議論されていた「家族主義」のコンテキストとの連関の内で――考察することではじめて理解される。それゆえ本章の結論を述べる前に、筆者が今まで描写してきた高楠の学術的営為をかかる枠組みにおいて再考したい。

高楠は以前から「家族主義」や「家族制度」に対して強い関心を寄せており、『仏教国民の理想』の上篇を成す一九〇九年の「国民と宗教」を始めとして、『国民道徳の根柢』（文泉堂、一九一一年刊、のちに『道徳の真義』と改題され再版）などにそのことを窺うことができる。そして明治末期・大正期において、高楠は「宗教」と直接には関係しない数点の論考を発表している。彼は「宗教」や「仏教」を越えた形式での「家族制度」と「日本人」をめぐる議論に取り組んでいたのであり、その営みの例としては「父子本位の家族」（一九一一年発表）や「尊皇愛国と家族主義」（一九一二年発表）を挙げることができよう。前者は法学者を始めとして、倫理学者や教育者など、多くの学者・知識人による「家」について論じた『国民教育と家族制度』に[41]、後者は執筆者の多くが宗教（研究）者である『尊王愛国論』に収められている[42]。しかし、数箇所を除き（後者の方が若干短縮されている）、これらはほぼ同じ論考である。以下、『国民教育と家族制度』所収の論考を通して、大正期における「家族」をめぐる議論に関する最近の研究成果を踏まえつつ[43]、高楠による思想的な営みの意義を明らかにしていきたい。

これらの論考における「家族」理解は、『仏教国民の理想』諸篇のそれと大きく変わるものではない。まず高楠は日本を天命思想を有する「支那大陸」とは異なり「民族の中心と政権の中心」が一致しているものと捉え、その点で、「民族の主と政治の主と一致した国民」が存在する西洋と近似しているが、「国初から同一君主の系統が中心となつて居る」唯一の国であると規定し、その「君民一致」性を主張する[44]。さらに彼は日本民族が「君臣一家」と呼ぶことのできる唯一の「民族」であることを次のように論じ上げるのである。

君家の血統が重んぜらる、と同時に臣家の血統も同じように重んぜらる、一家の祖先を重んずる心は、君臣の両族に亘りて一貫して居る、君の御家も万世一系であり、自家の血統も万世一系である、少くとも之を望むのである、つまり「国家」の成立はこの血統中心の思想に基いて居る、歴史上血統中心の観念が成立つと、自ら祖先崇敬の観念が樹立する……。(45)

「君民一致」という政治的観念は、「祖先教」という「家族的宗教」の成立と連続しており、そこから「君臣一家、君国一体の自覚心」である「神国思想」が生じる(46)。高楠によれば、「君民一致」という精神を維持するために、「家族同住主義」あるいは「家族制度」なるものが倫理の根底とされなければならない。彼は「家族主義」を中心とした「国民教育の方針」の策定に助けとなるものとして、「儒教、仏教、耶蘇教」といった「宗教」を挙げており、ここでも仏教の優越性がほのめかされるものの、この論考を所収する著作の性格ということもあり、『仏教国民の理想』ほど強調されてはいない(47)。

近代日本におけるこのような「家族」に関する議論は、民法典論争に始まる「家」制度をめぐる論争のコンテキストにおいて展開されたものであった。桑山敬己によれば、この論争は「家族国家観」を掲げた保守派と、それを批判した進歩派の「妥協という形で終結したので、双方に不満を残す結果となった」のであり、「その不満は一九一〇年代に爆発し、「家」制度の是非に関する議論は、民法改正運動にまで発展したのである」(48)。かかるプロセスに関する桑山の以下の発言に、さらに注目したい。

十九世紀半ばに植民地化の危機（colonial crisis）に直面した日本は、日清戦争と日露戦争に勝利した後も、基本的に欧米が作り出した世界システムへの適応を迫られたからであり、その適応が困難であればあるほど、事実上あるいは想像上の欧米の脅威や道徳的堕落は強調され、日本の伝統は「淳風美俗」の名のもとに賞賛され正当化された……。／美化された日本の伝統は日本人のナショナリズムを煽り、必然的に日本独特の文化的アイデンティティを模索させた。そして、この模索は欧米への反覇権的言説（counter-hegemonic discourse）として現れるのが常であった。明治中期以降の国体論を振り返るとき、そこには欧米の個人主義に対置された日本の家族主義が、異様なまでに純化された形で強調されているのがわかる。この事実は「家」が日本の文化ナショナリズムのシンボルであったことを物語っていると言えよう。(49)

もう少し具体的なことを述べると、とくに日露戦争後の時期、都市化・産業化に伴って「個」の意識が発達し、「家族国家観」を唱える者に、それは強い警戒心で迎えられた。一九〇八年に、社会主義・自然主義・個人主義などに危機感を抱いた桂太郎内閣は「教育勅語」が示すような国民道徳論の強化を目指した「戊申詔書」を制定することは周知のとおりであるが、一九一〇年に幸徳秋水らの「大逆事件」が起こったことにより政府のその傾向がいっそう強まり、日本のシンボルとしての「家」がますます主張されるようになる。(50)桑山によれば井上哲次郎主幹の『国民教育と家族制度』はまさにこの背景において公刊されており、高楠を含むその論客は「欧米の個人主義に対抗して日本を「家族主義」と呼び、天皇制家族国家における忠孝の美徳を教条的に説いた」のである。(51)井上自身やこの著作に論稿を提供している奥田義人（一八六〇～一九一七）・三輪田元道（一八七〇～一九六五）・穂積八束（一八六〇～一九一二）・深作安文（一八七四～一九六二）などの他の執筆者も高楠と同様に「日本の精神」と「西洋の物質」の相違を述べており、この対立は『国民教育と家族制度』の言説枠そのものであると言えよう。この時期における「精神／物質」を対立的に捉える一連の語りは、「教育勅語」に立脚する諸理念を脅かすような〝危険思想〟（自然主義、個人主義、自由主義、社会主義、無政府主義など）に抵抗するものとして展開されたのであった[52]。

高楠が構想した「家族国家」自体は、「家族主義」を主張する当時の他の思想家と大きな差異はないが、この枠組みのなかで「仏教」を語り直したのと同時に、「家」制度にまつわる言説を日本の仏教界に導入した点にその独自性を見ることができる。事実、高楠以降、東京帝国大学に籍を置くような、いわば〝正統的〟仏教思想家は、日本仏教を必ずと言ってよいほど、「祖先教」という回路を経て「家」なるものの枠組みにおいて語るようになっていく。すなわち「日本仏教」は日本ナショナリズムのイデオロギー装置としての「家」と結合することとなり、このプロセスの結果として「日本仏教」という言説自体もナショナリズムを表現する場へと変質していったのである。この事実は、ナショナリズムのくびきから「解放」された敗戦後において、自らを如何に語るべきかという問題を「日本仏教」に突きつけるものであったはずであるが、ただ「解放」のみが言祝がれるに終わってしまったことは、「日本仏教」という言説の自明性の根深さをよく示していると言えよう。

おわりに

以上、『仏教国民の理想』を概観することを通して、高楠の思想的営為の構造を述べてきた。本書は、日露戦争以降の世界的なスタトゥス・クオーにおける日本の果たすべき役割、そしてそのために、「日本人」がとるべき態度をめぐる考察などを主題としている。具体的には、「日本人」は如何にして「物質的文明」とされる「西洋」の長所たる「智能」を受容しつつも、その「危険」な側面たる「個人主義」を避け得るのか、という問題である。

高楠によれば、人間が「個人主義」に陥るのは、そもそも「個人的生活」には「主人」が存在しないからであり、その「個人」を司り得るものとして「阿弥陀信仰」を彼は登場させる。この「個人主義」に対する高楠のこだわりは当時、喧しかった家族制度をめぐる議論のコンテキストのなかに位置づけられるものであり、その語りはこれまで〝政治界〟と〝仏教界〟の各領域において展開された思想的営為を架橋する試みでもあった。それは近代日本の仏教者が、伝統的な王法為本の言説とは異なった形で、「政治」なるものに主体的に関与する濫觴であったと言えよう。

最後に、〝日本的〟なものと、仏教の〝理想〟が車の両輪をなしていくような語り方について考えたい。まず、高楠の次のような発言に注目しよう。

我々は仏教の選民、最も適した人間であるという自覚心がなければならぬ、仏教は他の国には適してをらぬ、たゞ日本だけほんたうに之を伝へ残して居る、仏教の理想を世界に広める選民であると云ふ考へを持たねばならぬ。(53)

この言葉に象徴されるように、高楠における「日本仏教」言説は、選民意識や国粋主義との関係をいっそう深めていった。「日本仏教」は高楠らの営みによってさらに整えられ、その構造はほとんど変化されることなく一九四〇年代の花山信勝などによる日本仏教論に至る（本論では割愛したが、これは晩年の高楠における仏教論の基礎にもなっている）。このように考えれば、一九〇〇、一〇年代以降における日本仏教論を、昭和期に成立した、より偏狭で、アジア他国の仏教に対して、より差別的で特権的な「日本仏教」の直接的な源流と見ることができよう。さらに高楠には、明らかな真宗中心史観があったが、他方で官学アカデミズムの頂点に立っていた彼の所説が、真宗信者よりも広い読者に及んだことも想像に難くない。

高楠の検討からは、日本仏教における いわゆる鎌倉新仏教の位置に関しても興味深い考察が可能であるが、本章においては次の一点を確認するにとどめたい。すなわち「鎌倉新仏教」を日本仏教史の頂点とする「鎌倉新仏教中心史観」という言説の成立は、多くの場合、原勝郎（一八七一～一九二四）の「東西の宗教改革」（一九一一年発表）[54]との関係において考えられるが[55]、高楠に続く一連の日本仏教論はある種の「鎌倉新仏教中心史観」を掲げつつも、（原に説かれるような）「宗教改革」なる概念をまったく取り上げていないという事実である。原の論が及ぼした影響は当然、看過すべきものではないが、「鎌倉新仏教中心史観」の成立は、今後、より大きい「日本仏教論」の枠組みにおいて捉え直す必要があるのではないだろうか。

註

（1）本章において、高楠の生涯をめぐる記述は、鷹谷俊之『高楠順次郎先生伝』（武蔵野女子学院、一九五七年）や、武蔵野女子大学仏教文化研究所編『雪頂・高楠順次郎の研究――その生涯と事跡』（大東出版社、一九七九年）所収の諸論考を参照した。

（2）鷹谷『高楠順次郎先生伝』、二八頁。

（3）Takakusu, Junjiro（edited by W.T. Chan and C.A. Moore）. *The Essentials of Buddhist Philosophy*（Honolulu : University of Hawai'i Press, 1947）. なお本書は異なる出版社よりも出されており、少なくとも三版を数えている。

（4）Tanaka, Stefan. *Japan's Orient : Rendering Pasts into History*（Berkeley : University of California Press, 1993）を参照。

（5）『大正新脩大蔵経』の編纂過程とその意義については、末木文美士『日本仏教思想史論考』（大蔵出版、一九九三年）、四〇～四九頁、および VITA, Silvio. "Printings of the Buddhist 'Canon' in Modern Japan"（In *Buddhist Asia 1 : Papers from the First Conference of Buddhist Studies Held in Naples in May 2001*, edited by Giovanni VERARDI and Silvio VITA, Kyoto : Italian School of East Asian Studies, 2003）を参照されたい。

（6）これら以外にも、とくに高楠の教育観に関して、斎藤昭俊「高楠順次郎における仏教教育」（『智山学報』二〇、一九七二年）、山崎龍明「高楠順次郎の教育論――仏教女子教育の背景」（『武蔵野女子大学紀要』三〇・一、一九九五年）および高山秀嗣「高楠順次郎にとっての〈教育〉」（『仏教経済研究』三八、二〇〇九年）も挙げられよう。

（7）『高楠順次郎全集　第七巻』（教育新潮社、二〇〇八年）、四〇五頁。

（8）たとえば、花山勝友は以下の言葉を記している。

〔高楠は〕東洋思想の特質と西洋思想の特質とを見極めた上で、その両者が、偏することなく互いに手を取り合った時に、はじめて両者の合流が可能になることを示唆しているわけであるが、この〔一九四二年九月二七日に東北帝国大学にて行われた「東西思想の合流」という〕講演が、第二次世界大戦のさ中に行われているものであり、しかも、現代という時点に立ってみても決して古くないどころか、現代人の多くが、どちらかというと、過去における日本の特質であったはずの現観性一体観〔論理性・合理性を尊重する応理性思想に対して、内在性・内証性を尊重する思想〕を失いつつあるような時に当って改めて深く反省すべきことであると気がつく時、彼の思想または考え方というものが、極めて深い洞察力の上からなされていることを知ることができるのである（花山「第三章　東西思想の比較研究」前掲『雪頂・高楠順次郎の研究』、五一頁）。

（9）雲藤義道「進歩の原理と和の原理」（『宗教研究』第二五〇号、一九八一年）、一九六頁を参照。雲藤による高楠解釈に関しては「高楠順次郎の仏教観――応理性対立観と現観性一体観」（『宗教研究』第二四二号、一九七九年）をも見よ。このほかに芹川博通『近代化の仏教思想』（大東出版社、一九八九年）の「東西思潮の合流――高楠順次郎」（第一一章、初出一九八一年）にも同様の傾向を見ることができる。芹川の論考は顕彰的ではなく、伝記的な情報を踏まえ、一次資料が豊富に引用されているが、戦時中の「東西思潮合流論」を考察の中心としているためにその思想は太平洋戦争期の思想統制下というコンテキストにおいて形成されたものであるといった花山や雲藤の論考と同様な印象を読者に与えかねないものである。

（10）大正期における高楠著作を考察するものとして、高橋由記子「高楠順次郎『生の實現としての佛教』にみられる「人格」の検討」（『宗教研究』第三三九号、二〇〇四年）がある。しかし、本稿は日本宗教学会学術大会における発表要旨という性格を有しているためにごく短く、かつ教育思想の立場からの考察である以上、高楠の仏教観ではなくその人間観に重点が置かれている。

（11）なおこのアプローチを取るにあたっては、ジャクリン・ストーンに示唆を受けている。彼女はこの時期の高楠著作を考察する必要を唱えるが、作業自体には取り組まない。本章は、ストーンが示唆したその必要を満たす試みとして考えることも、あるいは可能である。なおSTONE, Jackie. “A Vast and Grave Task : Interwar Buddhist Studies as an Expression of Japan's Envisioned Global Role”（In *Culture and Identity : Japanese Intellectuals during the Inter-war Years*, ed. by J. Thomas RIMER. Princeton, N.J. : Princeton University Press, 1990）, pp.232-233を参照。

（12）この著作の全体的な試みとして、高楠は以下のような言葉を残している。

第一篇「国民と宗教」は、国民の地位を自覚せしめんが為に、国民性を中心として、信仰と修養とを説いたのである、第二篇「仏教の地位」は、人格の理想を自覚せしめんが為に、仏教を中心として、その信仰に新生命を付与し、実生活に於ける真宗教の地位を、自証せしめんとしたものである、第三篇「久修十題」は、折に触れての諸問題に関するものであつて、研究にも修養にも、多少の補ひとなるものを選んだのである（高楠『仏教国民の理想』、「序」一～二頁）。

（13）日清戦争の際、欧州に留学中であった高楠はその事件を機に起きた「黄禍論」の展開を直接みることができ、かかる経験が彼の「東西」思想の土台であると考えても大きな誤りはなかろう（たとえば『仏教国民の理想』、一九六～一九九頁を参照）。帰国から数年後、日露戦争が開始され、大日本帝国の軍事的勝利に終わると、その出来事は自らがすでに考えていた〝東西対立〟を確認するかのように捉えられ、大正期を貫いて展開される彼の仏教論に大きな影響を及ぼしている。高楠は、世界における日本の新たな地位を可能とした「精神」を西洋社会に告げるかのように、東郷吉太郎『掃露余風――日露海戦記』（近藤商店出版部、一九〇七年）の英訳（*The Naval Battles of the Russo-Japanese War*, Tokyo : Gogakukyokwai, 1907）を発表している。

（14）高楠『仏教国民の理想』、三～四頁。

(15) なお小川原正道「高楠順次郎——その思想形成におけるインド・ネパル体験」(同編『近代日本の仏教者——アジア体験と思想の変容』慶應義塾大学出版会、二〇一〇年)は、高楠における「西洋文明＝物質文明、東洋文明＝精神文明」という図式の思想的系譜をそのギリシア・インド体験に求める、きわめて示唆的な論考である。是非、参照されたい。
(16) 高楠『仏教国民の理想』、六二頁。
(17) 高楠『仏教国民の理想』、一九三頁。
(18) 高楠『仏教国民の理想』、六〇～六一頁。
(19) 高楠『仏教国民の理想』、六一頁。
(20) 高楠『仏教国民の理想』、六一頁。
(21) 高楠『仏教国民の理想』、六一頁～八〇頁。
(22) 高楠『仏教国民の理想』、一〇九頁。
(23) 高楠『仏教国民の理想』、一一二頁。
(24) たとえば彼は「波羅門一生の四時期」という比喩を用いつつ、次のような日本仏教展開論を提示する。
〔日本の仏教は、〕奈良朝の三論法相の極盛時代は、南都の学問宗の名ある如く、全く学問主義であつた、平安朝に至つては伝教弘法大師が出て山上生活の僧風を起こして、修行主義を取つた、次に鎌倉時代には禅の観念時代となり、遂に法然親鸞の浄土門が盛になり、日蓮の妙法が行はれた、即ち信仰時代となつて終つた、これ以上最早進まない(高楠『仏教国民の理想』、一九三～一九四頁)。
(25) 『仏教国民の理想』は第一次世界大戦期における高楠のアジア観の考察にもふさわしい著作であるが、この点の議論は今後の課題としたい。同書では仏教のインド的な起源は認められつつも、仏教に還元し得ないインドの宗教や哲学を「研究する価値のない」課題として片付けている。アジア各地に普及し、故に汎アジア的な存在である「仏教」のその最も「進化」した様相は日本にあり、汎アジア的な言説の枠組みにおいて仏教を語るにあたり、「日本の仏教者」はそれほど「進化」していないアジアの別の地域の仏教を実践する者より、権威を有する語り手として登場する。しかし本章においてはまず、「親鸞の仏教」が強調されるにあたっての趣旨と、高楠による〈仏教国民論〉の形成の関係を取り上げたい。

(26) 高楠『仏教国民の理想』、一〇一頁。
(27) 高楠『仏教国民の理想』、一〇二頁。
(28) 高楠『仏教国民の理想』、一〇三～一〇六頁。
(29) 高楠『仏教国民の理想』、一一三～一一四頁。
(30) 一例として、儒教をめぐる以下の発言に注目したい。

日本も支那も家族的精神に基いた道徳を根本として居るのである、その気風も情誼も同じことである、不平の起る筈がない、それを日本人が一も二もなく支那人に屈服したやうに思ひ、且説く人がある、これは非常の間違である、なるほど日本には文字もない、文学もない、孔孟のやうに善美を尽した教方は出来なかつたが、孝行の道も行はれて居つた、忠義の風も行はれて居つた、友愛の道、貞節の徳もあつた、仁義道徳の意味はあつても、その教訓がなかつた、人倫五常の内実があつても、その外形が明白に教へられなかつた、それを儒教は明白に適切に言葉にかけて形式に顕はして教へる、日本人が喜んで受けたのは尤もである、その中でも万一国民性に合ぬことがあると、忽ち反対の声が起る……（『仏教国民の理想』、一〇三～一〇四頁）。

(31) 高楠『仏教国民の理想』、一〇八頁。
(32) 彼はさらに、「真宗のみ教育的宗教であつて、これ以上宗教として望むところはない、平民的で、家族的で、国家的で、教育的であれば欠けたところはない、それで親鸞聖人以後に新しき宗教はない、それ以上発達しない、発達する必要がないのである」と絶賛し、「これだけ実生活に最もよく適合した、最も望ましい、国家主義、家族主義、平民主義の完全に備つた宗教を持て居ながら、これはよく味はないで、このありがたい我々の機にかくまで適応した弥陀の本願があるのに、そのお恵みに預ることが出来ないと云ふのは、これほどなさけないことはあるまい」とも慨嘆している（高楠『仏教国民の理想』、一二三三～一二三四頁）。
(33) 「人を本位として、人と人の融和を図るのは、倫理の職分であるが、絶待を本位として人と絶待との合一を図るのは宗教の本務である」（高楠『仏教国民の理想』、五八頁）。
(34) 高楠『仏教国民の理想』、一二三〇頁。ちなみに、高楠は「精神」をさまざまなところで掲げるが、それは清沢満之（一八六三〜一九〇三）により開かれた「精神主義運動」とは異なる意義において用いられる言葉である。本章の第四・五節に窺えるように、高楠による「個」は、必ず「国家」なるものと連絡しなければ「危険」なものである。高楠は一九一五年公刊の『道徳の真義』（一九一一年公刊『国民道徳の根柢』の再版）を著すのは、「家族なく、社会なく、国家なく、父母なく、ついに自己さえなくなる」という「危険思想を恐れて、いろいろに心配している」からであると述べる（『高楠順次郎全集　第七巻』、二〇〇八年、一五一頁）。それは言うまでもなく、清沢の「真面目に宗教的天地に入らうと思ふ人ならば、……親も捨てねばなりませぬ、妻子も捨てねばなりませぬ、財産も捨てねばなりませぬ、国家も捨てねばなりませぬ。進んでは自分其者も捨てねばなりませぬ……」（「宗教的信念の必須条件」［初出一九〇一年］大谷大学編『清沢満之全集　第六巻』岩波書店、二〇〇三年、七七頁）という言葉を強く連想させるものである。一九〇〇年代に「アキラメ主義」として一部の人に捉えられた清沢らの「精神主義」（福島栄寿『思想史としての「精神主義」』法藏館、二〇〇三年、四三頁）を批判し、「我徒は、健全なる信仰、智識、及道義を振作普及し、社会の根本的改善を力む」（「綱領」『新仏教』創刊号、一九〇〇年を参照）と主張する『新仏教』同人の主義を支持した高楠の理解は、この時期の仏教思想をよく表現しているであろう（なお、一九〇〇年代における『精神界』と『新仏教』とのある種の対立に関して、前掲福島著、三六〜五六頁を参照）。

(35)　高楠『仏教国民の理想』、一三四〜一三九頁。

(36)　高楠『仏教国民の理想』、一三六頁。

(37)　高楠『仏教国民の理想』、一三七頁。

(38)　高楠『仏教国民の理想』、一三七頁。

(39)　高楠『仏教国民の理想』、一三九頁。

(40)　高楠は自らによる「家族制度」を井上哲次郎による「家長制度」と同様なものとしており（高楠順次郎「尊皇愛国と家族主義」秋山悟庵編『尊王愛国論』金尾文淵堂、一九一二年、一七五頁）、日本の「家族」を「祖先教」と一致させ、「西洋の横的家族」に対する「縦的家族で父子本位の家族である」と主張しているのである（同頁）。

(41)　東亜協会研究部編（井上哲次郎主幹）『国民教育と家族制度』（目黒書店、一九一一年）。

(42)　前掲（註(40)）の秋山編『尊王愛国論』を参照。

(43) 桑山敬己「大正の家族と文化ナショナリズム」(季武嘉也編『大正社会と改造の潮流』シリーズ〈日本の時代史24〉吉川弘文館、二〇〇四年)。
(44) 高楠順次郎「父子本位の家族」(東亜協会研究部編『国民教育と家族制度』)、一一四頁。
(45) 高楠「父子本位の家族」、一一四〜一一五頁。
(46) 高楠「父子本位の家族」、一一六頁。
(47) 高楠「父子本位の家族」、一二四〜一二六頁。
(48) 桑山「大正の家族と文化ナショナリズム」、二二四頁。
(49) 桑山「大正の家族と文化ナショナリズム」、二二五頁。
(50) 桑山「大正の家族と文化ナショナリズム」、二三〇〜二三一頁。
(51) 桑山「大正の家族と文化ナショナリズム」、二三一頁。
(52) この言説枠(discursive framework)の成立はもちろん、より広いコンテキスト、すなわち日本の近代化というプロセスそのものにおいて理解すべきであろう。再び、桑山の言葉に注目したい。

植民地化の危機にさらされた後発国のナショナリズムは、政治・経済・軍事などあらゆる面で物質的優位に立つ先進国への対抗手段として、精神的独自性を強調する傾向にある……。その独自性が往々にしてカウンター・ナラティヴとなるのは、先発国を「重要な他者」(significant other)としてとらえ、他者とは異なる自己の特徴を模索するからである。その限りにおいて、自己の独自性とは他者の特徴の裏返しにすぎず、結局のところ他者が設定した枠組みを出ていないのである。むしろ、彼らの枠組みに準拠することによって既存の構造を強化し、新たな世界を想像する可能性を否定してしまう(桑山「大正の家族と文化ナショナリズム」、二五四頁)。

(53) 高楠『仏教国民の理想』、二一二頁。
(54) 原勝郎「東西の宗教改革」(同『日本中世史の研究』同文舘、一九二九年)。初出一九一一年。
(55) 鎌倉期に成立する一連の仏教思想を「宗教改革」として捉えようとするようなテーゼの歴史的背景とその諸問題については、小笠原眞「西と東の宗教改革――特に「日本の宗教改革=鎌倉仏教」説の検討」(『愛知学院大学文学部紀要』三五、二〇〇五年）を参照されたい。小笠原は、「原勝郎の論考より、以後の日本における宗教改革説の諸相を検討する際、東西の宗教改革の類似性にもっぱら着目して、「日本の宗教改革＝鎌倉仏教」説を肯定する諸見解、両宗教の相違点に止目する「日本の宗教改革＝鎌倉仏教」説を否定する諸見解、そして「日本の宗教改革＝鎌倉仏教」説の曖昧性を主張する諸見解の三種に区別」して（一二七頁）、その吟味検討を行っている。肯定説の代表として挙げられるのは、服部之総（一九〇一～一九五六）・川崎庸之（一九〇八～一九九六）・井上光貞（一九一七～一九八三）の三名であり、否定説は石母田正（一九一二～一九八六）、曖昧説はマックス・ヴェーバー自身に加え、三枝博音（一八九二～一九六三）の戦後の著作なども取り上げている。ここで注目すべき点は、「宗教改革」の話題に触れるこれら日本の学者いずれもの著作が戦後の段階において発表されていることである。この事実は、戦前における鎌倉仏教を掲げるような態度は「宗教改革」なる言説の日本への適応という枠内でどこまで捉え得るのか、ということを考察するための一助となるであろう。

第四章

十五年戦争期における日本仏教論とその構造

花山信勝と家永三郎を題材として

はじめに

前章において、高楠順次郎を通して、「日本仏教」をめぐる言説は大正期の段階に如何なる形で展開されていたのか、といったことを考察した。村上専精の語りにすでに形を整えつつあった構造は、高楠によりさらに強化され、他域の仏教に対する「日本仏教」の優位性を掲げる言説へと展開していく。それに加え、村上専精の段階には必ずしも明らかではなかった、日本文化なるもののひとつの現れとして「日本仏教」を語るような態度も、高楠の基本的立場として示される。そういった言説は一九三〇年代以降、如何に展開されたのかを考えることが、本章の課題である。

一九三三年、東京帝国大学で高楠順次郎などに師事した宇井伯寿（一八八二～一九六三）は、大乗非仏説論の「終息」を宣言している。富永仲基（一七一五～一七四六）の『出定後語』（一七四五刊）以来、多くの仏教者を悩ませ続けたこの問題を「終息」に至らしめた主たる要因として、彼は次のように指摘する。

明治の三十年代には梵語巴利語の研究が着実に進歩し漸次普及する機運に向つたと同時に之と並行して重要な

る経論の内容の研究又は考察が行はるるに至つた。これ等の成果が当時の学術一般の研究進歩と相俟つて、遂に四十年頃になつては、大乗経典が仏陀の金口の説法に成つたものとなすことも、又は大乗教が仏陀の直接に説いた教を其のまゝに伝へたものであることも、殆ど一般には承認せられない状態となつた。(1)

このように大乗仏説論を「事実」として否定した宇井ではあったが、大乗が仏陀の直説であるというテーゼそのものを「信仰」の対象となっていった過程をも取り上げ、それのもうひとつの可能性を示唆した。(2)すなわち、大乗仏説論の是非はそのすべてが「科学」に還元し得るものではもはやない世界において、学者はそれを個人の内面なる不可解な領域のものとして把握していく。しかし、宇井が大乗非仏説論の「終息」を宣言した所以は、仏教経典の原典研究における進歩・発展だけではなかったことを、彼の他の著作に見出すことができる。

その畢生の大著とも呼ぶべき『仏教汎論』（一九四三年起稿）の緒言において、(3)宇井は、自らが仏教を叙述する方法論を、「吾々としては、我国の仏教が其総てであるから、印度から出でて支那で発達し、更に我国に移植せられた思潮を見て、凡てを其線に基づいて纏めるのが必然的の仕方である」と述べている。(4)このような「我国の仏教」を機軸とする叙述のありかたは、ほかの箇所で、「仏教の真意義は我国に来つて初めて発揮せられるのであつて、これは印度、支那にないことで、全く国情の賜である」という表現と揆を一にするものである。(5)すなわちこれらの発言からは、「世界宗教」たる仏教の超地域性が完全に欠落し、仏教の本質が日本という限定された地域においてのみ展開されたとする彼の立場を窺うことができる。「原始仏教」や「初期仏教」に仏教の本質を求めるような欧米の仏教学者とは異なり、宇井は「日本仏教」にこそ、仏教の「真意義」を求めたのである。

もとよりこのように「宗教」を「科学」と次元の異なるものとして合理化する立場や、日本の諸宗派を仏教の発達史における頂点として叙述するような立場は、宇井において初めて現れたものではない。村上専精は、二〇世紀初頭においてすでに大乗仏教における科学的側面と信仰的側面を弁別した上で、自らが後者の道を選択したことを表明しており、(6)また仏教の最も成熟した形態としての「日本仏教」という語りは、井上円了の段階から見ることができる。(7)このような「日本仏教」の語りは、前章において検討した高楠順次郎の段階では高度に構造化され、もはや議論の余地もない「事実」へと昇華されている。

このような村上や高楠の延長線上に、宇井の態度が位置している。さらに言えば、彼が大乗非仏説論の「終息」を主張した背景にある、〝日本の国情〟と〝仏教の本質〟とを表裏一体のものとして捉えるような言説空間の存在も看過することができない。以下、かかる思惟様式に基づいて、如何なる「日本仏教」論がもたらされたのかを主な課題としたい。

昭和初年に始まる国体論の隆盛は、仏教をめぐる語りにも強い影響を与えるものであった。国体論が昭和期の思想界のあらゆる側面にその影を色濃く落としていることは言うまでもない。近年、国体論と近代日本における学知との連関を問う研究が次々と公刊されている。(8)しかしその多くは、総動員体制下において再編成されたイデオロギー――たとえば「皇国史観」――として学知を取り上げたものであり、「聖戦完遂」なるものに対して直接的に関与することがほとんど無かった仏教学が、いかに十五年戦争と関係していたのかを考察する研究は必ずしも進んでいない。(9)

本章は、明治末期や大正期における日本仏教論の展開を扱った本書のこれまでの成果を受け、一九三〇、四〇年代において現れた「仏教の真意義」を「日本の国情」と結び付ける語りの思想的構造を中心に検討するものである。かかる作業に取り組むべく、筆者は二人の仏教研究者を具体的な対象として定めた。すなわち、まず〝体制側〟の日本仏教論を象徴する花山信勝（一八九八～一九九五）に焦点を当て、「国体の本義解説叢書」なるシリーズの一冊を占める彼の『日本の仏教』（一九四二年刊）を取り上げ、その内容を明らかにする。次いで、戦後まもなくの仏教思想史研究の主流を代表する家永三郎（一九一三～二〇〇二）の昭和一〇年代の研究を象徴する『日本思想史に於ける否定の論理の発達』（一九四〇年刊、以下『否定の論理』と略す）に着目し、花山の『日本の仏教』との比較を試みる。最後に、以上の考察を踏まえ、これら二つの著作にみられる認識の枠組みが、敗戦前後において如何なる連続と断絶をみせたのかを明らかにしたい。

第一節　コンテキストによせて――『国体の本義』とその仏教論

近年の研究が示すように、大正期以降、「国体」の歴史的根拠をめぐる議論が盛んとなっていく。ある者は悠久の古代としての「神代」にその根拠を求め、ある者は「民衆」や「英雄」の時代としての「中世」という具体的な時代にこれを見出すなど、「史的国体論」とも言うべき書物が次々と著された。[10] しかし、昆野伸幸が指摘するように、それらは、「国体論の盛行それ自体が国体を支える基盤自体に対する懐疑を反映したもの」に他ならなかった。[11]

このような現状認識のもとに、文部省が監修した〝正しい〟国体論である『国体の本義』が一九三七年に公刊される。[12] この著作は、当時、活発に行われていた「国体」をめぐる議論に決着をつけるために発表されたものであり、[13] 米谷匡史は「天皇主権説、国民道徳論、祭政一致論、天皇親政論などの教説を集約・総合し、近代天皇の正統性の源泉を「記紀神話」における天孫降臨の神勅に一元化しようとした公的なテキスト」であると定義する。[14]

すなわち「国体」の「顕現」を、具体的（とされた）歴史的過去のうちに見出さんとする『国体の本義』の（複数の）著者にとって、「日本の仏教」もまた、当然のことながら、かかる「顕現」のひとつとみなされることとなる。彼らの筆法によれば、聖徳太子の「詔」は「仏教伝来初期の精神」を表現するものであり、これは南都仏教における鎮護国家の精神として結実し、後代の仏教に引き継がれて行くということになる。そしてまた教理的側面に関しても、以下のような発達史が語られるのである。

南都仏教の或ものに於ては、解脱に差別を説いてゐるのに、平安仏教以後、特に無我に基づく差別即平等、平等即差別の仏教本来の趣意を明らかにして、一切平等を説くに至つたのは、やはり差別即平等の心を有つ我が国の氏族的・家族的な精神、没我的・全体的精神によつて摂取醇化せられたものであつて、例へば……時宗は利他教化の遊行をなして、仏教をして国民大衆の仏教とした。親鸞が阿弥陀仏の絶対他力の摂取救済を説き、自然法爾を求めたところには、没我帰一の精神が最もよく活かされてゐると共に、法然が時処所縁を嫌はず念仏して、ありのまゝの姿に於て往生の業を成ずることを説いたところには、日本人の動的な実際的な人生観が現れてゐる。又道元が、自己を空しうした自己の所行が道に外ならぬとし、治生産業皆これ報恩の行となる没我的精神、実際的な立場をとる点に於て同様のものをもつてゐる……。天台宗以下、釈尊よりの歴史的相伝師承を拠り所とし、聖徳太子に帰らうとする運動を生じたところには、歴史・伝統を尊重する精神が見られる……[15]。

『国体の本義』は「日本仏教」の本質を聖徳太子に求めると同時に、その「顕現」を為すものを、ほかでもなく鎌倉仏教に見出し、あらゆる歴史的事象を何らかの形で天壌無窮の神勅に還元させる『国体の本義』的とも呼ぶべき欲求と、中世に「国体」の正統性を求める当時の国体論の一潮流の双方を満たしたと見ることもできる[16]。次節において、この国体論的な仏教論を展開させた花山信勝に焦点を当て、かかる仏教理解をより詳しく考察する。

第二節　花山信勝にみる日本仏教の「本質」と「実践」

『国体の本義』は当時、広く読まれたことは言うまでもない。同書は「国体」と関連するとされるあらゆる話題についてその一端しか取り上げることができなかったため、「臣民」の理解に議論の余地がないように、それらの話題をくまなく扱った「国体の本義解説叢書」というシリーズが公刊されることとなる。河野省三（一八八二〜一九六三）『我が国体と神道』、紀平正美（一八七四〜一九四九）『我が国体に於ける和』、久松潜一（一八九四〜一九七六）『我が風土・国民性と文学』（すべて一九三八年刊）などはその一例であるが、「日本仏教」のためにも一冊が設けられ、執筆は当時、聖徳太子研究で名高い花山信勝に任された。村上専精、高楠順次郎、前田慧雲（一八五七〜一九三〇）、島地大等（一八七五〜一九二七）などに学んだ彼は、一九二三年東京帝国大学講師に就任し、助教授を経て教授となった一九四六年に巣鴨プリズンにおける教誨師としての活動を始め、のちに東條英機（一八八四〜一九四八）を含むA級戦犯の最期を看取っている。彼の名はこの教誨活動において広く知られているが、次節で扱う家永三郎に比べ、その仏教論はほとんど知られていないと言っても過言ではない。

花山は戦後、聖徳太子研究を続けるが、「日本仏教」の全体を描く試みは放棄している。彼の自伝『永遠への道』（一九八二年刊）[17]の表紙に、花山が「東京大学名誉教授」などの「学者」としての肩書ではなく、「東京国際軍事裁判・巣鴨プリズンの教誨師」と自己紹介しているように、当時の彼にとってはむしろ後者を終生の大事業として捉えていたと考えられる。なおこの「自伝」において、巣鴨プリズン関連の話題は八割を占め、残りは戦後の彼による「国際伝道」——彼は一九五九年、定年で東京大学を離れると、浄土真宗本願寺派の海外布教組織であるBuddhist Churches of Americaの開教総長を務めている——に関するものであって、戦前の活動についての言及はわずかしかみることができない。

「国体の本義解説叢書」のうちの一冊として一九四二年に公刊された『日本の仏教』において提示されている議論は、一九三六年に花山が発表した『日本仏教の特質』ですでに示されているものであり、一九四四年の『日本仏教』に増補された形で再び展開されることとなる[18]。この一連の著作において、彼は「日本の仏教」の最も日本的な要素を「鎮護国家の精神」と捉え、そして「国家」＝「皇室」という理解を開陳する。たとえば、次の言葉に注目しよう——「我が皇室と仏教との関係を知ることは、自ら我が国家と仏教との関係を知ることとなる。したがつて以上、予は努めて皇室と仏教との過去の関係の一面について、略述を試みたのである」[19]。

釈迦に始まる仏教は日本に移植されたものではあるが、聖徳太子以来、仏教が〝日本的鋳型〟にはまって展開してきた——「我が日本の仏教は、聖徳太子の此の「一大乗」の教学を基調として、その後の醇化発展を遂げたのである」と花山は言う[20]。彼は、『日本の仏教』における、「日本仏教の展開」というセクション下の「本質」なる項目で、聖徳太子とその事業を語り、それが後代に発展する仏教の基礎となったと指摘する。太子に象徴される日本仏教の「本質」を「一乗平等主義」と捉える彼は、時代を経て「一乗平等主義」を代表する僧侶が朝廷に認められて活動し、「日本の仏教に於いて複雑な様相は「単純化」される」という発達史を描き出す[21]。

歴史を超越する〝鋳型〟としての〝日本的性質〟は、朝廷において表現され、この朝廷を意識した上で仏法を実践した者のみが「日本的」仏法を生きたことになる。そして「一乗平等主義」を、その最も顕著な「性格」として規定される「日本仏教」の展開は、花山によって次のように描かれていくのである。

〔空海、法然、親鸞、道元、日蓮〕の立場、並びにその思想表現の形式に於いては、それぞれ各箇不同であるけれども、ひとしく一乗の経典を根拠とし、ひとしく一乗主義を標榜して、一切衆生の平等成仏を主張した点に於いて、何れも皆聖徳太子以来「日本の仏教」の基調を外れたものではなかつた。(22)

聖徳太子によつて建立された華厳一乗の峯、伝教大師によつて打ち建てられた天台一乗の峯、弘法大師によつて打ち建てられた金剛一乗の峯、法然上人によつて打ち建てられた念仏一乗の峯、親鸞聖人によつて現はれた誓願一乗の峯、栄西禅師や道元禅師等に於いて見られる仏心一乗の峯、日蓮上人による法華一乗の峯等が、それぞれ高く聳えるに至つた。その何れの峯も、ひとしく一切衆生悉皆成仏の極理を説く一乗峯ならざるはない。／即ち我が「日本の仏教」は、推古天皇の御代に於いて一旦国家的に摂受されて以来、一千三百余年、その間時代に応じてそれぞれ様相を変へはしたけれども、常に聖徳太子によつて打ち建てられた絶対一大乗を土台として現はれた一乗仏教であつたといふ点に於いて変はるところがなかつたのである。(23)

これらの叙述で注目すべき点は、日本仏教の本質的な要素である「一乗平等主義」の展開が、法然・親鸞・栄西・道元など、「鎌倉新仏教」の祖師たちにたどり着くための道として描かれていることである。いわゆる南都仏教を除き、『日本の仏教』が執筆された当時に現存していたほとんどの既成宗派の仏教理解は「一乗平等主義」という〝本質〟との関係において語られる。そしてかかる本質に基づき展開される特筆すべき「実践」として、花山は

把握される。

「真俗一貫」を提示する。すなわち、「一乗平等の精神に立ち、……我が「日本の仏教」は、当然出家と在家との区別を廃し、男女貴賤の差別を認めない、「真俗一貫」の仏教として発展[24]したのだ——と彼は主張する。花山にとって、この「真俗一貫」もまた、日本のあらゆる宗門が共有する、聖徳太子の仏教実践にもみられる特徴として把握される。

道昭・行基・最澄・空海・重源・叡尊・忍性等の如きは……たとへ出家沙門たる相の上に於いて、和国教主たる聖徳太子と相違あつたとしても、その真俗一貫の行に於いては、全く聖徳太子の御先蹤を継承したものと言つてよい。後世彼等の幾人かが、畏くも聖徳太子の再来と仰がれるに至つたといふことも、全く理由のないことではない。殊に親鸞の如きは、出家沙門の形を本とせず、非僧非俗の相に於いてその信行を国民の間に弘めたのであり、その宗風はよく栄えて、現に見るが如き本願寺教団の盛大を致すこととなつたのである。[25]

かくして、日本の仏教界において長らく議論されてきた、「出家」と「在家」との関係論や「肉食妻帯」などの問題は、ここにおいて解消される。周知の如く、明治五［一八七二］年に「自今僧侶肉食妻帯蓄髪等可為勝手事」を定めた太政官布告が出されるが、これに関する僧侶側からの賛否両論は、近代を通じて熄むことはなかった。議論は概ね、肉食妻帯の禁戒は近代という新時代に合しないので廃すべきである——否、仏教はその本質が「戒」である、など平行線をたどり続けた。[26]しかし花山の時期においては、「肉食妻帯」は別の次元において——すなわち「日本仏教」の核心的「実践」として——肯定されることが主流となっていった。さらに注目すべき点は、花山が「鎌倉新仏教」のなかでも、聖徳太子に始まったとされる「真俗一貫」の精神を最も理解して、それを理念として生きた人物として親鸞を挙げていることである。[27]『日本の仏教』において、いわゆる「平安仏教」は登場するものの、それに割かれる紙幅は少なく、法然たちに至るための必要な階梯にすぎない、という印象が読者に与えられる。さらに言えば鎌倉以降、「日本の仏教」は如何なる展開を遂げたのかは、一切、描かれることがない。「聖徳太子→鎌倉新仏教」という筋書きで「日本の仏教」のすべてを語ることができるかのような姿勢である。このような語りの枠組みは、決して仏教者たる花山だけに留まるものではなく、戦後日本歴史学をリードした人物として知られる家永三郎においても換骨奪胎した形で見ることができる。

第三節　家永三郎の「否定の論理」と日本仏教

家永は説明の必要がないほど日本の人文科学史上、重要な位置を占めている人物である。その自伝や多くの業績が外国語に次々と翻訳されるなど、日本一国の枠を越える学者の一人とも言える家永は、印度哲学科出身の花山と異なり、国史学の視点から「日本仏教」を考えた。

出身学科の相違にもかかわらず、早い段階より聖徳太子に関心を寄せた家永は当時、太子研究を代表する学者であった花山と共同研究を行う機会も得ている。[28]しかし、家永が太子に見出そうとしたものは、花山のそれとは大きく異なるものであったことは、『否定の論理』の検討から明らかである。かつてはロバート・ベラーが近代日本における家永の位置づけを、[29]近年では田口富久治が家永の「否定の論理」と丸山眞男の「原型論」との比較を試みており、[30]いずれも近代思想史研究として傾聴に足る成果を挙げている。しかし、これらの研究の焦点は、家永個人における仏教思想史に絞られており、田口のような成果にもかかわらず同時代の他の思想家との比較はまだ十分に試みられていない。もとより峰島旭雄が指摘するように、『否定の論理』には田辺元（一八八五～一九六二）をはじめとする京都学派の影響がみられる[31]。しかし、日本哲学の範疇ではなく日本仏教論との関係において『否定の論理』に着目した比較思想家論はほとんど存在しないのであり、本章では以下この点について論じていきたい。

家永によれば、「否定の論理」は日本に限るものでなく、人類が全体的に求める「真実」のひとつである。簡単に言えば、「否定の論理の発達」とは人間が自らの相対性かつ有限性を自覚し、探求すべき「理想」を人間自身でなく、絶対無限なる他者へ転換するプロセスである。同じく「理想の世界」も、人間が宿る現実とは次元の異なる世界に求められるようになり、現実も、それを構成する人間も、否定される結果となる。

たとえば、古代ギリシアにおいて、理想なるものは人間そのものにあるとされ（ギリシアの神々は人間と同じような行為をとることが少なくない）、現実を肯定する態度が思想の構造をなした。しかし、キリスト教という「世界宗教」との出会いにより、現実否定の思考が流布し、「価値」は「来世」や「絶対的他者」に求められるようになる。そしてキリスト教が「西洋社会」にもたらした「否定の論理」は、「日本社会」においても同様に「世界宗教」である仏教がもたらしたのだ――と家永は指摘する。要するに本書は、日本列島の人々が自らの経験の下に、どのような過程を経て「普遍的な真実」としての「否定の論理」を受容したのかを描くものであると言えよう。ここでは仏教の「外来思想」性が否定されることなく、むしろ「普遍的な経験」を日本に与えたものとして評価されているのである。家永は次のように述べる。

西洋思想史上に於ける否定の論理発生の径路は上述の如くであるが、さて小論の目的とする日本思想史の問題に立ちかへつて考へる時、我々はここにも彼と全く同様なる発展の経過を見出すことが出来るのである。日本人もまたその古代思想に於ては否定の論理を欠いてゐた。否定の論理が思想としては仏教から与へられたものであること、恰も西洋思想が同じものを基督教から与へられたのと其の軌を一にし、加之、仏教基督教が日本及び西洋にとつてそれぞれ異郷より齎された外来思想であり、この外来思想によつて初めて否定の論理を教へられた点までが奇しくも符節を合してゐるのである。[32]

そして「現実肯定」の態度が古代ギリシア思想の根底であったのと同様、日本列島においては「肯定的人生観」が「太古思想の本質的性格」であった。[33] しかし、「古代哲学の克服せらるべき日の聽て来るべきことは、西洋に於ても日本に於ても同様であつた。彼に於ける基督教の進出に比較せらるべきものは、我に於ては仏教の移植であつた」とされ[34]、日本において仏教の思想内容は聖徳太子「によつて初めて真の意義に於て理解され受容されることになつた」のである。[35] 家永からすれば、「否定の論理」とは仏教の本質と密接に関わるものであった。

釈尊の立場が数知れぬ幾多の流派に分岐して行つた後に於ても、少くとも仏教の根本的立場を見失はなかつた思潮に於て、この論理的構造は各派各様の特殊的表現形態の奥に必ず潜在してゐたと云ふことが出来る。特に大乗仏教に於て然るのであるが、支那南北朝に行はれた涅槃系統の教学を正依とし古三論の宗学を傍依とし、之を御自身の御体解に照して自由に取捨組織し給ひ、以て大乗仏教の真髄を領解せられたる聖徳太子に於て、仏教の理解は明かに否定の論理の理解を意味してゐた。橘夫人によつて伝へられた「世間虚仮。唯仏是真」の有名なる御遺語は太子の仏教の極致を最も簡明に表現したものである……。[36]

こうして、「大乗仏教の真髄」と表裏一体のものとして語られる否定の論理は、「最初聖徳太子の仏教御研究を通じて学びとられ、……仏教思想の普遍化と共に自《おのづか》ら時代精神の内に消すことの出来ない地位を占めて行つた」のである。[37]しかし、「否定の論理」はしばらく、広く社会に浸透することはなかった。太子の時代には、「否定の論理の成長をも圧倒する程の強き現実肯定の心情が優勢を占めてゐたの」であった。[38]家永は以下の説明を付している。

聖徳太子の最初の立場であつた現実の内在的改革、道徳的努力による国家生活向上の試みは、其の後天智天皇の継承し給ふ処となり、大化改新、律令の制定等中央集権国家完成を目指す一聯の運動となつて展開したのであつた……さればかかる国家的前進の大勢に支持せらるる処、思想界の傾向も自ら太古以来の現実肯定の態度を強化せしめるに至るは当然であろう。[39]

「中古」においては、「現実の価値を強く肯定する心情が根強く生きてゐたと」は言え、「人々の魂が徐々に現世より彼岸へと転じつつあった」傾向も存在した[40]――「中古」には、「嘗ては文字の上の知識であつた末法思想も今は目前の事実にまざまざと裏書せられて、さらでだにおびゆる魂はいよいよ戦くのである」。[41]しかし、「否定の論理」が再び真に把握されるためには、鎌倉新仏教の誕生を待たなければならなかった。

要するに鎌倉新仏教の出発点は他にあらず、唯人生の否定的側面に対し逃避することなく真向から直面してゆく処にあつたと云つてよい。新宗教の祖師達にとつて人生は深刻なる否定の面に於て把握され、人間の罪業が其の本質的なる姿に於てとらへられてゐたのである。而も彼等は之を教義上から理論づけつつ、更に時代の経験と自己の生活とを通して体験的なる信仰にまで高め、以て驚異すべき思想体系を築き上げたのであった。(42)法然・親鸞・道元そして日蓮らの宗教活動を通して、「仏教渡来の日より国民思想に新しい視角を開いた処の否定の論理は今や時代の基本的思潮とまで成長し、その論理的発達は頂点に達したのであった」と述べられる。(43)さらに特筆すべきは、家永は鎌倉新仏教の共通性を強調するものの、親鸞をかかる潮流を最もよく体現する存在、すなわち〝象徴〟として語っていることである。(44)いなむしろ、家永からは、親鸞なる〝象徴〟をこそ鎌倉新仏教の主軸とする叙述を試みている姿勢を窺うことができる。したがって聖徳太子と親鸞の思想的関係もまた次のように強調される——「嘗て太子により初めて正しき意義に於て把握された否定の論理は今や親鸞によつて最も優れたる形態を以て完成せられたと云ふことが出来るのである」と。(45)

近世になると、「否定の論理」は「現実主義」などの「近世なるものに克服され」、「日本思想……と絶縁する」に至り、(46)「否定の論理」が見出されない近世の仏教思想はそれ自体が研究対象として「否定」される結果となる。このように考えたとき、家永もまた、花山とは異なる視座ではあるが、「聖徳太子→鎌倉仏教」という筋書きで「日本の仏教」を語り、「鎌倉新仏教」をして「日本の仏教」の思想的頂点たらしめる論を提示しているのである。

第四節　花山／家永の日本仏教論の構造

花山信勝や家永三郎は共に、「聖徳太子→鎌倉仏教」なる筋書きで「日本仏教」を語っている。日本仏教の源流を聖徳太子の生きた古代に求める傾向がいっそう強まる一九三〇～四〇年代の枠組みに対し、花山や家永がその点において特異なわけではない[47]。しかし、同じ古代仏教を扱い、花山のような〝我国にはある〟という固有性の指向とは異なり、家永は〝日本にもある〟という普遍性の指向を有している。一方は固有性、他方は普遍性を語りの核心としたが、二人とも「聖徳太子↓鎌倉仏教」、しかも親鸞が強調されるような筋書きを提示したことは看過できない。

日露戦争の時期以降、「聖徳太子」および「鎌倉仏教」を「日本仏教」の主要なキーワードとして用いる思想家は、徐々に増加する――たとえば、明治末期における村上専精の「日本仏教の特徴」をめぐる所論や、大正期以降における高楠順次郎の「仏教国民」をめぐる語り方にも、そういった傾向が明確である。花山・家永の叙述は、明治末期から形成しつつあった日本仏教論の成熟を象徴するものでもあろう。とくに家永の「否定の論理」は、「聖徳太子↓鎌倉仏教」という筋書きの拡大化を意味しており、ここにこそ、そういった図式を踏まえる言説としての日本仏教論の定着をみることもできよう。

先述の如く、もとより、両者の執筆動機や著作の内容そのものは異なっている。花山が『日本の仏教』を著した主な目的は、現存する宗門のすべてを皇族たる聖徳太子に還元させ、「国体」の枠組でそれらを語ることであった。主眼はあくまでも日本仏教の「特質」に置かれ、「国体」の顕現としての仏教を描くことが目指された。他方、家永は「否定の論理」の「日本的」受容の記述を試みたのであって、そこでは「普遍性」なる視座は、「日本思想」の一特質を描くための武器でしかなかったのである。

特殊性を主張するナショナリズムに「普遍性」なるものが深く関っているという問題は決して簡単なものではない。プラセンジット・ドゥアラは、二〇世紀前半における中国や日本の「文明 Civilization」をめぐる語り方に焦点を当て、かかる言説の推進力として「国家 Nation」というものの役割を考察している。彼が示したように、「ナショナリズム」とは時に、普遍性を装う観念としての「文明」を、自らのイデオロギー（拡張政策など）に役立たせる思想でもある。[48]一方、マルクス主義というもう一つの普遍主義的な言説に焦点を当てた大澤真幸は、それが結局「ナショナリズム」へと展開した過程を描き、近代的な概念としての「普遍主義」および「特殊主義」の構造的親近性について示唆している。[49]

こういった理論を念頭に置きつつ考える必要があるのは、普遍的な思想である「否定の論理」を語りながら、家永もまたひとつの「特殊主義」を形成するプロセスに貢献していたのではないか、ということである。仏教を通して日本文化にもたらされた「普遍的真実」を主張した彼ではあるが、同様に仏教が展開したほかのアジア諸国においてこの「真実」が如何なる形で受容されたのか、といった問いを立てることはなかった。むしろ彼は、「人生の本質を深く剔抉しようとしない儒教的哲学乃至漢文学的教養は、詞華の羅列にのみ心を注がしめ、生活に対する真摯なる直面を回避せしめた」[50]と述べ、中国文化の「否定の論理」たるカテゴリを展開させる能力を否定さえしているのである。[51]仏教を「普遍的真実」に近づくための手段として描いた彼は、その「真実」を受容することができた「日本人」を賛美されるべき存在として黙示していると言っても過言ではあるまい。花山と家永は共に「日本」をキーワードとするある本質的探究に取り組み、類似した言説枠を提示している――両者が異なる視座から、[52]近世仏教をまったく無視する[53]「聖徳太子→鎌倉仏教」という筋書きで「日本仏教」を語っていることも、興味深い事実である。

道元や親鸞を日本仏教の頂点に掲げる「鎌倉新仏教中心史観」なるパラダイムは、末木文美士によれば、三つの要素より成り立ったものである。[54]すなわち、①「宗派的側面」――鎌倉新仏教にその起源を求める教団は近代以降、旧帝国大学をモデルにして「宗門大学」を設立し、学術研究に尽力した。[55]②「歴史的側面」――原勝郎「東西の宗教改革」が一九一一年に発表されてから、[56]鎌倉新仏教（ことに浄土教）と「西欧」（ことにドイツ）の宗教改革の比較研究から、その「民衆的性格」が見出され、「鎌倉新仏教」は「近代化」と合致して語られていく。③「思想的側面」――親鸞や道元たちの「思想」は西欧哲学を専門とする者の評価に堪え得るほど高度なものであり、彼らの思想は「西欧思想」に対抗できる「日本思想」として提示されていく。「鎌倉新仏教中心史観」は重複しながらも、異なる立場より生成されていったものである。ならば、かかる史観の定着を理解するためには、内容を中心とする幾多の側面を示した末木の作業に加えて、その史観をひとつの筋書きとして成り立たせた言説空間を考える作業もまた、必要であろう。異なる視座・異なる動機の者が自らの仏教論を提示する際、同様の語りの枠組を利用することこそ、ある言説が定着するにあたって重要である。

敗戦以降、花山が日本仏教論を積極的に語らなくなるのに対し、家永はむしろ、日本仏教思想史の柱となり、その説が戦後まもなくの学界で主流を占めていく。ただし戦後、日本仏教研究者はかつての皇室および「日本国家」を肯定する語りを棄てていく。「日本仏教」という「大きな物語 grand narrative」から皇室や国家という要素が外される一方で、花山と家永による「日本仏教の最高の段階としての鎌倉仏教」という語り自体は温存され続け、かくて鎌倉新仏教はその「民衆的」側面のみから読まれるようになる。とくに一九五〇年代以降の世界で「鎌倉新仏教中心史観」を支える主な著作、たとえば服部之総（一九〇一～一九五六）の『親鸞ノート』（一九四八年刊）や家永自身の『中世仏教思想史研究』（一九四七年刊）において描かれる親鸞は、（皇族たる）聖徳太子を最も理解した存在としての国家的な親鸞ではまったくない。むしろ、天皇や神祇、またはあらゆる「呪術」に束縛されない、「民衆」の解放につながる仏法を提示した親鸞像が主流となる。[57] 家永はその『中世仏教思想史研究』において「古代＝旧仏教＝国家的」／「中世＝新仏教＝民衆的」という図式を示し、そのさらなる史料的な裏づけは井上光貞（一九一七～一九八三）の『日本浄土教成立史の研究』（一九五六年刊）によって行われ、以後の学界に圧倒的な影響を及ぼしていく。[58] かかる筋書きは一九七〇年代半ば、黒田俊雄（一九二六〜一九九三）が提唱した「顕密体制論」の影響力が拡大するまで、定説の位置を占めることとなる。

今日のいわゆる「鎌倉新仏教中心史観」の成立は、敗戦体験がもたらした「日本仏教」という言説枠の変化との密接な関わりを有している。十五年戦争の段階での「日本仏教」をめぐる総合的な語りが、聖徳太子と鎌倉仏教とを連絡させるような言説であったのに対し、皇室と仏教との関係をめぐる肯定的な語り方が主流でなくなる敗戦後の学界において、聖徳太子は図式から外されていく。かつて「聖徳太子から鎌倉仏教へ」という語りを推進していた人々は、家永同様このような筋書きを放棄し、「鎌倉仏教」の「民衆的」な性格を強調することで、引き続き「鎌倉仏教」を称揚したのである。これは、日本仏教研究における戦前と戦後の大きな断絶性であると同時に連続性でもある。聖徳太子は「日本仏教」を語る上で必要な出発点でなくなる戦後において、その語りは「鎌倉仏教」――しかもその「国家的」ではなく「民衆的」な側面――に集中し、かくして「鎌倉仏教」を語ることと、「日本仏教」を記述するのが、同じ事柄の両面となった。

おわりに

言うまでもなく、鎌倉時代の高僧を「日本仏教」の頂点とみなす言説が成立したことの原因のすべてを、花山と家永の所説に還元することはできない。明治末期以降、鎌倉新仏教の祖師たちをめぐる記述は多様化するが、それは花山と家永が活躍した昭和一〇年代においても一貫したものである。たとえば、永田広志（一九〇四〜一九四七）は一九三八年の著書において唯物史観の視点より「鎌倉新仏教」を描き、[59]「葬式仏教」なる用語の提唱で知られる圭室諦成（一九〇二〜一九六六）もまた異なる視座から、一九三九年の著作において鎌倉時代の「宗教改革」と「純粋の日本仏教」を関連させ論じている。(60)

「鎌倉新仏教」という言説は、マルクス主義史学や京都学派の仏教哲学の磁場のうちにあり、それゆえ数人の思想家を取り上げ、ひとつの論考をもって説明できるものではない。しかし花山や家永を通して、とくに戦後における「鎌倉新仏教中心史観」の成立という問題に関する、より詳細な説明が可能となったということは、本章が主張する成果のひとつである。

「原始仏教」ではなく、「日本仏教」を仏教の頂点として掲げる立場は、一八八〇年代の井上円了や一九一〇年代の高楠順次郎の著作に、その傾向はすでに窺えるものの、十五年戦争期においてはそれが仏教研究のひとつの主流を為していたことは明らかである。花山は日本仏教「そのもの」を賛美しているのに対し、家永は仏教なる「世界宗教」の普遍的性格を踏まえ、それを適切に吸収し得た「日本思想」や「日本文化」の優越性に対する語りをもたらしている。しかし敗戦後、十五年戦争期の「日本仏教」言説における主たる語りの要素の一つであった聖徳太子は「国体論」とともに放棄され、他方の要素であった鎌倉仏教は「国家」でなく、その「民衆的」な側面から語られるようになる。かくしてこういった言説空間から、今日みられる形での「鎌倉新仏教中心史観」が現れてくる。

一九四〇年代後半、花山のように「国体論的」な仏教研究を推進した者の多くが沈黙したのに対し、家永の研究成果は積極的に受容され、鎌倉仏教の考察に際して誰もが踏まえざるを得ない学説となった。花山による「日本仏教」の内容自体は否定されずに放棄されたが、その言説枠は家永によって補整され、戦後社会において彼が有し得た「反権力的自由主義」なる特権的な立場を通じて、ついには日本をも越える読者を得る結果となった。

「国体論」が放棄され、語りの次元が「国家」から「民衆」に転換したとは言え、戦前の学者が促進したような、

「日本」の特殊性を探求する仏教研究の枠組みまでが戦後社会において放棄されたのであろうか。答えは否、である。むしろ「日本特殊論」の探求そのものは持続されながらも、主題が「鎌倉新仏教」に集中したに過ぎない、と答えることも、あるいは可能であろう。

註

（1）宇井伯寿「大乗非仏説論の終息」（『現代仏教』［明治仏教特集号］第一〇五号、一九三三年）、九五頁。

（2）「大乗経典又は大乗教が文字通りの意味での仏説であり得ないことは学問的にはほとんど全く拒むを得ないことになつたのであるが、しかし信仰的にはこれは重大問題であつた。たとい信仰的方面に拠つての明確な主張は現れなかつたとしても、学問的に考える人々においてですら所謂仏説の経典又は教を何処かに求めんとする信仰的希望は、少なくとも無意識的になりとも、止むことはなかつた」（宇井「大乗非仏説論の終息」、九五頁）。

（3）『仏教汎論』は一九四三年に、宇井の東京帝国大学の定年退官を契機に本格的な執筆が開始され、一九四七年よりその翌年にかけて二冊に分かれて出版されたものである。本論において筆者はそれらの合冊版（『仏教汎論』岩波書店、一九六二年）を用いた。

（4）宇井伯寿『仏教汎論』、「緒言」二頁。さらに、宇井は「支那、日本に発達した仏教が最も深遠で又複雑な教理を包有して居ると考へられる」として、それらを「解し易く論述することは至難な事業である」とする（『仏教汎論』、「緒言」二頁）。

（5）「中古天台の仏陀観は頗る大胆な説であつて、印度、支那にも全く無いものといふべく、多少の萌芽は認められるにしても、それぞれ以前からの歴史的背景に制せられて居て、此の如く説くには至らなかつたものである。然るに我国に於て、平安時代の後半期にかくの如くに発達したのは……既に、我国に於て、仏教の国家的の受容があつて、而も発達の素地が開拓せられて居たからであると考へられるから、これ即ち我国の国情に基づいて居るものといはざるを得ないのである。従つて、仏教の真意義は我国に来つて初めて発揮せられるのであつて、これは印度、支那にないことで、全く国情の賜である。故に、かくして、かゝる仏陀観に基づいて国民一人一人が仏陀として、各々其道、其職に進み励んで、そこに仏国土を現出することを得るのであり、此以外に別に浄土なるものは無いとなすのである」（宇井『仏教汎論』、六八〜六九頁）。

（6）たとえば、専精は『仏教統一論』において「余は大乗非仏説なりと断定す、余は大乗非仏説と断定するも開発的仏教として信ずる者なり」と述べている（村上専精『大綱論』［仏教統一論　第一編］金港堂、一九〇一年、四五九頁）。

（7）「それ仏教は日本固有の宗教にあらずして他邦より漸入したるものなりといえども、すでに今日にありてはその本国たるインドはほとんどその痕跡を絶し、わずかにその地に存するものは仏教中の小乗浅近の一法のみ。その最も深遠高妙なる大乗の法は、その書その宗共に今日のインドに伝わらず。これをもってヤソ教者は大乗非仏説を唱うといえども、大乗の深法は愚俗のよく解すべきところにあらざるをもって、インドにその法の今日伝わらざるはその地の文化衰頽をきたせしによるのみ。しかしてシナに至りては大乗の宗書共に今日わずかに存すといえども、その宗は大抵禅家にして経論を用いず。その僧は大抵暗愚にして仏教を知らず。その勢い実に衰頽を極めたりというう。しかしその宗、その書、その人、共に存して大乗の深理を知り、一乗の妙味を知るべきものひとりわが日本のみ」（井上円了『仏教活論序論』一八八七年〔『井上円了選集　第三巻』東洋大学、一九八七年〕、三三八頁）。

（8）昆野伸幸『近代日本の国体論――「皇国史観」再考――』（ぺりかん社、二〇〇八年）、および長谷川亮一『「皇国史観」という問題――十五年戦争期における文部省の修史事業と思想統制政策――』（白澤社［現代書館］、二〇〇八年）を参照。それに加え、戦前の「日本」言説を考えるにあたってすでに「古典」と呼ぶに値する小熊英二の『単一民族神話の起源――「日本人」の自画像の系譜』（新曜社、一九九五年）も参照のこと。

（9）もとより市川白弦の研究を始めとして、仏教者の「戦争責任」・「戦争協力」・「戦時教学」をめぐる考察はさまざまな視点から行われてきた。たとえば、『仏教者の戦争責任』（春秋社、一九七〇年）や『日本ファシズム下の宗教』（エヌエス出版会、一九七五年）を参照。なお、市川の思想とその評価については、Christopher Ives の *Imperial-Way Zen: Ichikawa Hakugen's Critique and Lingering Questions for Buddhist Ethics*（Honolulu: University of Hawai'i Press, 2009）という成果がある。京都学派とその周辺を考察する *Rude Awakenings: Zen, the Kyoto*

School, and the Question of Nationalism (edited by James HEISIG and John MARALDO, Honolulu: University of Hawai'i Press, 1995）や、より禅仏教に焦点を当てた Brian VICTORIA の *Zen at War* (New York, Tokyo: Weatherhill, 1997）エィミール・ツジモト訳『禅と戦争』（光人社、二〇〇一年、殊に第二部）もあり、浄土真宗を取り上げた大西修『戦時教学と浄土真宗』（社会評論社、一九九五年）も挙げられる。しかしこれらは、あくまで教学あるいは諸宗派の社会的活動と十五年戦争との関係を論じたものであり、一九三〇年、四〇年代前半の帝国大学を中心とした仏教の学術的研究とナショナリズムの関係を考える試みはいまだ必ずしも多くないのが実情である。

(10)「史的国体論」については、東北大学の桐原健真助教に貴重な示唆を受けた。

(11) 昆野『近代日本の国体論』、八頁。

(12)『国体の本義』は一九三七年三月三十日の日付で発行されたが、実際の完成は四月中旬であった（長谷川『「皇国史観」という問題』、七七頁）。執筆者に関しては、当初は久松潜一が依頼されたが、実質的な執筆者となったのは志田延義（一九〇六～二〇〇三）であり、国民精神文化研究所がその作成に積極的に関わったとされる（櫻井進「帝国への欲望――〈国体の本義〉・〈皇国史観〉・〈大東亜共栄圏〉」〔『現代思想』第二九巻・一六号、二〇〇一年〕一一七頁、および長谷川『「皇国史観」という問題』、七七頁を参照）。『国体の本義』の編纂過程や、「和の精神」とその課題に関しては、とくに鯵坂真「〈和〉の思想と日本精神主義――『国体の本義』の成立過程――」（日本科学者会議思想文化研究委員会編『「日本文化論」批判――「文化」を装う危険思想』水曜社、一九九一年）が詳しい。

(13) 昆野『近代日本の国体論』、六～七頁を参照。

(14) 米谷匡史「解題　文部省編『国体の本義』」（神野志隆光編『古事記・日本書紀必携』學燈社、一九九六年）、一八〇頁。

(15) 文部省『国体の本義』（文部省、一九三七年）、一一三～一一四頁。

(16) 昆野『近代日本の国体論』「第三章　平泉澄の中世史研究」（八一～一一八頁）を参照。

(17) 花山信勝『永遠への道――わが八十年の生涯』（日本工業新聞社、一九八二年）。

(18) 花山信勝『日本仏教の特質』（〔岩波講座東洋思潮〕岩波書店、一九三六年）および花山『日本仏教』（三省堂、一九四四年）。戦後においてそれが如何に形を変えて表出するのかは、花山信勝『万世を照らすもの――仏教学徒の記録』（酣燈社、一九四九年）を参照。
(19) 花山信勝『日本の仏教』（〔国体の本義解説叢書〕教学局、一九四二年）、九〇頁。
(20) 花山『日本の仏教』、二一頁。その教学的な説明は以下のようである。ここで注目すべきは、聖徳太子に代表される「日本の仏教」は、「印度」や「支那」の仏教よりも教理的な発展を遂げているとしていることである。「日本の仏教」はより（よい意味で）単純であり、「相対的」でなく「絶対的」とも言える一乗より成り立つものとされる。

聖徳太子の仰がれた一乗は、斯くの如き相対一乗ではなかつた。『勝鬘経』の謂はゆる「純一大乗」であり、『法華経義疏』に於いては、特に「一大乗」と表現せられた一乗教法である。我が国に於いて、上御一人を絶対と仰ぎたてまつる民の心と、国民を一視同仁したまふ大御心とは、かゝる絶対一乗の教法でなければ説明することが困難である（花山『日本の仏教』、二〇～二一頁）。

『法華経』や『般若教』『維摩経』等の大乗経典の中には、「諸仏実相」の教理が説かれ、『涅槃経』や『勝鬘経』その他一乗の諸経典の中には、「一切衆生悉有仏性」或ひは「如来藏法身」等の思想が説かれたけれども、それ等の高尚な教理の実践は、我が日本の仏教に来て、始めて実現されることとなつたのである（同前、三六～三七頁）。

(21) 花山『日本の仏教』、二六～三六頁を参照。
(22) 花山『日本の仏教』、二三～二四頁。
(23) 花山『日本の仏教』、二五～二六頁。
(24) 花山『日本の仏教』、二六頁。
(25) 花山『日本の仏教』、四五頁。
(26) たとえば JAFFE, Richard M. *Neither Monk Nor Layman: Clerical Marriage in Modern Japanese Buddhism*（Princeton, N.J.: Princeton University Press, 2001), p. 95 以降を参照。
(27) さらに、花山は真宗を中心とする日本仏教の「真俗一貫」の性格について、次のように述べる。

今日では、真宗以外の各宗に於いても、また「出家」とは名ばかりであつて、実質的には真俗一貫の道を行つて居るのである。覚証の道は、現実生活の外になく、生死の現実は、即ち涅槃の理想であり、煩悩の氷は、そのまま菩提の水である。そこには、修と証のへだてがなく、況んや出家と非出家との区別はない。道俗不二、男女平等、国民一切の日常行為に即して、成等正覚を説く諸法実相、これぞ即ち「真俗一貫」の日本の仏教である（花山『日本の仏教』、四六頁）。

(28) たとえば、花山信勝・家永三郎校譯『上宮聖徳法王帝説』（狩谷望之證註・平子尚補校、岩波書店、一九四一年）においてである。

(29) R・N・ベラー（河合秀和訳）「家永三郎と近代日本における意味の追求」M・B・ジャンセン編（細谷千博編訳）『日本における近代化の問題』（岩波書店、一九六九年）、二七六〜二九六頁を参照。原文は BELLAH, Robert N. "Ienaga Saburō and the Search for Meaning in Modern Japan" (In *Changing Japanese Attitudes Toward Modernization*, edited by Marius B. JANSEN, Princeton, N.J.: Princeton University Press, 1965)。同論文はより最近の BELLAH, R. *Imagining Japan: The Japanese Tradition and its Modern Interpretation* (Berkeley: University of California Press, 2003) にも所収。

(30) 田口富久治「家永三郎の「否定の論理」と丸山眞男の「原型論」」（『政策科学』一〇巻・二号）、二〇〇三年。

(31) 峰島旭雄「昭和思想史における倫理と宗教（9）――戦後思想の諸問題」（『早稲田商学』三一八号、一九八六年）、一一頁。

(32) 家永三郎『日本思想史に於ける否定の論理の発達』（『家永三郎集　第一巻　思想史論』岩波書店、一九九七年）、一一頁。原著は一九四〇年。

(33) 「現実を其の侭肯定した太古人にとつて現実界の否定による超越的世界の考へられないことは当然の結論である。されば肯定的人生観こそは前の連続的世界観の基礎づけとなつてゐたのであり、両者は互に相即し、不離の関係を以て太古思想の基調を形成してゐたのである。而して両者の間を貫く共通の立場こそ、実に否定の論理の欠乏に外ならないのであつた。否定の論理を欠くが故に現実が其の侭に肯定せられたのであり、現実を否定して其の彼方に理想の世界を望むが如き態度を産み出すことが出来なかった所以である。ここに太古思想の本質的性格が存したと云ふことが出来る」（家永『否定の論理』、一六頁）。

(34)　家永『否定の論理』、一九頁。
(35)　家永『否定の論理』、一九頁。
(36)　家永『否定の論理』、一九頁。
(37)　家永『否定の論理』、二三頁。
(38)　家永『否定の論理』、二七頁。
(39)　家永『否定の論理』、二七頁。
(40)　家永『否定の論理』、三七頁。
(41)　家永『否定の論理』、三八頁。
(42)　家永『否定の論理』、六〇頁。
(43)　家永『否定の論理』、六五頁。
(44)　「以上は親鸞の思想を例として鎌倉仏教の思想的特質を考へたのであるが、その特質として見出された絶対他力主義と来世主義とは其の程度及び表現の方法に差こそあれ、新宗教の何れにも共通する処の態度であつて、共に絶対否定を通じて絶対肯定に還るの道に外ならないのである」（家永『否定の論理』、六五頁）。
(45)　家永『否定の論理』、六九頁。
(46)　家永『否定の論理』、七五頁。
(47)　たとえば、国民精神文化研究所に勤務していた堀一郎（一九一〇～一九七四）の古代仏教研究はその典型として取り上げられる。堀『日本仏教史論――上代に於ける文化と国家的摂受に関する根本命題』（目黒書店、一九四〇年）および『日本上代文化と仏教』（法藏文庫、一九四〇年）によれば、聖徳太子は「国民精神」を最も把握して、実践したものである。堀の論は聖徳太子と親鸞の関係にも触れてはいるが、ごく稀であり、むしろ聖徳太子そのものに焦点を当てて、太子における「和の精神」を仏教の日本的型として捉えている。この時期の堀に焦点を当てた稀な成果として、松岡秀明「日本仏教と国民精神――初期堀一郎の文化史学批判序説」（『東京大学宗教学年報』第二七号、二〇一〇年）を参照。
(48)　DUARA, Prasenjit. "The Discourse of Civilization and pan-Asianism" (*Journal of World History*, 12/1, 2001)、とくに

p.100を参照。同論はDuaraの*Sovereignty and Authenticity: Manchukuo and the East Asian Modern*（Lanham, MD: Rowman & Littlefield, 2003）のChapter 3（"Asianism and the New Discourse of Civilization"）にもみられる。

(49) 大澤真幸『ナショナリズムの由来』（講談社、二〇〇七年）、五三～六二頁を参照。

(50) 家永『否定の論理』、二七頁。

(51) 中国思想に対する家永の否定的立場は、『否定の論理』とほぼ同時期に公刊された『日本思想史に於ける宗教的自然観の展開』（一九四四年刊、前掲『家永三郎集　第一巻』に収録）においてより明らかである。ちなみに日本思想の「本質」を中国思想から離そうとする態度においては、家永が特異なわけではなく、むしろかかる態度は一九三〇年代における一主流でもあった。たとえば津田左右吉『シナ思想と日本』（岩波書店、一九八四［一九三八］年）を参照。

(52) たとえば、思想の内容――いわば「belief」なるもの――を主張する家永に対して、花山は「日本の仏教」を描くにあたり、肉食妻帯といった「practice」の問題を重視している。

(53) 近世を「仏教衰微」の時代として捉える近代的学説の成立に関しては、本書の第二部を参照。近世仏教を再評価する近年の成果は、西村玲『近世仏教思想の独創――僧侶普寂の思想と実践』（トランスビュー、二〇〇八年）および末木文美士『近世の仏教――華ひらく思想と文化』（吉川弘文館、二〇一〇年）を参照。

(54) 末木文美士『平安初期仏教思想の研究』（春秋社、一九九五年）、八～九頁、および末木『鎌倉仏教展開論』（トランスビュー、二〇〇八年）、一六頁。

(55) 宗門系大学における宗教研究とその諸問題に関しては、林淳「近代日本における仏教学と宗教学――大学制度の問題として――」（『宗教研究』第三三三号、二〇〇二年）および同「宗教系大学と宗教学」（『季刊日本思想史』第七二号、二〇〇八年）を参照。

(56) 原勝郎「東西の宗教改革」（同『日本中世史の研究』同文館、一九二九年）。初出一九一一年。

(57) 第二部・第二章・第三節においても触れているように、戦前の段階に、「民衆」に親しいものとしての親鸞像はもちろん、存在した――社会主義運動家の木下尚江（一八六九～一九三七）の『法然と親鸞』（一九一一年刊）、および倉田百三（一八九一～一九四三）の戯曲「出家と其の弟子」（一九一六年発表）に描かれる「親鸞」とは、まさにそれである。しかし、こういった「親鸞」は日本仏教研究の最高権威たる東京帝国大学の教員（高楠順次郎や花山信勝を例として考えよう）に否定されており、「学術的」な言説として定着したかと言えば、そうではなかった。

(58)　佐藤弘夫「中世仏教研究と顕密体制論」（『日本思想史学』第三三号、二〇〇一年）、七二頁。

(59)　永田広志『日本封建制イデオロギー』（白揚社、一九三八年〔『永田広志日本思想史研究　第二巻』法政大学出版局、一九六九年〕）、とくに「第二編　封建仏教論」を参照。

(60)　「日本仏教論といふ題で、日本仏教の性格を究明することを命ぜられた。ところで、日本仏教全般に亙つて論ずるとなると、結局常識論に堕する危険なしとしないので、日本に於ける宗教改革と言はれて居る鎌倉時代の仏教を選び、それについて日本仏教の性格を分析すること、した。何故特に宗教改革を選んだか。それは次の如き理由による。この宗教改革を経て、はじめて純粋の日本仏教は創造され、且現在にまで存続して居る、従ってこの日本仏教の核心を衝くことによって、より明確に、より容易に、その性格を検出し得ると考へたからである」（圭室諦成『日本仏教論』三笠書房、一九三九年、Ⅰ頁）。

第一部　結語

以上、明治期から十五年戦争期にかけて、「日本仏教」にまつわる言説とその展開を考察した。明治初中期の原坦山の段階には、それまでの「仏法」が「宗教」あるいは「哲学」として語りなおされ、近代的な意味においての普遍性を有するカテゴリとして再構築されたことを確認した。そのプロセスを経た仏教は村上専精により、「統一」され得るひとつの「宗教」として描写され、「日本仏教」に「歴史」が与えられた。官学アカデミズムの頂点に立った僧侶の村上専精が、伝統宗門を重視する「日本仏教」の語りを試みることにより、仏教的な側面と国家的な側面の両方を満たす言説を生み出した。さらに還俗の時期に、彼の語りにおいて宗門を強調する性格がやや薄まり、「日本仏教」という術語の重点はその後半から前半へと移されたかのようである。

村上の段階で聖徳太子が「日本仏教」の創始者として描かれ、親鸞・法然・日蓮・道元らの仏教がその頂点として仰がれる傾向は、必ずしも明らかではなかったとはいえ、すでに存在したことも確認した。高楠順次郎の段階に、仏教が「家制度」などをめぐる議論の枠組みに持ち込まれると、かかる筋書きがさらなる展開をみる。「文明開化」の時代がその終焉を迎えると同時に、「西洋」に対する日本の独自性・優越性が叫ばれ、「個人」を掲げる「西洋」

に対する「家族」を基盤とする「日本」が保守的な知識人により説かれる。その枠組みのなかで、「俗」とは「日本仏教」を語るキーワードとなり、戒律の軽視を「特徴」とする「日本仏教」が賛美される。また同じ枠組みにおいて、俗人でありながらも僧侶より優れた仏教の理解および実践を示した聖徳太子が、日本における「家族」と「仏教」との完全な調和の証左として語られ、「日本仏教」の「土台」とまでいわれる。一方、近代において一般化する「肉食妻帯」の〝先駆者〟とされる親鸞は、聖徳太子の意志を受け継いだ人物として描かれてゆく。しかし親鸞のみならず、専精の「日本仏教の特色」論と、花山の「日本仏教」論にも窺えるように、鎌倉新仏教にいたるまでの各宗の高僧が聖徳太子の「精神」との関連において語られているのである。つまり、国民および国家といった枠組みで仏教が語られるにつれて、「聖徳太子→鎌倉仏教」という語りの構造がいよいよ、築かれていく。

高楠が示したような「日本仏教」理解は、それほど変化することなく、太平洋戦争期まで持続する。彼に師事した花山信勝が「国体論」の枠組みで語った「日本の仏教」には、「真俗一貫」が強調され、聖徳太子および親鸞の役割が賛美されることもみてきた。しかし、ここが問題である。「聖徳太子→鎌倉仏教」といった筋書きは、国民道徳論や国体論のみならず、まさに世界宗教としての仏教のいわば〝日本的受容〟を考えようとする者にも繰り返されることになる。異なる視座、異なる動機の者からしても、「日本仏教」の語るに値する事柄、あるいは賛美すべき点のすべては、かかる図式に潜んでいる、ということである。

要するに、十五年戦争期の段階に、「日本仏教」は聖徳太子に始まり、「鎌倉新仏教」に辿り付くまでの道である、という言説が定着する。そういった両端を「日本」ではなく、「普遍」という立場から考えるものとして家永の『否定の論理』を理解することも、あるいは可能であろう。もちろん、家永の試みは高楠や花山とは異なるものであったことを、筆者は十分に承知している。むしろそこにこそ、意義を求めたい。異なる視座の者が同じ土俵に上がり、同じ言葉により異なる主張を行うことは、「言説 discourse」が定着する上での重要な段階である。つまり、家永が、他でもなく聖徳太子および親鸞の思想に「否定の論理」を見出したことは偶然とは考えられず、それまでの「日本仏教」論と無関係ではないことを示しておきたい。

戦後、大日本帝国の崩壊により、「日本人」を称えるような語りがいったん放棄され、それに伴って他国の仏教に対する「日本仏教」の優位性をめぐる言説もみられなくなる。それまで熱狂的に「国体」を語っていたような者は、自論を否定することなく沈黙する――花山はまさにそうであり、巣鴨プリズンで教誨師を務めた経験の果てに、彼は学術研究ではなく仏教伝道に重点を置いた人生を全うしていく。それまで「国体」の顕現として描かれた聖徳太子は、「国体」という言葉自体が禁句となる戦後の日本において、かかる視座より読まれなくなる。いや、「日本仏教」全体に対して「国家」を重視した語りがなされなくなり、「民衆」などを掲げるような筋書きが登場する。それまでの「聖徳太子→鎌倉仏教」という構造から聖徳太子が削除され、「鎌倉新仏教」そのものは「国家」ではなく「民衆」を重視した言説へと展開する。

こうして、戦前における「日本仏教」の言説枠は、さまざまな変化を遂げ、「鎌倉新仏教中心史観」へと展開した。もちろん、かかるパラダイムの成立に関する説明は、上記で尽されるものではない。本書の第二部・第二章・第三節にも指摘するように、「鎌倉新仏教」の祖師たちの活動とその「民衆的」な側面や、「宗教改革 Religious Reformation」なる概念の日本史への適応、といった要素も考えなければならない。しかし専精、高楠、花山、家永は異なる背景や動機から、いずれも「鎌倉新仏教」の民衆性や改革的な側面を強調することなく親鸞たちを称えたため、今後、「日本」を掲げる言説の展開としての「鎌倉新仏教中心史観」を考察する必要性を、指摘できるのではないかと考える。

第二部

僧風刷新と「仏教」をめぐる歴史叙述

第二部　緒　言

辻善之助（一八七七～一九五五）が近代日本の史学史を語る上で、欠かせない存在であることは言うまでもない。辻は広義での「国史」の叙述を試みたが、その畢生の大著として残ったのは、一九四四年から一九五五年の間に公刊された『日本仏教史』（全一〇巻）である。そのなかにおいて、辻は近世を「仏教衰微」の時代と捉え、のちに「近世仏教堕落論」[1]として知られるようになった説を唱えた。しかし辻は、『日本仏教史』の公刊以前にも近世仏教の「衰微」を主張し、その「形式化」および「民心の離反」について述べている[2]。「辻説」と同一視されることもある近世仏教堕落論は[3]、歴史研究全体で大きく取り扱われることはなかったが、近世仏教研究という分野においては、その克服が長いあいだ試みられてきた。大桑斉は、一九八九年に刊行された『日本近世の思想と仏教』において、そういった「通念的な辻史観」の克服を戦後の近世仏教史研究の基本的課題として描き、その過程に三つの段階――すなわち「近代性論」、「構造論＝生きた機能論」、「近世仏教本質論＝封建性論」――がみられると指摘した[4]。大桑も説明するように、それらの多くは辻説を乗り越えるべく展開されるものの、その大部分は近世仏教堕落論の「ウラガエシ」として形成されたことも、また事実である。

ここでの大きな問題は、戦後日本の近世仏教史研究において、堕落論者としての辻を批判する研究者であっても、それはあくまで「僧侶の堕落」のイメージに対する否定および批判に留まっており、辻の所説における核心——「仏教衰微」の近世像——は、暗黙の了解となってしまったことが窺える。ただし近世仏教研究がこのように、辻史学を批判的に乗り越えようとする試みであったとするなら、逆に、堕落論が近世仏教研究の推進力となり、それによって多くの研究が蓄積されたことも事実である（これについては本書の第二部・第四章を参照されたい）。

戦後日本の研究は、近世仏教研究の正当化を行う上で、堕落史観という枠組みのなかに自らの対象を位置づける者は少なくなかった。しかし、多くの研究者が堕落論を克服しようとしながら、その枠組み自体を乗り越えることができなかったのは、何よりも、「堕落」なるものを「論」として、つまり辻によって作られた言説としてではなく、一つの「史実」として捉えていたからである。より具体的には、彼らの多くは、堕落論が生み出された近代日本の文脈や辻のテキストを詳細に検討することなく、近世宗教史の枠組みとしての堕落論をむやみに克服しようと努めたのである。

この第二部の狙いは、「近世仏教堕落論」を越える論を展開しようとすることではない。「近世仏教堕落論」は長いあいだ、近世宗教研究に大きな影響をあたえてきたが、現在、「堕落」という枠組みで論じようとする者はきわめて少ない。つまり、近年の「宗教史学者」のあいだに、「近世は仏教衰微の時代」という主張はすでに見出せなくなり、「近世仏教堕落論は乗り越えられて、僧侶が堕落しているから研究する価値がないと真面目に思っている人はもはやいないだろう」というような言葉がしばしば聞かれる。そのことを否定するつもりはないが、辻善之助の近世仏教堕落論をただ「過去の過ち」とみなし、そこから「逃走」しようとするならば、我々は「現行犯で捕まる」ことになる。[5]すなわち以下、本書で目ざすのは、現在の研究者が逃走しようとしている古い作業場それ自体が持つ歴史性を明らかにすることである。つまり、「江戸時代の僧侶は他の時代よりも堕落していた」といった言説の検討を通して、近代日本における学術的な仏教研究の誕生の歴史的意味を理解しようとするのである。

近世仏教堕落論の成立は辻という一人の人物によるものではなく、それが提示されるための条件が辻以前にもすでにできあがっており、いわば学界の常識であったという指摘が澤博勝（一九六二〜二〇一〇）によってなされている[6]。ならば、それは辻以前に如何なる存在形態であったか、そしてなぜできあがったのか――こうしたことに対する思想史的研究はいまだに試みられていない。この第二部においては、近世仏教堕落論が成立した背景を検討することによって、その歴史的意義を考えたい。

かかる作業に取り組むべく、筆者はまず第一章において、近代仏教(史)学が成立する以前の時代に、僧侶自身が展開した〈仏教批判〉なるものを考察する。近世後期の戒律復興運動より、近代初期の諸宗同徳会盟にいたり、「排仏論」と「護法論」というカテゴリのどちらにも厳密には当てはまらない僧侶による〈仏教批判〉は、如何なる政治的・文化的背景においてなされ、その結果として如何なる言説が形作られたのかを取り上げたい。そして第二章では、明治維新により整った形を見せ始めた、「徳川政権下の僧侶＝堕落した僧侶」という言説が、近代的な意味においての仏教(史)学という分野の成立に伴い、如何に継承され、展開されたのかを考えることとしたい。本章ではとくに、明治後期以降に盛んになるような、仏教を「歴史的に」描こうとする試みを中心に取り上げ、その枠組みにおいて成立した語り方が、「近世仏教堕落論」の提唱者とされる辻善之助に如何に継承されたのかを示す。第三章は、以上の成果を踏まえ、辻善之助の仏教史学そのものに焦点を当てるものである。しばしば辻善之助の学風は「実証史学」として評価されるが、こうした認識に疑問を投げ掛け、仏教に対する彼自身の研究動機を見直すことを主な課題とする。辻史学における近世・近代両期の連続と断絶とを取り上げ、さらには彼が同時代の僧侶に加えた批判の理論的基盤についても考えたい。これに続き、第四章では、辻の直弟子や、彼以降の者は如何に「近世仏教」を描いたのかを戦前から戦後にかけて、描く作業に移りたい。

註

（1）管見の限り、「近世仏教堕落論」という表現の最も古い使用例は、近世仏教研究の古典たる圭室文雄『江戸幕府の宗教統制』（評論社、一九七一年、一頁）に見られ、近世宗教社会史研究者である上野大輔も同様の指摘を行っている（「日本近世仏教論の諸課題――宗教社会史の視座より」『新しい歴史学のために』二七三号、二〇〇九年、一一頁、注(16)）。そのほぼ同義語として、上記の圭室に加えて、「近世仏教衰微史観」、「近世仏教軽視の史観」、「仏教衰退の史観」などが用いられることもあるが、大桑斉（『寺檀の思想』教育社、一九七九年、二二四～二二五頁）、林淳（「辻仏教史学の継承と批判」田丸徳善編『日本の宗教学説』東京大学宗教学研究室、一九八二年、六〇頁）、高島元洋（「近世仏教の位置づけと排仏論」日本仏教研究会編『日本の仏教4――近世・近代と仏教』法藏館、一九九五年、一五一頁）、引野亨輔（『近世宗教世界における普遍と特殊――真宗信仰を素材として』法藏館、二〇〇七年、三頁）なども「近世仏教堕落論」という表現を使用し、かかる言い方はことに近年、他のそれを圧倒しつつある。なお、表現自体の出現は一九七〇年代以降のことであるにせよ、近世仏教をその〝暗黒な側面〟のみにて捉える史観の本格的な超克の試みは、その一〇年程前からすでに窺うことができる。たとえば、一九六〇年に結成された「近世仏教研究会」の同人（伊藤唯真・北西弘・薗田香融・竹田聴洲・千葉乗隆・藤井学）は、その会誌の創刊号において以下のように示している。

近世仏教は現在の仏教の直接の母体をなすものであるにもかかわらず、ながらく研究者の食指を動かすところとならなかった。現代の仏教の沈滞と無気力さは、たしかに徳川封建制下に温存された近世仏教の「屈従」によって培われたもののようである。仏教の歴史に民族の精神的成長と民衆文化の結晶を見出そうとする研究者が、沈滞した近世仏教を避け、むしろ精彩に富める中世仏教の研究に努力を傾注させたこともまた無理からぬことであった。／しかし、仏教がどうして今みるような姿をとるに至ったかに関心をもち、そして、全体としての日本仏教史に正しい理解をもちたいと願う我々にとって近世仏教を不問に附しておくことは、もはや許されなくなった。近世仏教にどのような評価を与えるかは、もとより各人の自由であるが、それには、まずその実態を科学的に明かにすることが急務である（「創刊に際して」『近世仏教――史料と研究』創刊号、一九六〇年六月）。

同時代の仏教の「無気力さ」の構造を理解する道具としての近世仏教研究を「急務」として唱える同人たちが、一種の堕落言説を促進していたことは明らかであるが、この問題に関しては後述する。ただし、彼らが考えた近世仏教における「沈滞」の表象と、辻自身、あるいは彼以前の研究者が捉えた当該期の仏教界の否定すべき側面――換言すれば、各々による「近世仏教堕落論」の本質的な部分――とは、一致するものではない。たとえば、辻による近代仏教堕落論の「中核的根拠」とは、上野も説明するように、「第一に、本末制度、寺院僧侶の階級格式、檀家制度と宗門改、新義異義の禁止などにみられる仏教の「形式化」、すなわち幕藩権力のもとでの仏教の体制化、第二に、僧侶の「堕落」」（前掲「日本近世仏教論の諸課題」、三頁）であったが、「近世＝仏教衰微の時代」というイメージを有したすべての人間が、それほど高度な構造を想定していたわけではない――後述するように、辻自身も活動当初の時点ではそうではなかった。こういった問題を念頭において、定義というほどのものではないが、本書では便宜上、近代的な宗教観念の下、同時代における仏教の振興を願う立場――積極的であれ、消極的であれ――から生じるような近世仏教の批判的な語り方の総称として、「近世仏教堕落論」を使用する。

（2）　辻善之助『日本仏教史之研究　続編』（金港堂、一九三一年）、五一六～五一七頁。

（3）　たとえば、圭室文雄は「辻博士の「近世仏教堕落論」」と述べており（『江戸幕府の宗教統制』、一頁）、大桑斉も辻を「いわゆる近世仏教堕落論」の主張者として挙げている（『寺檀の思想』、二二四～二二五頁）。そしてより近年では、末木文美士も近世仏教堕落論を辻に「代表される」ものであるとしており（『近世の仏教――華ひらく思想と文化』吉川弘文館、二〇一〇年、二頁）、そういった堕落言説を辻の歴史叙述との関係において説明しようとする立場が古今を通じて見られる。

（4）　大桑斉『日本近世の思想と仏教』（法藏館、一九八九年）、二五九～二六六頁。

（5）　このメタファーはMASUZAWA, Tomoko. *In search of Dreamtime: The Quest for the Origin of Religion*（Chicago: University of Chicago Press, 1993）中村圭志訳『夢の時を求めて――宗教の起源の探究』（玉川大学出版部、一九九九年、四八～四九頁）によるものである。

（6）澤博勝は、「辻氏の研究が発表される以前の仏教史研究においても、近世仏教の「堕落」は暗黙の了解であったよう」と述べるが（『近世の宗教組織と地域社会――教団信仰と民間信仰』吉川弘文館、一九九九年、五頁）、辻以前の研究史に触れていない。

第一章

伝統的な語りにみる僧侶の自己批判

諸宗同徳会盟の仏教言説を中心に

廃仏毀釈の図

はじめに

日本仏教史において、「堕落した僧侶」への批判はいわば、ひとつの普遍的なものでもあり、近代の特徴とは言えない。堕落僧侶をめぐる発言はたとえば、景戒（生没年不詳）による『日本霊異記』（九世紀初頭成立）に早くも窺うことができ(1)、鎌倉時代においてそういった言説がいっそう大量化すると見ることもできよう。いわゆる「鎌倉新仏教」の成立そのものも、「衰微した」当時の仏教制度に対する不満の表現として把握することも不可能ではない。すなわち、近代にみるような、仏教界刷新への欲求より発生する僧侶の自己批判は、その系譜を古代や中世に連なるような、長期的持続（*longue durée*）の次元で理解することも、あるいは可能であろう。

しかし本書では、そういった無限後退的な作業を避け、近代日本の仏教思想家が巧みに用いた〈自己批判〉という言説装置の系譜を、まず近世後期の思想的母体に求めたい。その理由はジェームス・ケテラーがすでに指摘しているように、明治期の仏教者がその記憶を自己認識のひとつの拠り所とした「廃仏毀釈」は、思想的事件として、一八世紀以降の国学運動および排仏論の枠組において初めて理解できるからである(2)。具体的には本章において、筆者が「排仏論」と「護法論」といった術語の意義を再考した上で、近世後期に生きた一人の僧侶である慈雲尊者飲光（一七一八～一八〇四）の語り方に着目したい。それらを念頭に置きつつ、明治初年に重点を移し、維新に対する仏教界の回答として結成された「諸宗同徳会盟」という宗門の連合を取り上げ、仏教（史）学の成立以前における僧侶の〈自己批判〉という行為の展開を考察したい。

第一節　「排仏論」と「護法論」——カテゴリとその問題に寄せて

上記のように、ケテラーの指摘に従っていえば、明治初期における仏教界の動向は神仏判然令、およびそれに伴った廃仏毀釈への対応として把握すべきである一方、それらの事件は近世後期における「排仏論」という思想母体で考える必要もある。いずれの場合においても、僧侶は〝外〟からの批判や圧迫へ抵抗を示し、その表現として「護法論」なる自己弁護的な言説を展開しつつ、儒学や国学といった他の思想潮流に対する仏教の独自性や有用性を主張した。こういった定説的な図式に異論を呈するつもりはないが、そのキーコンセプトたる「排仏論」および「護法論」を再考したい。

「排仏論」の定義はすでに試みられ、ある程度の考察は蓄積されているものの[3]、それへの抵抗とされる「護法論」に関しては、同様のことはいえない。「護法論」という題目を掲げる書物は宋代の僧・張商英（一〇四三～一一二一）により著され[4]、「排仏論」と同様に日本列島のいわば、独自の思想ではない。ただ、定義というほどのものではないが、森和也は日本における「護法論」の性格に関して、以下のように述べている。

護法論は、その名称が示唆するように仏法を護るという守勢的な意味を与えられた術語であるため、言葉の印象として、仏教側が弱者のように受け取られるが、そもそも排仏論という挑戦者の声に応えたものであり、仏教側から積極的に神道・国学を排除する動機から著されたものではない(5)。

森はそれを述べた上で、「三教一致」を掲げるような「護法論」の性格について考察していく。彼は「天皇と強く結びつけられた仏教という自画像も、日本における仏教の占める地位を反仏教側に対して主張するために持ち出された自画像である」と指摘し(6)、仏教のいわば〝優位性〟を主張するような、近世後期から近代にかけての「護法論」の展開を検討している。つまり森の研究において、「護法論」は、仏法を「他者」に対して肯定的に語ろうとする言説群の意義を有していると言えよう。

しかし、森の先学者である柏原祐泉は、「排仏論」への反発としての「護法論」が主流であるように描写しつつ、必ずしもそういった枠組に当てはまらないような「護法論」も考慮に入れていたようである。つまり彼は「護法思想をもう少し広義に解して、近世仏教が排仏論の席捲するなかで、自己本来の宗教的使命を自覚し、自省自戒によって教界興隆をめざしていった面について」も触れており(7)、こういった「護法論」は、単に仏教を称えるものであったとは言えまい。柏原はさらに、次のように述べている。

このような自省自戒の意識は、近世仏教に流れる清新な思潮の一面であったが、やがて近世後期に入って教団仏教の惰性が弥漫し出すと、直接に自粛論そのものを説く著書も多く現れた……。このような自戒精神の進展に併行して、各宗で独特の戒律復興運動が進められたことも見落とせない(8)。

明治期における「近世仏教の衰微」といった言説の系譜を辿ろうとする我々にとって、柏原が示した「護法論」のこういった二次的な意義は、核心的な問題とならざるを得ない。なぜならＳ・クラークも指摘しているように、近代の仏教者が促進するような仏教の「堕落」言説は、「僧風の改革・復興運動という形で徳川日本の宗門界」において初めて見られるものだからである(9)。

前近代におけるそういった僧侶の仏教批判に、おそらく最も頻繁にあらわれるモチーフとして、「戒律の軽視」を挙げることができる。それはしばしば、「日本仏教」の「一特徴」とまで言われてきたが(10)、末木文美士が反論するように「日本の仏教の戒律無視がしばしば話題として取り上げられるのは、逆にそこに仏教は戒律を守るべきだという規範が漠然と前提とされているともいえる」(11)。各宗がそれぞれの枠組で動き、宗派意識がいっそう高まる近世日本にはことに、「戒」なるものはまた、特別な役割を果たすことになった――真宗などの例外を除いて、「持戒」は江戸時代を通して僧侶生活の基本としても認識され続けてきた(12)。

しかし、近世日本における「戒律」なるものもまた、単純化しすぎないように注意を払う必要があろう――その時期にみられるようになるような「戒律復興運動」は、決して均一なものではなかった。上田霊城の研究成果を踏まえれば、近世の戒律復興運動を大きく、二つの潮流に分けることができる。一方は「四分兼学の南都戒の系列に属して既成宗団を批判する姿勢を示すのに対し」、他方は「小戒兼学に反対し宗祖の戒観に復古することによって宗団側を擁護しようとする意図を強く持っている」のである(13)(上田はさらに、前者を「超宗派的戒律思想」と呼び、後者を「保守的戒律思想」としている)。ともかく、この多義性にこそ、戒律復興運動の重要性を見出すことができるであろう――そういった「運動」は、異なるスタンスの者が〝仏教の本質〟や、その〝正しい実践〟などの問題について議論を交わす場として理解することも、あるいは可能である。以上、近世における戒律復興運動に関しては上田などの論考を参照されたいが[14]、かかる枠組で如何なる語りが提示されたのか、その一例として「正法律」を提唱した慈雲の語りを取り上げたい。

第二節　近世僧侶による仏教批判をめぐって

なぜ慈雲なのか。その史料へのアクセスが比較的便利であることもあるが、その主な理由とは彼の思想が維新以降、さまざまな側面から展開されるからであり、慈雲は明治期の仏教活動家に、理想的な仏教の象徴として掲げられていくかのようである[15]。たとえば、近代における彼の影響を検討した池田英俊は、以下のように記している。

明治の仏教は、廃仏毀釈の打撃から立ち上がるために、まず、釈尊時代の真正なる仏法に復古しようとする護法意識の高まりと、他方では民衆の化導を目指す教化思想体系の必要性が重視されていた点に、その特質がみられる。ことに慈雲はその思想運動で、在来の宗派仏教の枠を越えて原初的な仏教への復古を目指し、また、戒律と道徳との一致点を見い出そうとしたのである。それゆえに明治の護法僧や仏教の改新を目指した仏教者の間で、あらためて注目されるに至ったのである[16]。

堕落論を体系化した辻善之助も『日本仏教史之研究　続編』（一九三一年刊）において、江戸仏教の「衰微」に関して述べた後に慈雲を取り上げ、その営為を評価している[17]。それはあたかも宗門全体が暗黒の道を歩んだにもかかわらず光明を放つ個人僧侶の実践はなお可能であったことを示すかのような立論であり、近世の一般的な「堕落僧侶」のアンチテーゼとしての慈雲という印象を読者に与えかねないのである。

ただし、ここで慈雲を詳細に検討する余地はない。明治初年において、仏教界の一部が新政府の宗教政策への対応として示した語り方は、単に維新に対して成立したものではなく、その系譜の一部は近世後期の言説的母体に求めるべきであることを確認するため、便宜的に、慈雲を取り上げているに過ぎない。上記のように、慈雲は明治期において、通仏教理念を掲げた活動家によって先駆者として仰がれたことも、偶然ではなかろう。「唯だ仏在世を本とすべし」と唱え、釈尊の生存期間に実践された仏教への復興を主張した彼は、「十善」――すなわち不殺生・不偸盗・不邪淫・不妄語・不悪口・不両舌・不綺語・無貪・無瞋・正見――を「仏法」の根本として把握した。

慈雲は父の遺言により十三歳で出家し、十八歳のときにその師たる忍綱（一六七一～一七五〇）の要望で京都に移動し、伊藤東涯（一六七〇～一七三六）の下で儒学の古学派を学ぶ。そういった影響の下でなのか、慈雲は仏教の原典――言うまでもなく、あくまでも彼が認識したそれ――に戻る必要性を感じ、近世日本にはその伝統がほとんど廃れていた梵語研究に専念し、一〇〇〇冊にも及ぶ『梵学津梁』を編述している。ただ、「正法」を掲げた慈雲は同時に、仏者以外の相手に対しても語ろうとした。たとえば、彼は密教を基礎としつつ儒教的な要素を取り入れた「雲伝神道」の開祖と仰がれ(18)、その著作はさらに、往々にして「近代的な仏教史学」の先駆者と位置される富永仲基（一七一五～一七四六）の仏教批判を念頭に置いたものであるとも言われる(19)。

上記に触れた慈雲の「正法律」という観念は、釈尊が生きた時代をめぐる彼の理解と密接な関わりがある。彼は、理想的な実践を仏教が諸宗に分かれていなかった釈迦在世時に見出したため、近世後期の宗派心（sectarianism）を批判的に捉えたのみならず、それを仏教の正確な理解を妨害するものとすら述べた。たとえば、以下の言葉を見よう。

宗旨がたまりは地獄に堕するの種子、祖師びいきは慧眼を瞎するの毒薬。今時の僧徒多くは我慢偏執ありて。我祖は仏菩薩の化身なりと云ひ。天地の変陰陽の化をとりて。我祖師は不思議の神力なりと説き。愚癡の男女を誑す。仏説によるに。末法には魔力を興盛にして多くかくのごとき事ありと示し給う。若し真正の道人ありて真正の仏法を求めんと欲せば。唯だ仏在世を本とすべし。仏世には今の様なる宗旨はなかりき。[20]

慈雲のテキストにおいて、こういった表現は決して珍しくない。[21] 上記のような批判は彼の仏教論の核心とされる「十善」との関連において展開されており、宮川康子が指摘するように、慈雲は十善戒のなかの「不邪見戒」に反するものとして同時代僧侶の宗派心を理解した。[22] さらに言えば、仏教界の〝堕落〟をそういった宗派へのこだわりと結び付けている。たとえば、以下の言葉にも着目しよう。

如来滅後二千七百歳を経て群魔沙界に横行し群情を塗炭にす。此時相似の仏法世界に出現し異執紛綸として互に是非し悉く文字章句に泥んで実修実業の道廃す。沙門は唯剃髪染衣無戒破戒にして道を衒ひ法を売て唯好飲食好衣服を好み多財を以て有徳とし弁口を以て多聞とす。[23]

明治初期の多くの仏教者が〝モデル〟として捉えた慈雲が、儒学者や神道家ではなく、「実修実業の道」を廃した同じ僧侶を批判したということは注意に値する。そして想像のとおり、慈雲のそういった主張は宗門破壊を目指したものでなく、むしろ、僧風刷新を志した語りであろう。

次節以下、幕藩体制が崩壊した後、すなわち明治維新以後の政治的背景において、慈雲にみられるような僧侶の

「自粛論」は如何に展開したのかを考えるべく、明治元年に各宗門の有力者が結成した「諸宗同徳会盟」に焦点を当てたい。(24)

第三節　明治初期の宗教政策と僧侶の自己批判

前節のように、僧風刷新を動機とする仏教批判は、近世日本にすでに存在し、その枠組みにおいて仏教なるものを本質的に捉えるような言説が明確に表されていく。しかし、明治維新がもたらした政治的・社会的な変動のなか、僧侶による仏教批判は新たな展開を見せる。つまり、国家のイデオロギーとしての「神道」(25)、「脅迫」としてのキリスト教などの影響により(26)、仏教界は自身の今後について考えさせられることになる。

慶応四［明治元・一八六八］年三月一四日に、明治天皇は新政府の基本方針である『御誓文』を示した。その第四条は「一　旧来ノ陋習ヲ破リ天地ノ公道ニ基クヘシ」と定めるものであり、この条文をめぐる解釈はさまざまである(27)。しかし、いずれにしても、ここで言われている「陋習」は幕藩体制によって正当化され行われていた、当時の理解としては国際法や合理性に反する制度や生活様式、という解釈からさほど離れているとは思えない。そして第四条を宗教政策と関連させると、当時、神祇事務局によって公布された最初の法令の一つである「神祇事務局ヨリ諸社へ達」は『御誓文』と類似した言葉遣いで、次のように書かれている。

元年三月十七日　今般王政復古、旧弊御一洗被為在候ニ付、諸国大小ノ神社ニ於テ、僧形ニテ別当或ハ社僧抔ト相唱へ候輩ハ、復飾被　仰出候、若シ復飾ノ儀無余儀差支有之分ハ、可申出候、仍此段可相心得候事、但別当社僧ノ輩復飾ノ上ハ、是迄ノ僧位僧官返上勿論ニ候、官位ノ儀ハ追テ御沙汰可被為在候間、当今ノ処、衣服ハ浄衣ニテ勤仕可致候事、右ノ通相心得、致復飾候面面ハ、当局へ届出可申者也(28)

幕藩体制の解体に伴ってその拠り所を失った仏教界は「破られる」べき「旧弊」として片づけられ、重大な危機に直面する。自らが江戸時代にわたって獲得した権威を失わないために動き出した者も、仏教の改革を行うよい機会と認識した者も、形成しつつあった新しい国家の有り様に対応した。たとえば、神祇事務局が法令を発布した数ヶ月後の明治元年十月に、釈雲照（一八二七〜一九〇九）は次のような建言を行っている。

伏シテ惟デハ方今機革命ハ至公ノ仁恤天令之然矣。而ルニ神仏両道ノ如キハ天然ノ本源ニシテ物換ハリ星移ルト雖不可改之鴻基矣。今ヤ太政告令神仏分離スヘシ云々、竊ニ顧ルニ宗門ノ僧徒宗本ヲ忘レ俗染ニ淫ルルニヨリ政家ノ督責此ニ至レル歟。吾輩概恥ニ堪ヘス、何ソ神国ノ水ヲ飲ミ、国王ノ地上ニ立ツニ忍ビン哉。雖然道ハ是王公ノ道、僧何ソ異人ナラン哉。伏シテ望僧人ノ弊習ヲ正シ其道ヲ直ニシ、其人ヲ人ニシ神仏両道日月ト共ニ万世ヲ照シ、内ニ異端ノ病ヲ治シ、外ニ邪教ノ侮ヲ禦キ玉ハンコトヲ、凡ソ物内虞アレハ外殃ヲ招ク、天文ノ頃耶蘇ノ邪教侵来スルコト皇国本教ノ不明ヨリシ……

明治元年十月　金剛峰寺沙門雲照(29)

この雲照の語りにおいて二点に注目したい。まず、政府が神仏分離を命じたのは、僧侶が「宗本ヲ忘レ俗染ニ淫ルル」ためという点、そして従来「宗本」を忘れてきた僧侶は今後、「弊習ヲ正」すことが望まれている点である。神仏分離政策によって提示された危機を乗り越える方法として雲照は以前の「弊習」を認め、認めることによってそれらを「正」す可能性を示す。さらに、神道と力をあわせて国家のために「邪教」の脅迫と戦うことを勧めている。

要するに、当時の排仏思想を追い払う手段として僧侶は新しい国家のために仏教がどれだけ貢献できるのかを強調し、その具体的な例として神道と共通の敵であるキリスト教を破ることに役に立つという主張をする。この理念の下に、明治元年十二月、上記の釈雲照を含む当時の諸宗の中心的な人物は諸宗同徳会盟を設立する。(30) 以降、近代における「通仏教」概念への第一歩ともされる本会盟の詳細を検討し、そこで如何なる言説が展開されたのかを、考察したい。

第四節　諸宗同徳会盟の成立とその基本問題

諸宗同徳会盟は上記のように、神仏判然諸令に伴った廃仏毀釈の嵐に対する回答として明治元年十二月に結成されるのである。辻善之助は本会盟とその構成員に始まる運動を、「仏教衰微の時代」である近世からの僧侶の覚醒を意味すると説いている。(31)「覚醒」とみるか否かは研究者のそれぞれの立場によるが、会盟の結成は廃仏毀釈がもたらした危機感によることには相違なかろう。結成に重要な役割を果たした赤松連城（一八四一〜一九一九）の当時をめぐる回想によれば、(32) 具体的な結成運動は伊予国宇和島藩（現愛媛県宇和島市）から臨済僧の韜谷（一八一二〜一八八六）が明治元年の秋に上京したことに始まるのである。維新まもなくの新政府による宗教政策はまだ不明確な点が多かったが、仏葬祭の義務を解き、葬祭を自由に行うように許可する姿勢をみせており、(33) その「自葬祭」の可能性は韜谷に危機感を抱かせた大きな要因であった。(34) しかし、会盟の別の参加者によれば、韜谷が上京した理由は僧侶のあいだに、キリスト教が蔓延することを防ぐためであった[35]。理由がいずれであったかということよりも、両者は表裏関係にあり、それらが当時の護法活動を促進させたことに注目すべきである。キリスト教の防止や仏葬祭は、近世における仏教思想や僧侶の存在意義を構成する重要な要因であり[36]、その構造が維新により大きく揺るがされたことで危機感が高まるにつれて韜谷のように行動に出る者は少なからず現れた。

韜谷はその師の人脈で赤松と出会い、後者に全国寺院の調印を取るために如何にすればよいのかを問うたところ、赤松は大きく苦しんだという。なぜならば、「当時は叡山は叡山、東寺は東寺と、互に城壁を築いて相下らぬと云ふ訳で、ナカナカ一致抔とは思も寄らぬ次第である」からであった[37]。近世後期から、より本質的な仏教概念は形を整える過程にあったにしても[38]、それは言うまでもなく近代的な「宗教」たる「仏教」ではない――近世的世界においては、機能的な単位として存在するのは「宗門」であった[39]。外部の圧力により手を繋ごうとしていた僧侶が、会の呼称に「仏教」や「仏法」などの言葉を冠したのでなく、「諸宗」を冠したことからもそういったことを窺うことができよう。

韜谷や赤松はその後、後者の人脈で浄土真宗・興正寺第二七世住職であった摂信（一八〇八～一八七七）を訪ねることになった。続いて、摂信のつながりで東寺の観智院で相談することになり、すでに新政府に建白書を出していた釈雲照のような者や、当時活動中の護法家を集め、明治元年十二月に諸宗同徳会盟が開かれることになった。その母体は京都にあったが、後に東京や大阪でも会議が開かれることがあった[40]。会盟は当初、一ヶ月に一度というペースで会議を行っていた。三回目の会議、すなわち明治二［一八六九］年二月の会議において、諸宗同徳会盟の基本方針が決定される。先述の韜谷の上京動機からすでに窺うことができたが、この第三会議に作成される「規約」の「ああ、洋教の釁を窺う、茲に年あり。開港爾来、衆庶殆ど妖風に酔ふ」という言葉からも[41]、会盟は強い反キリスト教的な性格を有していたことがわかる。また、「規約」の核とも言える、その後の会議が中心としていくトピックである「審議題目」の八つの項目にも、その性格が窺える。吉田久一が述べるように、「審議題目」は「廃仏毀釈下にある仏教界の実情をよく表わし、単なる空論ではなかった」のである[42]。その八項目は、以下のとおりである。

（一）王法仏法不離之論（二）邪教研窮毀斥之論（三）自宗教書研覈之論（四）三道鼎立練磨之論（五）自宗旧弊一洗之論（六）新規学校営繕之論（七）宗々人才登庸之論（八）諸州民間教諭之論[43]。

各々の項目は、当時仏教界の指導層が新たな時代において生き残るためにしなければならないと判断した行為なのである。明治二年二月のこの「規約」には、天台宗や真言宗、浄土宗や真宗、曹洞宗や臨済宗の僧が制度的、教学的な違いを越えて署名を残している[44]。

とりあえずここでは、まず五番目の「自宗旧弊一洗之論」という項目に注目したい。当項目において、上記で取り上げた『御誓文』の「旧来ノ陋習ヲ破リ」はともかく、神祇事務局が発布した「旧弊御一洗被為在候」ときわめて類似した言葉遣いがなされていることは明白であり、それが偶然であるとは考え難い。「旧弊一洗」に関してさまざまな解釈はあろうが、諸宗同徳会盟が当時、神祇官を意識して作成したことは間違いないであろう。会盟に代表される諸宗は危機を乗り越え、そして新たな世界における自分の位置を見出すため、非難されていた「弊」を認め、その「一洗」を約束する。つまるところ、維新以前の各宗は「弊」に満ちたものであり、それらを「一洗」すべきであるという考え方が成立する。

第五節　諸宗同徳会盟と明治国家

以上を踏まえて明らかとなったように、諸宗同徳会盟の活動における主な動機のひとつは、新たな国家という存在であり、それが「審議題目」の第一項目たる「王法仏法不離之論」に現れている。さらに、明治二年夏に作成された「掟約書」にも窺えるように、会盟は「破邪顕正ノ為」に結成された旨を示しているが、それが結局「王」への報恩に還元されており、会盟における護国・護法・防邪の一体観が明らかである。(45)

その他にも、明治二年三月一七日に行われた会議において、参加者は「皇国之　御為に、身命惜しまざる儀、聊か以てこれ相違なき」と連署し、(46)三日後の二〇日に会盟は「邪教不採用」の旨が示される願書を政府に提出している。二五日に東京府から「外国より何程申立候とも、御採用これ無き候間、安心致し居り候やう」と返事があり、(47)指導的な存在たる摂信は、その東京府の返事を以って、会盟が安心して活動できるという旨を自らの日記に書いている。(48)会盟はキリスト教が採用されないように新政府に願い立てているが、「邪教」が流入した場合、「防邪」の具体的な手段として「洋師ト顕正ノ対決」をも提案している。(49)

幕末期において、「鎮護国家」や「王法為本」のような言説における「王」の意味は必ずしも明らかではなかった。たとえば、一八五〇年代半ばに著され、「王」への報恩を強調する月性『仏法護国論』において、天皇・東照神君・国主地頭という三者が同列に語られている、と藤井健志は指摘する。(50)それに対し、諸宗同徳会盟が活動を始める段階には「王」なる存在の意味場が狭められ、「朝廷」・「皇朝」・「天皇」と同義になっていく。その変化にも従う形式で、神儒仏の協調を唱える「三道鼎立」観念も、それらの根底に流れる大道を主張するような立場から、

「神道」および「皇道」を中心にする考え方へと変わる。つまり、会盟の仏教言説において、「儒仏」は「神」を輔翼するために登場するものとなる。

たとえば、「池上学寮建言」において、「儒仏二教、他邦ニ出ルヲ以テ外教トスルカ、既ニ我ニ宣流セハ、自ラ皇国固有ノ儒仏ニシテ、復他邦ノ儒仏ニ非サルヘシ」と主張され、同建言において「神以て本を知らしめ、儒以て政を資けしめ、仏以て民を安んぜしむ」、「儒仏　皇道ヲ扶翼」する、といった旨も記されている。[51]「浄土宗内願書」にも「皇国固有之道神道ヲ以テ、其本トイタシ、儒仏両道ヲ以テ輔翼」と記されており、[52]奕堂もまた「神道は　皇国固有の道なること言を待たず、儒仏は之を輔けて並び行はる」と建言している。[53]上記はいずれも明治二年のものであり、「仏」・「儒」は外教としてではなく、「皇国固有」のものとして描かれており、同じ「皇国固有の道」たる「神道」のために尽力すると宣言している。

仏教界はこうして、「王」と認識したものへの妥協をさまざまな形で図ろうとしたが、「王」そのものが仏教廃滅を促すような方向へと傾いており、そのために会盟は日々ますます、より強く「王」への信奉を主張することにいたった。神道国教化政策が、それまで公的領域に位置づけられていた仏教を私的領域に追い払うことを図り、[54]従来の構造が激しく揺らいだこの時期に、僧侶は異なる語りを利用して自らの有用性を主張しなければならなくなる。太政官や神祇官が設置され、新政府により天皇や古代国家の有り様が強調されるなか、会盟はそれと連絡するような護法論を提示する。たとえば、「我／皇国　推古帝の御宇、聖徳太子四天王寺を剏建して、国家の為に福を祈り、且つ十七憲法を以て、奕世不易の大典を垂れ給ふ／桓武帝は延暦寺を開て、王城鎮護の法を立て、神護国祚の定額を賜ひしこと」といった発言は、会盟参加者の建言のいくつかに記されている。[55]

第六節　会盟参加者にみる仏教批判の意義

以上、諸宗同徳会盟の基本的な問題を述べてきた。会盟はたしかに、宗門外部――儒者、神道家など――からの批判に応えようとし、仏教の護国的かつ反キリスト教的な性格を強調する。仏教を日本の習俗に反するものと叫ぶような「排仏論」に対し、会盟は仏教と儒教とを「皇国固有之道」と主張し、かつその両道が神道を輔翼する可能性を主張し、神儒仏の共通の敵対者たる「邪教」を防ぐとまで約束している。また、近世から儒者が示していた、社会に対する宗門の無効性を叫ぶような経世済民論の観点からの批判に対し、会盟は新政府の廃寺政策などにも貢献できると主張した。明治三［一八七〇］年当時、盟主をつとめていた福田行誡は「諸宗同徳会盟議案」において、世俗支配者の廃寺政策を歓迎しているだけでなく、それをさらに自らの言葉で正当化している――彼は「皇国ハ寺院アマリ多スキ候事」と述べ、さらに、次のように説明している。

一、無住寺院無益ノ事／一、兼帯所多キヨリ法務不行届之事／一、除地ノ寺院耕種ノ地ヲ費シ無益ノコト／一、田徳ノ寺院徒ラニ僧家ノ富ヲイタシ、国用無益事／一、寺院ノ貧富ヲエラマス、惰奢淫逸肉食博奕、或ハ寺院ヲ村落ノ奕所ニカシ候ナト可悪コト／一、僧侶遊手懶堕耕織ヲ費シ、遊民逸居可悪事／一、仏戒ハ勿論国法ヲ破ル罪人トモ多分ニ有之段、モト寺院ノ多キヨリノ由ル所ナリ、然レハ其巣窟ヲ壊レハ、僧侶多カラス、罪人モ亦自ラ少ナキヨリ廃寺尤ノ事。(56)

行誡はさらに、たとえ寺院を廃するにしても、不適当に末寺を廃するのではなく、その本寺の手を借りて国家に最も役に立つような廃し方を考えるべきであるという旨のことすら記している。[57]

上記の行誡の発言を引き起こした直接の理由は維新政府の宗教政策であり、宗門外部の批判に応えることがそもそもの動機であると言えよう。しかし、それに止まるものではない。彼は同時に、仏教界の刷新をも謳っている——いわばここで、「護法」言説と僧侶批判は、同じ語りの表裏をなしていることにまず注目したい。つまり、明治維新がもたらした体制の変遷は、仏教活動家からすれば単に対処すべき難局ではなく、仏教界に必要と認識された改革を具現化させるにあたっての好機としても歓迎された。この語り方はさらに展開し、廃仏毀釈の諸事件と僧侶の不適切な態度を同じ枠組みにおいて示すものとなる。たとえば、明治二年夏に起草される「掟約書」において以下のように記されている。

近属末弊ノ形勢トテ、諸宗ノ僧侶多ク仏祖ノ厳戒ヲ護ラス、修学ニ志シ疎ク、曾テ法門ノ興廃ニ懸念ナク、凡卑ヲ誘テ、慢リニ貸財ヲ貪リ、俸禄ヲ受用シテ、其勤労モナク、徒ラニ光景ヲ費シ候故、殆ント遊民ノ汚名ヲ受候テモ、更ニ此辱ヲ雪カントスルノ策モナク、剰ヘ放埒惰弱ニシテ、屢々劇場ニ往来候モノ少ナカラサル所ヨリ、而今ニ至リ候テハ、衆庶ノ帰依ヲ失ヒ、コレカ為ニ、最上無比ノ法教モ衰頽シ、終ニ毀仏廃寺等ノ公論ニ立至リ候ハ、全ク他ヨリ成セル災ニ非ス、自ノ招ク過ナリ……。[58]

少なくとも明示的には、外部の批判に応えるか否かは問題ではなく、仏教界の刷新が最も緊急な課題とされている。そしてこのような態度は、会盟が集団として起草したもののみならず、参加者の個人的な著作などにおいてもみられる。たとえば、上記の釈雲照は「僧弊一洗ノ官符建白書」において、僧侶が古代国家の監視に置かれていた時代、僧侶は戒律をまもり、国家を護っていたと主張しているが、武家政権がはじまると僧侶が次第に自分のあるべき姿から離れてくる。(59) この建白書において、僧侶の堕落は武家政権がもたらした国家の姿と密接なかかわりがあると主張され、これは『御誓文』における旧幕府勢力の一掃を示す第四条を連想させる。そして皇室が再び政権を握るようになり、「旧来ノ陋習」が破られれば破られるほど、僧侶は「往昔」のように戒律をまもることができるという。このようにして雲照は神仏分離・廃仏毀釈を悪としては決して思わず、むしろ天皇中心国家の復帰は仏教のあるべき姿を取り戻す好機であると認識していたと考えてもよかろう。

仏教者の立場から「弊」に関する当時のもう一つの可能な解釈を提示したのは、釈雲照と同じように諸宗同徳会盟の中心人物であった福田行誡である。明治二年四月に起草された『同徳論』の「旧弊一新(60)」という章において行誡は、堕落は末法時代の当然の結果なのではなく、仏教者自身の態度に要因があるとし、雲照と同様な立場で、明治維新は仏教の「一洗」を行う機会をもたらしたと主張している。(61)

こうして、諸宗同徳会盟に関わっていた仏教者の基本的な立場が問題とすることのひとつは、僧侶が戒律をまもらないことに伴う「弊」であり、明治維新がその問題を解決する機会をもたらしたという見解が共通であることは明らかであろう。つまり、ここでは新政府の反仏教的政策の要因が、僧侶自身の態度に求められた、ということを改めて強調したい。また、上記の雲照のように、仏教の不良な状態を長いタイムスパンでの武家政権と関連させる者もいる一方、それを江戸幕府下での独特の発展とみる者がすでに姿を現していた。明治四［一八七一］年に、会盟参加者の白華は以下のように建言している。

徳川氏二百余年、吾徒ヲ安逸ニ放棄ス、之ヲ癡姿ノ憍児ヲ育スルニ譬フ、今也　王政一新、百弊皆除ク、憍児ノ厳師ニ遇カ如シ、自憍惰ヲ知ラスシテ、督責ヲ怒ム、其罪果〆誰ニカアル、小子憍惰ノ尤ナル者也、タヾ自省シテ、僧風ヲ振ヒ、器宇ヲ大ニシ、励修閲藏シテ、庶幾ハ其督ヲ塞ントス。(62)

日本列島の仏教者が展開したような言説において、現今の僧風は刷新すべきものであり、それがあるべからざる状況にあったからこそ、宗門が「毀仏廃寺等ノ公論」に至ったというのである。かつ、それは必ずしも明らかではなかったが、「僧弊」なるものと徳川政権との密接な関係が主張される語りも存在した。

おわりに

以上、近世後期から明治初期にかけて、仏教（史）学という学問分野が成立する以前の僧侶自身による仏教批判に焦点を当ててきた。現今の仏教は〝理想の仏教〟から離れており、それを慨嘆するような僧侶は中近世の日本列島に珍しい存在ではないことを、近世後期の戒律復興運動を代表する慈雲の語りに焦点を当てて確認した。

しかし、そういった僧侶による「自粛論」（柏原の言葉を用いて）は、明治維新により、また新たな方向へと展開するのである。経済的な基盤を失う危機に襲われた宗門は、今後の支援者たる明治国家に対してその語りを向け、宗門を破壊する勢力を持つようになった儒学・国学の言説をも否定することなく、新たな体制における自己の有用性を主張した。仏教言説の担い手となってゆくような会盟参加者の僧侶は、(63)維新まもなくの新政府が示した語りの枠組みを利用し、幕藩体制と同一視されたような「旧弊」を破る上での自らの実用的な性格を主張する。

江戸幕府を象徴する「陋習」のひとつとして捉えられた伝統的な「宗門」もこうして、その〝本来〟の姿から離れた「弊」に満ちたものとして描かれ、かつその「弊」は幕府との関係がゆえに生じたものであると主張される。我々が今日ある意味で固定化された概念として用いる「仏教」という語が、この時代においてより明らかなかたちを整え始めると考えるならば、維新以前の仏教のかたちはあるべきものではなく、改新させる必要のあるものである、という思想が最初から「仏教」概念に孕まれた不可分なものであると考えなければならない。

次章、〝維新以前の仏教〟と〝維新以降の仏教〟を分ける、上記のプロセスにおいて誕生したような言説が、近代的な大学制度の枠組みで成立する〈仏教(史)学〉により、如何に展開されるのかを考察の対象としたい。

註

（1）高島元洋「近世仏教の位置づけと排仏論」（日本仏教研究会編『日本の仏教4――近世・近代と仏教』法藏館、一九九五年）、一五一頁。

（2）ケテラー、ジェームス『邪教／殉教の明治――廃仏毀釈と近代仏教』（岡田正彦訳、ぺりかん社、二〇〇六年）、二〇～七〇頁を参照。

（3）柏原祐泉の研究を踏まえ（柏原祐泉「近世の排仏思想」同・藤井学編『近世仏教の思想』岩波書店、一九七三年）、菅野覚明は近世の排仏論を五つに大別している。すなわち、①世俗倫理主義の立場から、仏教の世外性、超越志向を批判するもの、②経世済民論の観点から、仏教・寺院・僧侶の非効用性を批判するもの、③儒教的合理主義や西洋科学の観点から、地獄・極楽、輪廻転生、須弥山説など、仏教の教化と密接に関わる思想言説の矛盾や荒唐無稽さを暴露するもの、④歴史学的な経典研究に基づいて、仏説そのものを疑ういわゆる「大乗非仏説」論、⑤仏教は自然の人情、日本の習俗に反するものとする、国学者による批判（菅野覚明「排仏論」大久保良峻・他編『日本仏教34の鍵』春秋社、二〇〇三年、二二八～二二九頁）。ここには僧侶自身による仏教批判が含まれていないことに注目したい。

（4）安藤智信『中国近世以降における仏教思想史』「張商英の護法論とその背景」（法藏館、二〇〇七年）、一八八頁。

（5）森和也「近代仏教の自画像としての護法論」（『宗教研究』第三五三号、二〇〇七年）、二〇五頁。

（6）森「近代仏教の自画像としての護法論」、二〇四頁。

（7）柏原祐泉「護法思想と庶民教化」（前掲『近世仏教の思想』）、五四七頁。

（8）柏原「護法思想と庶民教化」、五四八頁。

（9）CLARKE, Shayne. "Miscellaneous Musings on Mūlasarvāstivāda Monks: The Mūlasarvāstivāda Vinaya Revival in Tokugawa Japan" (*Japanese Journal of Religious Studies*, 33/1, 2006), p. 3.

（10）たとえば、松尾剛次『「お坊さん」の日本史』（日本放送出版協会、二〇〇二年）、一六～一七頁を参照。

（11）末木文美士『思想としての仏教入門』（トランスビュー、二〇〇六年）、七頁。日本仏教史における「戒」の位置づけに関して、松尾剛次「〈戒〉と日本仏教――破戒と持戒のはざまで」（同編『思想の身体――戒の巻』春秋社、二〇〇六年）を参照。

（12）R・ジャフィは、D・L・ハウエルの研究成果を踏まえ（HOWELL, David L. "The Prehistory of the Japanese Nation-state: Status, Ethnicity, and Boundaries". *Early Modern Japan*, 5/2, 1995）、近世社会が形成される上での身分制度の重要性を指摘している。ジャフィが教えるように、「僧侶」と他の身分の相違を自明視するために江戸幕府が採用した方法とは、「僧侶生活の特徴的な面――独身生活、肉食の禁止、剃髪、法衣の着用、等々である。僧侶は自宗の規則に従い、僧侶たるものの容姿を固守するように求められた」（JAFFE, Richard M. *Neither Monk nor Layman: Clerical Marriage in Modern Japanese Buddhism*. Princeton, N.J.: Princeton University Press, 2001, pp. 16-17）。

（13）上田霊城「江戸仏教の戒律思想（二）」（『密教学研究』第九号、一九七七年）、一四七頁。

（14）上田「江戸仏教の戒律思想（二）」に加え、同「江戸仏教の戒律思想（一）」（『密教文化』第一一六号、一九七六年）および井川定慶「江戸時代に於ける仏教界の粛正様相」（『佛教大学大学院研究紀要』創刊号、一九六八年）を参照。

(15) たとえば、池田英俊「近代仏教で再現された慈雲の思想」(『月報神道体系』九五、一九九〇年、八〜一二頁)を参照。
(16) 池田英俊『明治の新仏教運動』(吉川弘文館、一九七六年)、七頁。柏原祐泉も池田と同様の旨を、以下のように指摘している。
　慈雲飲光(一七一八〜一八〇四)は、十善戒……を修めることで大乗戒・小乗戒の一切を統摂しうると説き、正法律とよんで庶民にいたるまでの普及につとめたが、この正法律は……明治の仏教復興運動につとめた釈雲照・福田行誡・大内青巒などに継承され、後世に大きな影響を及ぼした(柏原「護法思想と庶民教化」、五四八〜五四九頁)。
(17) 辻善之助『日本仏教史之研究　続編』「一九　慈雲尊者の教化と其時代」(金港堂、一九三一年)を参照。
(18) 雲伝神道に関してはたとえば、前田勉「慈雲の雲伝神道の思想」(『日本文化論叢』第九号、二〇〇一年)を参照。
(19) 富永に関しては前掲のケテラー『邪教／殉教の明治』(四〇〜五三頁)および宮川康子「富永仲基と慈雲」(『京都産業大学日本文化研究所紀要』第一〇号、二〇〇四年)を参照。
(20) 長谷寶秀編『慈雲尊者全集』(高貴寺、一九二二〜一九二六年)第十四巻、一二三頁。
(21) たとえば、以下のような発言に注目したい。
　後世仏者の類は、自宗他宗の仏くらべ、法くらべばかりをなす。我が家の仏こそ尊ければ我宗こそ便なれと云ふ、唯文字の上の勝相ばかりを談じて居る。文字の勝相も無尽なるに由て。好めばいつまでも尽ぬ。言へばいつまでも尽きぬ(『慈雲尊者全集』第十一巻、四二一〜四二三頁)。

　末世に至りて。諸宗分派して。おのおの学ぶところを是とす。本来の面目。これがためにそこなはれて我相を長ず。法に愛憎をおこして。自らほこり他を嫉む。其宗祖を偏執するは。唯偏執の人なり(『慈雲尊者全集』第十三巻、三三八頁)。
(22) 宮川「富永仲基と慈雲」、一九〜二〇頁。
(23) 『慈雲尊者全集』第十六巻、四五七頁。
(24) 「諸宗同徳会盟」は、「諸宗同盟会」、「道盟会」などという名称で史料に記されることもある。しかし辻善之助の研究（『日本仏教史之研究　続編』七五八～七八六頁、および『明治仏教史の問題』立文書院、一九四九年、八三～一六六頁）や望月信亨『仏教大辞典』（増訂版、世界聖典刊行協会、一九五七～一九六〇年）に習い、「諸宗同徳会盟」と記すことにした。会盟の名称に関する考察は、桜井匡『明治宗教史研究』（春秋社、一九七一年）、一〇四～一〇六頁を参照。

(25) 安丸良夫『神々の明治維新』（岩波書店、一九七九年）、四五～六〇頁を参照。

(26) 羽賀祥二『明治維新と宗教』（筑摩書房、一九九四年）、一五六～一六二頁。

(27) たとえば、BREEN, John. "The Imperial Oath of April 1868: Ritual, Politics, and Power in the Restoration" (*Monumenta Nipponica*, 51/4, 1996), p.424および大塚桂「五箇条の御誓文・再考」（『駒澤大学法学部研究紀要』六四、二〇〇六年）、三七頁を参照。

(28) 村上専精・辻善之助・鷲尾順敬共編『明治維新神佛分離史料　第一巻』（東方書院、一九二六年）、八二頁。

(29) 草繋全宜編『釋雲照上』（徳教會、一九一三年）、五四～五八頁。

(30) 桜井匡『明治宗教史研究』、九七頁。

(31) 辻『日本仏教史之研究　続編』七五八～七八六頁、および同『明治仏教史の問題』八三～一六六頁を参照。

(32) 赤松連城による無題記事（摂信上人遺稿編纂会編『摂信上人勤王護法録』【付録】興教書院、一九〇九年）、二一一～二一七頁。

(33) この時期、「神葬祭」とは時に区別され、時に同義語として用いられていた「自葬祭」というものもあり、それ以外に「自身葬祭」、「自神葬祭」、「神道自葬祭」も用いられていた。これらは神主がやや「神道風」に（当時は何が「神道風」であったのかはまだ明らかでないことを念頭に置いて）葬祭を行う場合もあり、僧侶や寺院と関わりなしに従来の仏教風に行うこともあった（たとえば、村田安穂『神仏分離の地方的展開』吉川弘文館、一九九九年、二二六～二二八頁を参照）。「神葬祭」は「葬祭を勝手にする」とほぼ同義であったこの時期において、神祇官が直面した大きな問題は仏葬祭の義務を解くことにつながるはずのキリスト教の流入・拡大の危険性である。阪本是丸が指摘するように、「神葬祭改宗に対して、政府は積極的な姿勢を見せながらも、なおもそれがキリスト教徒の隠蓑に利用されるのではないかとの疑いは捨てていなかった」（『明治維新と国学者』大明堂、一九九三年、一七三頁）。

本章において諸宗同徳会盟における神葬祭の問題を詳細に扱う余地はなかったが、その見解は明治三［一八七〇］年一一月の「諸宗同徳会盟議案」の第二項目において示されている（辻『日本仏教史之研究　続編』、九二〇～九二一頁）。会盟は諸地域において行われていた神葬祭の停止を求め、その理由はまだ定められていなかった「神葬祭」が離檀につながり、キリスト教防止政策の妨げになると主張する、まさに阪本が指摘するような神祇官と同様の立場を示している。さらに述べるなら、後に定められる神葬祭は（近世の寺請制度をベースにしながら、戸籍制度の一歩前でもあった）氏子調制度と同時に提示されてくることから、葬祭と人民管理は不可分のものとして捉えられていたことがわかる。

(34)「韜谷が語るには、吾宇和島藩が、近来頻りに神葬祭を採用する、此は元来神官の家位に用ひたものだ、夫を採用すると云ふものだから何故かと伺つたトコロが藩の答に神葬祭を用ゆるのは独り吾藩のみではない、日本全国既に如斯と云ふ返答である、韜谷等は大に驚いて直に国内の寺院を集めて其善後策を講じた、其結果国内寺院一致して朝廷に建白すると云ふことに一決し已に其調印までも取つた、此上は日本全国の調印を取らねばならぬ、夫が為に上京したのである……」（赤松による無題記事、二二一頁）。

(35) 辻『日本仏教史之研究　続編』「附録　僧侶建言竝会議関係書類・四　韜谷摂信を説いて諸宗同徳会盟を開く」、八〇一頁、「大慶喜心院略伝」より（原典は三国幽眠『大慶喜心院略伝』［教学部、一八八三年］である）。なお川村覚昭（「明治維新期に於ける廃仏毀釈と京都諸宗同徳会盟」『京都産業大学日本文化研究所紀要』、第九号、二〇〇三年、一八八頁）もこの相違について気づいており、「連城が言うように神葬祭の問題が韜谷の状況の動機であるとしても、その背景にはキリスト教の問題があったと考えることが妥当であろう」と述べ、両方の動機を考えるべきであると示唆している（一八九頁）。

(36) たとえば、大桑斉『寺檀の思想』（教育社、一九七九年）および圭室文雄『葬式と檀家』（吉川弘文館、一九九九年）を参照。

(37) 赤松による無題記事、二二二頁。

(38) 上記に取り上げた慈雲に加え、一派を越える思想的活動を送った者として徳門普寂（一七〇七～一七八一）も挙げることができよう。西村玲によれば、「普寂は、確かに社会的には浄土律僧として世を過ごしたが、浄土宗への帰属意識はほとんどな」く、「浄土僧であると自負することはない」。さらに普寂は「インドと唐以前の中国仏教だけを認め」、「日本仏教の歴史を現実への適応と見」ている（西村玲『近世仏教思想の独創――僧侶普寂の思想と実践』トランスビュー、二〇〇八年、四八頁）。普寂と同じように浄土宗に所属して、諸宗同徳会盟において決定的な役割を果たしてくる福田行誡（一八〇六～一八八八）は慈雲の戒律思想に大きな影響を受けながら、「大乗仏教」の根本を為す「小乗仏教」を強調した。行誡に関しては池田英俊『明治の新仏教運動』（吉川弘文館、一九七六年、八一～九二頁）や Jaffe, ***Neither Monk nor Layman*** (pp. 117-132) を参照。なお大橋俊雄『行誡上人の生涯――近世の名僧』（東洋文化出版、一九八七年）は一般向けの性格を有しているが、情報量が多く、末尾に年譜も付してある便利な著作である。

(39)　近世日本における「宗旨」・「宗門」概念の展開に関しては、林淳「宗門から宗教へ――〈宗教と倫理〉前史」（池上良正・他編『宗教とはなにか』「岩波講座宗教Ⅰ」岩波書店、二〇〇三年）を参照。林の指摘によれば、江戸幕府下の「宗門」や「宗旨」は学問的倫理や民間的宗教と「近接しながらも一線を画」しているのであり（前掲林論文、一八九頁）、それは明治以降の「宗教」概念に継承されている。この林の論は、「いわゆる「伝統の創造」的な視点を取る議論において近代とそれ以前の断絶が強調されがちであることを考え合わせるならば、まずこれ自体重要な指摘」と星野靖二に評価されている（『近代日本の宗教概念――宗教者の言葉と近代』有志舎、二〇一二年、一一頁）。確かに、「宗門」的な発想が基である会盟は、民間宗教に対して林が語るように、「一線を画」すような立場をとっている。たとえば、会盟は明治二年、東京府に提出される「掟約書」において、「近時登布加美念仏、或ハ富士講、又ハ御嶽講、及ヒ加持祈禱者等ト号し、仏法ニ倚頼シテ、怪キ所業致之候輩不少由、右ハ正道ヲ妨ルノ邪魔ニ候得ハ、衆議ノ上芟除致度事」とある（辻『日本仏教史之研究　続編』「附録　僧侶建言竝会議関係書類・一三　諸宗会盟開催会場規約等東京府へ届書」、八五〇～八五一頁〔『江東雑筆』四・外篇、四七丁表裏〕）。なお、「掟約書」が所収されている『江東雑筆』（高野山明王院〔高岡〕増隆輯）は、一部、活字化されたものが辻善之助『日本仏教史之研究　続編』および同『日本仏教史研究　第六巻』（岩波書店、一九八四年）において付録史料として挙げられ、本書では便宜上、それを用いた。『江東雑筆』は「諸宗同徳会盟の盟主であった増隆が自ら蒐集した同会盟関連の文書、法令集」であり、高岡隆成（隆真）によればその原本は「高野山明王院蔵であったが焼失、現存しない」（「大教院問題に関する一考察」『密教文化』第二〇八号、二〇〇二年、四二頁、註(15)）。ただし、「謄写　大正一五」の写本（おそらく、辻善之助によるもの）は、東京大学史料編纂所に収蔵されているものがある（【書目ID】00063127、【史料種別】謄写本、【請求記号】2014-222、【形態】8冊［典籍］）。以下、筆者がこの史料編纂所のものにあたって確認した頁番号も併記する。

(40)　京都における諸宗同徳会盟の活動と、のちに東京が活動の中心となる要因などについて、註(35)で挙げた川村論文を参照されたい。要するに、諸宗同徳会盟の活動は一部の京都府官吏の気に障り、「廃仏主義に忠実な官憲は活動的な仏僧の動静をますます監視することになるのである」（川村「明治維新期に於ける廃仏毀釈と京都諸宗同徳会盟」、二〇〇頁）。参加者が検束される事件も起こり、その人物の「行方不明から死亡説が流れるが、その間に京都諸宗同徳会盟の集会は当局から禁じられ、急速に終息」し、活動の中心は東京に移る結果にいたる（前掲論文、二〇〇～二〇一頁）。ちなみに、諸宗同徳会盟をめぐる辻善之助の研究（『明治仏教史の問題』、八三～一六六頁）に加え、川村覚昭もその課題に関する顕著な貢献を行ったのである。彼は会盟の「護法教育論」が島地黙雷（一八三八～一九一一）へと展開するプロセスを描いており、史料の発掘をも含めて、教育思想史の視点から会盟の全体像に迫らせる成果を発表した。上記の論文のほかに、川村覚昭『島地黙雷の教育思想研究――明治維新と異文化理解』（法藏館、二〇〇四年）、とくに「第一章　明治維新期における仏学派の護法教育論――日本近代教育史で忘れられた教育論」をも参照。なお明治初年の祭政一致論とその「敗退」という枠組みではあるが、阪本是丸も会盟の活動について考察を提供している（註(33)前掲の『明治維新と国学者』一四四～一五〇頁を参照）。

(41)　辻『日本仏教史之研究　続編』「附録　僧侶建言並会議関係書類・一二　諸宗同徳会盟規約」、八三九頁（原漢文）（『江東雑筆』四、五八丁表）。

(42)　吉田久一『近現代仏教の歴史』（筑摩書房、一九九八年）、六七頁。

(43)　辻『日本仏教史之研究　続編』「附録　僧侶建言並会議関係書類・一二　諸宗同徳会盟規約」、八三九頁（『江東雑筆』四、五八丁裏～五九丁表）。なお括弧内の番号は筆者による。

(44)　会盟参加者には、上記の韜谷、摂信、赤松連城の他に、曹洞宗総持寺奕堂（一八一五～一八七九）、臨済宗相国寺独園（一八一九～一八九三）、真言宗明王院増隆（一八二三～一八九三）、真言宗長谷寺雲照（一八二七～一九〇九）、真言宗円通寺道契（一八一六～一八七六）、天台宗比叡山行光坊詔舜（一八二五～一八八六）、浄土宗浄国寺徹定（一八一四～一八九一）、浄土宗回向院行誡（一八〇六～一八八八）、日蓮宗蓮久寺日薩（一八三〇～一八八八）、浄土真宗本願寺派光照寺針水（一八〇九～一八九二）、浄土真宗本願寺派明蓮寺淡雲（一八三〇～一九〇五）などがいる。

(45)　辻『日本仏教史之研究　続編』「附録　僧侶建言並会議関係書類・一三　諸宗会盟開催会場規約等東京府へ届書」、八五〇頁〔『江東雑筆』四・外篇、四五丁裏〕。

(46)　辻『日本仏教史之研究　続編』「附録　僧侶建言並会議関係書類・五　諸宗同徳会盟に関する摂信日記」、八〇七頁（原漢文）。なお本史料の原典は、註(32)で挙げた『摂信上人勤王護法録』にみられる。

(47)　辻『日本仏教史之研究　続編』「附録　僧侶建言並会議関係書類・五　諸宗同徳会盟に関する摂信日記」、摂信日記三月二七日、八〇八頁（原漢文）、『摂信上人勤王護法録』より。辻『日本仏教史之研究　続編』「附録　僧侶建言並会議関係書類・一一　金剛峰寺代明王院増隆如意輪寺圓我願書」、八三八頁〔『江東雑筆』一、一九丁裏〕も参照。

(48)　辻『日本仏教史之研究　続編』「附録　僧侶建言並会議関係書類・五　諸宗同徳会盟に関する摂信日記」、摂信日記三月二七日、八〇八頁、『摂信上人勤王護法録』より。

(49)　辻『日本仏教史之研究　続編』「附録　僧侶建言並会議関係書類・一二　諸宗同徳会盟規約」、八四〇頁〔『江東雑筆』四、六〇丁裏〕。

(50)　藤井健志「真俗二諦論における神道観の変化――島地黙雷の政教論のもたらしたもの」（井上順孝・阪本是丸編『日本型政教関係の誕生』第一書房、一九八七年）、二一五頁。

(51)　辻『日本仏教史之研究　続編』「附録　僧侶建言並会議関係書類・一五　池上学寮建言書」、八五三～八五四頁〔『江東雑筆』三、一二丁表～一四丁表〕。

(52)　辻『日本仏教史之研究　続編』「附録　僧侶建言並会議関係書類・一八　浄土宗内願書」、八六五頁〔『江東雑筆』一、三一丁表〕。

(53)　辻『日本仏教史之研究　続編』「附録　僧侶建言並会議関係書類・一九　総持寺奕堂建白書」、八六七頁。なお、

本史料の原典は大本山總持寺修史局編（孤峰智燦編述）『奕堂禅師　附書翰集』（鴻盟社、一九二七年）にもみられる。

(54) 慶応四［一八六八］年三月一七日の案文において、当時は神祇事務局判事を務めていた亀井茲監は、たとえば、「一、皇国内宗門、復古神道ニ御定被仰出候……事。但、仏道帰依之輩ハ、私ニ取用候儀者不苦候事」としている（『勤斎公奉務要書残編』一、安丸良夫「解説・近代転換期における宗教と国家」［同・宮地正人『宗教と国家』日本近代思想大系5、岩波書店、一九八八年、五〇二頁］より引用）。『勤斎公奉務要書残編』は、「津和野藩士で、慶応四年神祇事務局輔・神祇官副知事となった亀井茲監の伝記史料」である（安丸・宮地『宗教と国家』、五頁）。「日本近代思想大系5」で活字化されている本史料の一部は、「阪本健一蔵」のものが底本となったようであるが、管見の限り、宮内庁書陵部もそれを蔵している。なお安丸に加えて、徳重淺吉（『維新精神史研究』立命館出版部、一九三四年、四八一頁）および John Breen（"Ideologues, Bureaucrats and Priests: on 'Shinto' and 'Buddhism' in Early Meiji Japan" In *Shinto in History: Ways of the Kami*, edited by John Breen and Mark Teeuwen, Richmond: Curzon, 2000, p. 250, n. 37）のような先学者も上記の亀井発言を挙げている。

(55) 辻『日本仏教史之研究　続編』「附録　僧侶建言竝会議関係書類・一九　総持寺奕堂建白書」、八六六～八六七頁（『奕堂禅師　附書翰集』より）。明治二［一八六九］年六月の奕堂建白書に加え、同年五月の徹定および増隆による建白書には、「我　皇国　推古帝ノ御宇、聖徳太子四天王寺ヲ剏建シテ、国家ノ為ニ福ヲ祈リ、且ツ十七憲法ヲ以テ、奕世不易ノ大典ヲ垂給フ、　桓武帝ハ延暦寺ヲ開テ、王城鎮護ノ法ヲ修セシメ給ヒ、　淳和帝ハ高雄寺ヲ立テ、神護国祚ノ定額ヲ賜ヒシコト……」ともある（辻『日本仏教史之研究　続編』「附録　僧侶建言竝会議関係書類・一四　浄国寺徹定明王院増隆建言書」、八五一頁［『江東雑筆』三、六丁表裏］）。

(56) 辻『日本仏教史之研究　続編』「附録　僧侶建言竝会議関係書類・三三　諸宗同徳会盟議案」、九二三頁（『江東雑筆』五、一四丁表裏）。

(57) 辻『日本仏教史之研究　続編』「附録　僧侶建言竝会議関係書類・三三　諸宗同徳会盟議案」、九二一～九二三頁（『江東雑筆』五、一三丁表～一四丁表）。

(58) 辻『日本仏教史之研究　続編』「附録　僧侶建言竝会議関係書類・一三　諸宗会盟開催会場規約等東京府へ届書」、

八四九頁〔『江東雑筆』四・外篇、四五丁表裏〕。

(59) 釈雲照による「僧弊一洗ノ官符建白書」に着目しよう。

道待人弘人依道昇、僧人戒行清浄なる時は王公大臣三宝を尊信し、汚戒濫行なる時は四民浄信を失ふ故に戒を僧の命根とす、往昔皇国戒検厳にして天下の沙門具足大戒を受持せざる者は僧数に入らず……謹惟るに僧を度し法を弘ること専ら御願に依る、国家を警護せしめんが為なり。然るに源平騒乱戒検一廃し、人々恣に袈裟を製し仏之本旨を取失、士庶人之毀謗を招くこと日に益々甚し、仏六和敬を教て、同一戒を護り、十方僧と衣食を同ふし、三衣一鉢を守持して飢を凌ぎ寒を冒し、林間石上に静観し、気星漢よりも高く識三界を超ふ……。伏して望むらくは方今維新之明時、何卒古典に復し、戒之具不具を以て位階を正し、諸般律検に準じ候様断然改革被仰付候はゞ釈門之大幸不可過之、且は皇室之警護にも可相成儀と奉存候（草繋編『釈雲照　下』、一九一四年、建白書・七〜八頁）。

(60) 福田行誡はその「旧弊一新」において「本師如来の法門」は「明鏡」のようなものであり、「弊」は「塵埃」のようなものであると主張している。時間が経つと鏡が埃に汚れるように、仏法は「弊」によって汚され、ときには綺麗にする必要があるのは当然であることが主張されている。正法時代において仏教は「溟海」のように、汚物がたまることがまずない。像法は「大川」のようであり、汚物がたまったり溢れたりすることがなくはない。しかし現今、人間が生きる末法時代は「細流小溝」のようであり、汚物がたまりやすく、その小溝を清潔なものとして保つように、以前の時代において不要であった注意をはらわなければならなくなる（梶宝順編『行誡上人全集』仏教学会、一八九九年、二九六〜二九八頁）。仏教における「堕落」といえば、上記の正・像・末という仏法の時代区分を思い浮かべざるを得ない。雲照や行誡など、明治初期の仏教運動に深く関わっていた人物は自らが末法という時代に生きているものの、救済が可能なものであると強調する。典型的な末法思想なのではなく、「五濁・五蘊が正法時代も文明開化の末法時代といわれる現在も何ら変わるところがないという考え方に立って、終末的世界への認識を深めるとともに、これを超えることに力点をおいていた」のは、行誡の末法思想の特質である（池田英俊『明治の仏教——その行動と思想』評論社、一九七六年、七六頁）。

(61) 「〔弊を〕一洗せすんば堤崖方に壊れんとす。弊豈旧のみならんや。今より後も新弊倍々多々ならん。一新の期会に乗して一洗の功を務めんこと方さに今日にあり。本題の科目尤急務たり、此中何れをか後にせん。急緩処を失せば功熏損益あり……」（梶編『行誡上人全集』、二九八頁）。

（62）辻『日本仏教史之研究　続編』「附録　僧侶建言竝会議関係書類・四八　加賀本誓寺白華藏経点本建言」、九六六頁（『江東雑筆』二、四二丁裏～四三丁表）。

（63）諸宗同徳会盟の終焉についても、少し触れる必要があろう。それがいつまで続いたのかは、はっきりわからない。辻善之助も指摘するように、奕堂書翰には明治五［一八七二］年四月十日や、同月十七日に浅草本願寺において会合が開かれた記録がある（辻『明治仏教史の問題』、一一七～一一八頁）。十日の会合では、政府は教部省設置の意図を示している、ということに関する議論が主な話題であった。教部省設置は、神祇省内に設置された宣教使の神道と儒教を基本とした国民教導が失敗したことを意味し、今度は神儒仏が並んで布教する、ということであった。三教が新政府に平等な扱いをされ、肩を並べて国家のために尽力できる、という教部省設置の意図は会盟参加者にとって勝利のように感じられたであろう。いずれにしても、教部省・大教院時代に入ると、会盟は活動がみられなくなり、福田行誡のように会盟の指導層であり後の大教院に大きな役割を果たすようになる者も少なからずいたことも、その連続性の証左として読み解くこともできよう。

第二章

近代仏教（史）学の成立と近世僧侶の「堕落」

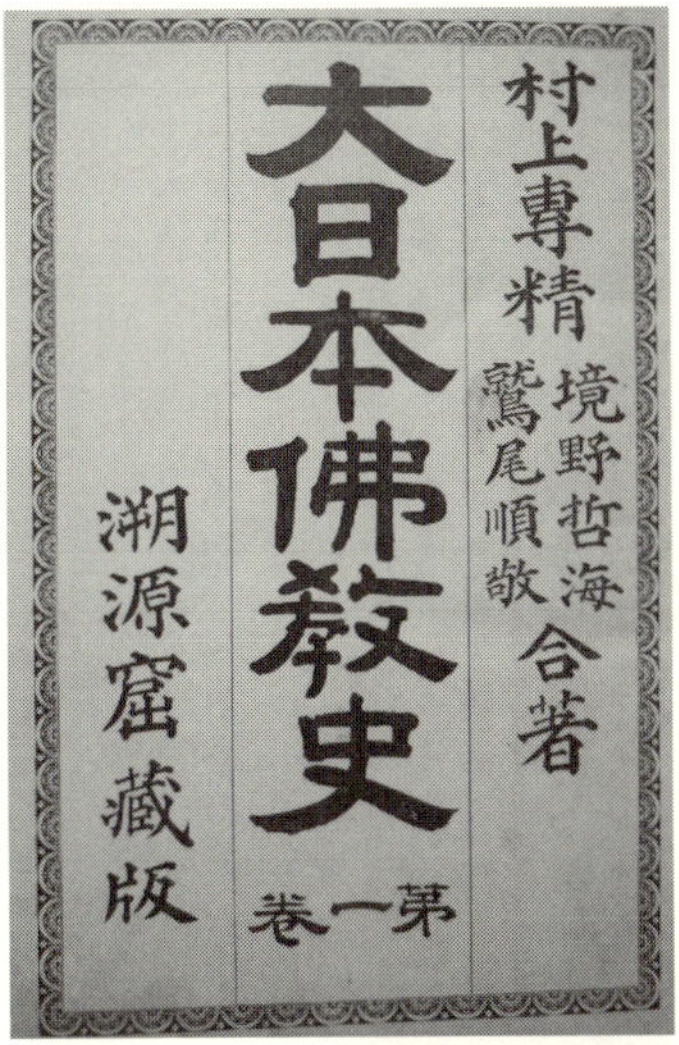

はじめに

前章で確認したように、堕落論の系譜は近世中後期の戒律復興運動に伴った僧侶の宗門批判まで遡ることもできるであろうが、維新以降の時期にそれは新たな展開を見せる。幕藩権力下で主体性を有していた宗門は、その解体が差し迫ったことへの回答として、諸宗同徳会盟などの運動を始めた。その基本的主張は、廃仏毀釈は僧侶自身が招いた事態であるが、その嵐により刷新の機会が与えられた、ということである。本章では、そこで成立した言説的装置が、仏教(史)学なる分野が形成されるにつれて、如何なる変遷を遂げたのかなどを考察したい。つまり、近・代・的・な・学説としての近世仏教堕落論の成立についての考察である。

具体的には、東京（帝国）大学という場で、仏教が講じられるようになる一八七九年以降の時期を扱う。原坦山とその講義に出席した井上円了の語り方を考察した上で、「日本仏教」が歴史研究の対象となる一八九〇年代半ば以降の時期に焦点を当てる。そのような学術的営為を率いた村上専精とその周辺の人物の言説を取り上げ、ひとつの筋書きの形成に注目する。次は、かかる語り方の定着に貢献した要素としての「鎌倉新仏教」という言説の成立に触れて、最後には「近世仏教堕落論」の提唱者として記憶される辻善之助の歴史叙述において、それは如何に継承されているのかを描きたい。

第一節　近代仏教(史)学事始と「僧侶の堕落」

一八七七年に開かれた「東京大学」の綜理たる加藤弘之（一八三六～一九一六）は、その「文科大学」で「西洋」のことのみならず、「東洋」に関する講義も行うべきと考え、仏教や儒教を含む「東洋哲学」という科目を設置した。それに際して、本書の第一部・第一章で詳細に検討した原坦山は初代「仏書講読師」として招かれ、『大乗起信論』などをめぐる講義を行い、「実験」をキーワードとする仏教理解を示した。

坦山は前章で取り上げた諸宗同徳会盟に参加した者であり、その盟長までを務めたのである。彼は明治初期において、「仏法多しと雖ども、之れを要すれば破邪顕正のみ。邪破るれば、則ち正自づから顕はれ、正顕はるれば、則ち邪存する能はず。其の勢、両つながらは立たず。当今、仏道の衰退を顧みるに、其の原、二有り。一は仏子の怠慢に由り、一は西教の蔓延に由る」とも述べているように、[1]その立場は会盟の他の参加者であった福田行誡や釈雲照のそれとさほどの違いがあるといえない。東京大学教員時代の坦山は「破邪顕正」たる言説を放棄し、ますますキリスト教や「西学」に対する理解を示すようになったが、現今の仏教の「衰頽」と認識された原因が、僧侶自身の態度にあるという立場は変わらない。たとえば、それは第一部・第一章で取り上げた「印度哲学の実験」（一八八六年）という講義にもみることができる。そこで坦山は仏教の歴史的展開を三期にわけて説明している――①釈迦の死後、仏教徒にその名義だけが残り「実験真証の法」が失われる、②「伝記訳述の徒」の責任で釈迦の教えは「謊誕架空の説に流る」こととなる、③「僧徒、虚飾無実、心行反対、公衆を心服せしむるに足ら」ざるものとなり、仏教を正確に語るのがきわめて困難なこととなった。[2]

つまり、坦山は当時の「僧侶の堕落」の原因を幕藩体制に求めていなかったが、「科学」や「哲学」といった言説が広がりつつあった明治日本のなか、仏教を刷新する新たな可能性を見出したことには相違なかろう。つまり「現今僧侶の堕落」という語りは、坦山が有していた東京大学講師という社会的な位置によって初めて「科学的」な言説となるといえよう。

そして原坦山、およびアーネスト・フェノロサ（一八五三〜一九〇八）の東京（帝国）大学での講義を受け、西洋哲学が提供する諸々のカテゴリを通してこそ、仏教に意味を見出そうとしたのが、井上円了である。周知の如く*religion*の訳語として初期には「徳教」、「法教」、「宗旨」、「宗門」などの訳語も考えられたが、「宗教」はそれらを圧倒した。[3]山口輝臣が指摘するように、[4]それはおおよそ一八八〇年代に起きていた「日本将来の宗教如何」という議論におけるものであり、その議論はキリスト者と仏教者を中心に行われたが、宗教には「淡泊である」と自称していた人々まで巻き込んだものである。井上円了は、仏教側からその議論に著しい貢献をした人物の一人であった。

円了は『真理金針』（一八八六〜一八八七年初版）などにおいて、「知力の宗教」と「情感の宗教」という型を設定した。[5]キリスト教は後者にすぎないとし、仏教は両方とも兼ね備えた宗教であると主張する。井上は仏教が日本国家にとってどれだけふさわしい宗教になり得るのかといったことを強調し、[6]このような宗教概念によってはじめて仏教は、キリスト教に劣らない、むしろ優れた宗教として自己を主張する。さらに、仏教は「国家に裨益」があるというが、[7]当時の仏教はあまりにもそのあるべき姿から離れていたから、そのまま日本国家の宗教として受け入れることはもちろん、論外であることを強調する。まず以下のような円了の発言に注目しよう。

新たに一宗教を起こすの宿志を断ちて、仏教を改良してこれを開明世界の宗教となさんことを決定するに至る。これ実に明治十八年のことなり。これを余が仏教改良の紀年とす。(8)

このように、井上の語りの中に現今の仏教はそのあるべき形ではない。それを改善すれば国家の役に立てられるという見解が窺われるが、それは決して新しい語りではない――雲照、行誡、坦山、明治時代の仏教指導者のほとんどは、現今の仏教を否定する。まずは神仏分離政策によって提示された危機を乗り越えるため、さらに「日本将来の宗教如何」という議論の枠に入り、仏教が宗教として有する優越性を強調するためである。目的は一緒でもそうでなくても、「仏教」を論ずるにあたり、その「衰頽」は誰もが踏まえざるを得ないような問題になっていたのである。(9) さらに、『真理金針』において、円了は「現今僧侶の堕落」に関して以下のように説明している。

徳川氏の政権を掌握せし間は、仏教大いに繁栄の状を呈せりといえども、その実内部腐敗をきたして全身まさに朽ちんとするの情あり。これ他なし、当時の僧侶は社会に対して見るべき実効なくして思わざる特典をこうむり、およそ三百年間はその特典に安んじて放恣佚楽、実学を修めず、実業を務めず、社会開進上寸分の功労なきをもって、今日のごとき仏教の衰頽をきたすに至るなり。(10) 徳川氏の代、高僧碩学の世に出でて世間を益したることなきも、その教の繁昌を極めたるは徳川氏の外護の厚きによるものにして、外容は隆盛を示したるも、内実はかえって腐敗をきたし、三百年来の積毒にわかに今日発して現今の衰頽を見るに至る。(11)

ここではさらに、批判の対象となる「現今」の仏教が、「三百年」ほど前から始まることが述べられる。[12]「現今の衰頽」は「徳川氏の政権」と関連しているとされ、近代仏教の「改良」を提案することと、近世仏教を批判することは、同じ事柄の表裏となる。このような言説は、諸宗同徳会盟の参加者によりすでに促進されていたことは前章で示したとおりであるが、円了によりそれは、彼が掲げた「哲学」の枠内に再構築され、近代的な仏教改革運動の一翼を担う語りとなる。

第二節　明治期の「日本仏教史」にみる近世仏教の位置づけ

本書の第一部・第二章で示したように、「日本仏教史」を描く試みは一八八〇年代半ばからますますみられるものであるが、一八九四年に始まる村上専精・鷲尾順敬・境野黄洋の学術的な営為により、それが一段と本格化する。原坦山や吉谷覚寿の後を継ぎ、東京帝国大学文科大学印度哲学講師をつとめていた専精が、その門下の鷲尾や境野と共に学術雑誌の『仏教史林』を発行し、数年後、『日本仏教史綱』（一八九八年上巻／一八九九年下巻）をも公刊している。後者において、専精は「徳川氏の世は……法は遂に死法となり、僧侶漸く安逸に耽り、元禄の前後、諸宗に非凡の偉僧陸続として出づると共に、其隆盛の頂点は、却て腐敗の端をな」すと述べており、[13]さらに近世仏教に関する以下のような見解を示している。

江戸幕府の政策は、僧侶をして、徒らに位階寺禄を争はしむるに止まり、凡そ徳川氏の創業より、其末代に至るまで、僅に天台安楽派、日蓮不受不施派の興起若しくは真宗の安心紛争等を除きては其争ふところ、多くは

教理或は宗教の本義に関聯するものなく、唯諸寺諸山の権勢を競ひ、其利益を相奪はんとするものに外ならず。(14)

僧徒精神の堕落は反つて甚だしく、啻に寺院によりて師を更ふるのみならず、他人の代付を以て面授面稟に擬するに至り、遂に一人の之を怪むことなく、一宗挙げてその流弊に感染したりし。(15)

後半の引用は、禅宗に向けられた批判であるものの、近世仏教の全面的な腐敗を語るコンテキストのものでもあろう。近世仏教に関して、専精の立場は以上のものであるが、彼は廃仏毀釈の要因を如何に語っているのかを見てみよう。

徳川氏時代の仏教は、「宗門改め」の制度出で、より、神儒二道も、亦其下に属し、上下貴賤の別なく、一に仏教によりて人心を統一し、僧侶は衣食余ありて人の尊敬を受け、僧官僧位の高下、寺院堂宇の宏壮を競ふの外、また殆んと一念の大教に及ぶものなき否運に沈めり、此時に当り、久しくすでに仏教の位地と、僧侶の栄耀豪奢為すなきを疾める神儒二道の徒は、其唱導せる思想の成効を致して、王政復古の大業を見るに及び、忽ち廃仏毀釈の端緒を開〔く〕。(16)

つまり、宗門が味わった社会的・経済的な安定により僧侶が快楽にふけり、それをねたんだ神道・儒教は「王政復古」の事業を開始する。これは仏教を登場させた江戸幕府の崩壊の説明であると同時に、間接的ながらも廃仏毀釈を僧侶自身の態度に還元させるものでもある。いずれにしても、廃仏毀釈の諸事件を宗門の人間の責任とする語りは、「仏教史学」の最高権威である、東京（帝国）大学教員の村上専精により、促進されるものとなる[17]。

同じような筋書きは、専精の下でも研究した境野黄洋の語り方にも窺える。一九〇一年公刊の『仏教史要　日本之部』で、彼は「江戸幕府の初めに於ては、〔仏教が〕漸く衰運に傾き居たりし」などと述べ[18]、さらに以下のような近世仏教観を示している。

徳川氏が仏教全体に対する方針は、其の旧慣古例を失はざらしめ、決して新義を唱へ、新規の企をなすことを得ざらしめたり。故に一宗、一山、一寺の末に至るまで、悉く先格に拠らしめ、力を用ふるところは、自ら形式に流る、に至れり。徒らに衣服、車輿、座次、位階などをのみ重んじて、専ら其の勢力を競はんとしたるは之によるなり……邪宗門禁制は、仏教に一大権力を与へ、之に加ふるに朱印黒印を以てし、僧侶の安逸に耽りしは已むを得ざるなり。これ明治維新の際に於て、仏教が一時に悲惨の状に陥りし所以なりとす[19]。

ここでも、廃仏毀釈は近世僧侶の堕落との関係において説明されていることがわかる。ただし、このような近世〜近代の仏教史の語り方は村上専精の周辺の研究者に限るものではなかった。その身近な学者でもなく、仏教専門家でもないと自称していた石原即聞（生没年不詳）も[20]、当時の「中学程度の学校の教科書に用ゆる」べく記した著作において[21]、以下のように述べている。

徳川時代の仏教は幕府の保護を得、法度、階級を整へ、寺田寺領を豊かにして寺檀の関係を厳にし、僧侶をして戸籍を、掌らしめ、耶蘇教蔓延の防禦手段となせしが如く、一見当代の仏教は頗る隆盛に赴きしが如しと雖ども、事実は之に反して仏教徒は徒らに三百年の太平を夢みて長夜の安眠を貪り、また何等の活動をもなさゞりしなり。此の徳川時代は儒教の隆盛を極めし時代にして恰も仏教がかつて時代文明の中心となりしが如く徳川時代の文明の中心となりしものは実に儒教なりしなり。[22]

石原はこうして、儒教の役割を重視した近世宗教・思想像を描写しているが、彼もまた、明治初年の神仏分離政策を僧侶の堕落との関連において説明している。[23]さらに、印度哲学および仏教（史）学のみならず、こういった筋書きは生じつつあった「宗教学」の枠組みにも入り込む結果にいたる。東京帝国大学文科大学宗教学講座の初代教授である姉崎正治（一八七三〜一九四九）は、一九〇七年に英語で出版された *The Religious History of Japan : An Outline*（「日本宗教史概観」）において、村上専精や境野黄洋に通じるような立場を示している。姉崎によれば江戸時代に入ると仏教が「眠り始める」のであり、僧侶は「段々腐敗して来る」のである。[24]かかる「腐敗」が廃仏毀釈の要因であったとまでは述べていないが、その「損害」により仏教は「精神上の覚醒」ができる状態におかれた、という。[25]

つまり、「日本仏教史」および「日本宗教史」といった物語が成立するこの時期に、①徳川幕府による仏教の保護、②僧侶の腐敗堕落、③儒者・国学者による排仏論の多量化、④神仏分離政策および廃仏毀釈の諸事件、という筋書きが疑えないような「事実」と化していく。それまで「僧風刷新」や「仏教活論」といった動きのなかで促進された、〈現今仏教の衰微〉を〈江戸幕府〉との関係により説明するような試みは、今や「歴史History」なる言説枠において再構築され、新たな段階に到達する。次節、近世仏教のアンチテーゼとしての「鎌倉新仏教」という問題について触れたい。

第三節　近世仏教の「衰微」と鎌倉新仏教の「隆盛」

「鎌倉新仏教中心史観」は「近世仏教堕落論」と同様に、日本仏教史学を左右してきた大きなパラダイムのひとつであり、現代の研究者の誰もが直面せざるを得ない問題でもある。本書の第一部で、筆者は「日本仏教」の語り方との関係による「鎌倉新仏教中心史観」の成立を描写しているが、本章では異なる視点より、「近世仏教の衰微」なる言説との関係においてそれを再考したい。まずは、鷲尾順敬が一九一一年に発表した「仏教史学より見たる日本天台」における以下の発言に注目したい。

> 徳川時代の仏教と云ふものは実に沈滞して居る、日本仏教史一千年以来見ることの出来ない程失墜して居る。日本仏教として徳川時代程暗黒時代はない、堕落時代はない、其暗黒、其堕落に引続いて此明治の仏教と云ふものがあるのであるから、兎角明治の仏教の牽制を受けるのは、徳川時代の仏教の遺習である、現に其時代の老僧等が居られるのであるから、其時代の仏教を標準にして今の仏教に向って批難をせらる……。其時代の仏教を標準にしてはなりません。三百年四百年五百年六百年と遡って、仏教の形勢を見て参考して今後の布教の方針を立つるのはよいが、徳川時代の仏教思想に養はれた思想では前途の発達と云ふものを阻害せられるであらう。(26)

ここで鷲尾は、今後の仏教を考えるとき、何を標準にしなければならないのか、ということを問題にしつつ徳川時代の仏教を批判する。もし具体的に何かを標準にしようと思えば、それは一四世紀より一七世紀初頭に至る仏教を標準にすべきである、という見解である。さらにその発言において、現今の仏教が「牽制」を受ける理由を、徳川時代よりの「遺習」に見出し、「日本仏教として徳川時代程暗黒時代はない、堕落時代はない」として、それを将来の仏教を考えるときに標準にしてはいけないという。つまり仏教の「標準」は中世に求めるべき、という主張である。

しかし今後の標準となるべき「一四世紀より一七世紀初頭にいたる仏教」は、具体的に、如何なるものを指しているのであろうか。それはもちろん、比叡山や高野山を中心とするいわゆる「旧仏教」ではなく、法然などが開いたとされる「新仏教」であることは容易に想像できる。鷲尾による「鎌倉新仏教」の語り方は第一部で検討した「日本仏教」言説との関係において展開されており、以下のように示されている。

> 今日では真宗の開祖親鸞上人の位置も大きく日蓮宗の開祖日蓮上人の位置も大きい、今日の位置は大きいけれども其時代に於ける位置は小さい、小さいが彼等は日本仏教の特徴である実際的であり、社会的であると云ふ発達を代表してゐる一人である。二人である、斯う解することができる。[27]

鷲尾が上記の「仏教史学より見たる日本天台」を発表した三ヶ月後の一九一一年七月に歴史学者の原勝郎（一八七一～一九二四）が「東西の宗教改革」を発表し[28]、同年に社会主義運動家の木下尚江（一八六九～一九三七）も『法然と親鸞』を公刊している[29]。それに加え、わずか数年後の一九一六年に倉田百三（一八九一～一九四三）はポピュラーな親鸞像を描いた戯曲「出家とその弟子」をも発表している。原は鎌倉仏教（ことに浄土教）と欧州プロテスタンティズムの類似点に注目し、比較史学の視点から日本列島における「宗教改革」なるものを指摘している。一方、日露戦争期の国家主義を批判した人物である木下は、[30]その著作は「学術的」とはいえないが、原の論文と同じように「宗教改革」を掲げ、かつ貴族的な仏教に対する民衆的なそれを提唱した法然および親鸞の〝壮大な事業〟を語る。さらに倉田の戯曲により、「親鸞は「民衆」のなかに「人間」の典型として復活し、解放され、親しまれることとなっていった」と柏原祐泉が評価している。[31]木下や倉田が描いた親鸞像が、本書の第一部・第三章で取り上げた高楠順次郎のそれとはまったく異なるものであることは想像のとおりである（なお、高楠が倉田の「出家とその弟子」に対する批判を示したことも、念頭に置くべきであろう）。[32]

つまり、この時期においてはナショナリズム、社会主義運動、人道主義文学、比較史学といったさまざまな方面から、「鎌倉新仏教」を代表するような僧侶（ことに親鸞）が謳われる。それらの語り手の政治性は異なるにせよ、「鎌倉新仏教」は以前よりもまして俎上に乗せられ、その精神を喪失した後の仏教は自然と、それとの対比においても批判されるようになったため、「近世仏教の衰微」という言説の定着力が高まる。これは要するに、いわゆる「鎌倉新仏教中心史観」の原型が現れる時期でもある。[33]

ちなみに、「近世仏教堕落論」を体系化した辻善之助の仏教史観からして、「腐敗堕落」という言葉で語られるのは江戸時代の仏教のみならず、彼が一九四四年公刊の『日本仏教史　上世』において「天平半ば以後寺院僧侶の腐敗堕落」と指摘しているように、[34]平安時代の仏教に関しても同様である。磯前順一は以下のように説明している。

鎌倉新仏教という概念を前提として、日本仏教の通史を古代から近代まで本格的に網羅した仕事が、辻善之助によって『日本仏教史』（岩波書店、一九四四～一九五五）として著されることになる。／辻は近世の日本仏教を、それが徳川幕府によって葬式儀礼と檀家制度のみに制度化されてしまい、かつて鎌倉新仏教が蘇生させた超越的性質を喪失したとして一種の堕落であると厳しく批判した。その批判は、ビリーフとプラクティス、すなわち教義と身体実践を二項対立的にとらえるプロテスタンティズム的な視点から為されたものであり、教義が西洋的な超越性と結び付けられる一方で、身体実践は日本の土着的あるいは迷信深い日常生活と結び付けられて理解されたのであった[35]。

辻は「鎌倉新仏教」を日本仏教史の頂点として把握しており、平安仏教に対しては向上、江戸仏教に対しては失われた理想として描かれる。要するに、「近世仏教の堕落」の裏面に（あるいはそのアンチテーゼとして）「鎌倉新仏教」という概念が存在した。上記の鷲尾順敬が示す「徳川時代の仏教の堕落」が、それまでの「現今の仏教」に対する批判と、盛んになりつつあった「鎌倉新仏教」をめぐる評価という二つの要素を合わせた語りであることはその証左となろう。こうして中世日本の「新仏教」こそ、今後の仏教を考えるに際して「標準」にできるものであるという言説が根付くにつれて、「近世仏教の堕落」というイメージもますます深まっていくわけである。

第四節　辻善之助の歴史叙述における廃仏毀釈の位置づけ

堕落論の提唱者として記憶されている辻善之助も[36]、以上のような議論を踏まえて自らの近世仏教像を提示している。後世の学者による辻理解、辻の政治性などは、その詳細は次章において検討することにしたい。本節では差しあたり、前節までに描いてきたような言説が、直接的に、辻の著作において如何に受け継がれているのかをまず示しておきたい。その手がかりとして、辻の「廃仏毀釈」をめぐる理解を考えたい――仏教史を「近世」と「近代」にわけるとも言えるその諸事件を、辻は「近世仏教の衰微」に直接つなげ、一九三一年公刊の『日本仏教史之研究続編』所収の論文において次のように説明する。

神仏分離の原因について、色々のことが考へられる……排仏論の影響、其排仏論は学説の上から出たものもありますし、或は国家経済の上から考へた排仏論もあります。其排仏論の影響と云ふことも、一つの大きな原因になつて居るであらう。又僧侶の腐敗と云ふこともあります。是は古く室町時代から萌して居つた仏教の衰微、から萌して居る。それが徳川時代になつて益盛んになつて居る。又仏教の本質寺院の本質其物に付いても、一般に民心が仏教を離れて居つたと云ふこと、僧侶及び寺に対して一種の軽侮をなすやうな傾向が、室町時代色々の点から、それが形式文化の弊に陥つて居つたと云ふやうなこともあるのであります。それと共に檀家制度の弊と云ふことが、かなり激しかつたやうである。是が神仏分離の一つの原因をなして居るのであらうと云ふやうなことも述べて置いたのであります。(37)

辻はこのように、神仏分離の原因を排仏論の氾濫および僧侶の堕落に見出していることは明らかであろう。ただし彼は同書の異なる箇所において、「排仏思想」そのものの原因を「仏教の衰微」に見出していることも、付け加えなければならない。(38)すなわち、神仏分離政策（およびそれに伴った廃仏毀釈）は、つまるところ、「近世仏教の衰微」の「大原因」として説かれる「僧侶の堕落」に起因したものとなるであろう。辻の語り方において、仏教に対して嫌悪感を抱いていた「民心」は仏教から「離反」(39)し、その不満が臨界に達したところで、廃仏毀釈として現れた。

そして僧侶は廃仏毀釈によって、やっと自らの「堕落」に目覚め、改革を図ろうとした、という筋書きである(40)。以下の発言に着目したい。

神仏分離は、一面に於ては、少なからざる弊害を醸したと、もに、他の一面に於ては、また多少の利益をも齎したのであつた。利益とは何ぞや、曰く、僧侶の覚醒を促したことである。江戸時代二百六十余年間、徳川氏の保護政策によつて、惰眠を貪つて居た僧侶は、一朝にして保護者を失うたのみならず、廃仏といへる凄じい嵐に吹きさいなまれた……。僧家は一般に強い刺激を受けた。自家の位置を顧みて、今は頼むべきものなく、たゞ自ら立たねばならぬことを覚つた……。仏教の精神を維持すべき僧宝が目覚めしめられたことは、確かに明治仏教界の為めには喜ぶべきことであつた(41)。

つまり、辻は廃仏毀釈を否定的に捉えず、むしろ逆に、それをきわめて〝幸〟なることとして捉える。ただし、廃仏毀釈以前の仏教界は「惰眠を貪つて居た」が、廃仏般釈という〝幸〟なることによって「覚醒」の機会が与えられた、という語り方は辻に始まるものではなく、むしろ明治初年における仏教界の指導層や、のちには村上専精のような僧藉を有した仏教（史）学者によりすでに唱えられ、ひとつの常識をなしていたことは、見てきたとおりである。以上、廃仏毀釈とその要因をめぐる語り方のレベルで考えれば、辻と以前の研究者との否定できない共通点が見えてくる。辻は、廃仏毀釈の諸事件を重視し、それを境目として「以前の仏教」の衰微と「今後の仏教」の可能性を念頭に置いた語り方を展開しており、いわば「近世仏教」を戦略的に記憶させる歴史叙述を行った。かかる近代仏教者の試みについて、先学者のジェームス・ケテラーは以下のように述べている。

明治のイデオローグたちやこの時代を研究対象とした後世の学者たちは的外れにも、仏教が「堕落」していたから廃仏毀釈という措置がとられたとし、その政策を正当化しようとした。こうした判断は、社会そのものの再定義の企て――「あらゆる旧弊を一洗する」――という、いっそう幅広いコンテクストから理解されなければならないはずである。(42)

「辻善之助」という人物が「近世仏教堕落論」の提唱者として後世に認識されるようになる過程で「辻史学＝実証史学」という言説が果たした役割は次章において検討したい。ここではまず、彼が廃仏毀釈という暴力的な事件とそれ以前の僧侶を如何に記録するかにより、新たな世界における仏教界のアイデンティティ形成に貢献したことを指摘したい。辻を含む近代日本の仏教研究者・仏教活動家は、こういった語り方により、明治維新以前（すなわち近世）の僧侶を否定し、「覚醒」した仏教の今後を望んだ。ただし、辻は同時代の仏教界を肯定的に捉えていたとも言えず、躊躇しながらその現状を語ったことも事実である。詳細は次章に譲りたいが、当分は以下の発言に注目したい。

以上僧侶の覚醒の例によって考ふるに、神仏分離に伴ふ廃仏は、その弊害ばかりでなく、一面に於て、多少の利益をも齎したといはねばならぬ。即ち僧侶の不健全なる分子を篩ひ落し之を淘汰した。……江戸時代における僧侶は、最早世間よりは全く厭き果てられ、棄て去られ、心ある者よりは指弾せられ、軽賤侮蔑の的となつて居たのであるから、明治時代になつては、尚甚だしく、全く世に歯せられざるに至り、仏教の衰微の極に達したであらう。然るに、明治時代中頃より、仏教が多少とも息を吹きかへし、命脈をつなぎ、更に幾分か活動するやうにもなったのは、一に明治初年における僧家一部の憤起反省の賜であつた。而してその原由は、偏に廃仏が与へた刺戟によるものといはねばならぬ。(43)

後ほど確認するように、辻は早い段階より、当時の仏教界に対して非常に批判的であったが、その原因としてはおそらく、僧侶が刷新の機会を与えられつつも、それに乗じなかったことも考えられる。いずれにしても、仏教界の刷新を促す歴史叙述――すなわち、近世の僧侶を全面的に非難し、明治初期の宗教政策を境目として捉える語り――が、辻善之助という人物によっても展開された事実は、上記で示したとおりである。

おわりに

本章では、明治中後期に成立した仏教の「科学的」研究に焦点を当ててきた。明治初期までには僧風刷新運動の枠組みに限られていた「現今の仏教」への批判は、とくに「日本仏教」の歴史的研究が盛んになっていくにつれて、「学界」に入り込み、「近世僧侶の堕落」は〝客観的事実〟のレベルまで達する結果が生み出される。

以上を踏まえて、近世仏教堕落論という言説は、次のような歴史的意義を持つと言えるであろう。明治維新の際に、「仏教界」は政治界やキリスト教の渡来による危機を乗り越える手段として、受けていた批判を一通り、「認めている」。しかし、それは戦略的ともいうべきもので、新時代における仏教の位置づけを視野に入れたものである。悪いのは「仏教」ではなく、「僧侶としてすべきことをしていなかった維新以前の僧侶」である、といった弁護を行うことによって「仏教」の赦免を得るようにつとめたのである。多くの仏教者にとって、「日本将来の宗教如何」

という問いに対する答えは、もちろん「仏教」であった。しかし、「今の形での仏教は日本将来の宗教」となり得るのかと訊かれた場合、そうではない、今の形は本当の形ではない、と彼らは答えざるを得なかった。また、今後の仏教は何を標準にすればよいのか、という話になった際に、それに対する答えはさまざまであったが、とにかく江戸時代の仏教はそのあるべき姿ではないことが主張された。つまり、近世仏教堕落論は明治初期の廃仏毀釈を経た仏教集団が近代仏教として再出発するために必要な語り方であった。

次章、後世の学界が「近世仏教堕落論」の提唱者として認識した辻善之助という人物に焦点を当てて、彼が「仏教の衰微」を語るにあたっての独特の立場、およびその理論的な根拠について考察したい。

註

（1）原坦山「贈人時得抄書略」（秋山悟庵編『坦山和尚全集』光融館、一九〇九年）、一九〇頁（原漢文）。

（2）原坦山「印度哲学の実験」（『坦山和尚全集』、四四～四五頁）。ちなみに、坦山と隔年で仏教を講じるようになる真宗大谷派の僧である吉谷覚寿（一八四三～一九一四）は、同僚の原坦山とは異なり、現今における仏教のあらゆる形態の要因を僧侶の態度に見出さず、釈迦自身の教えに求めた。吉谷は一八八六年公刊の『仏教大旨』（表紙に *A Brief Account of Japanese Present Buddhism* という英題が記されている）において、仏教諸宗の起源を以下のように説明している。

仏教の宗派ハ後人ノ誤解倒置セシヨリ差異ヲ生セシニハ非ス随器開導授与経法ニテ固ヨリ一仏ノ説法ノ上ニ差別アリ故ニ其諸教ノ中各自ノ尊信スル有縁ノ教法ヲ根拠トシテ開宗スルカユエニ理トシテ宗派ノ別ヲ生セラルヲ得サルナリ（『仏教大旨』、仏書出版会、一八八六年、四四頁）。

（3）日本における「宗教 religion」言説の定着に関しては、山口輝臣『明治国家と宗教』（東京大学出版会、一九九九年）、磯前順一『近代日本の宗教言説とその系譜――宗教・国家・神道』（岩波書店、二〇〇三年）、島薗進「近代日本における〈宗教〉概念の受容」（同・鶴岡賀雄編『宗教〈再考〉』ぺりかん社、二〇〇四年）、および星野靖二『近代日本の宗教概念――宗教者の言葉と近代』（有志舎、二〇一二年）などを参照。

（4）山口『明治国家と宗教』（二九～五五頁）、あるいは同「宗教と市民の誕生」（歴史学研究会・日本史研究会編『日本史講座・第八巻――近代の成立』東京大学出版会、二〇〇五年、三〇～四〇頁）を参照。

（5）井上円了『真理金針』（東洋大学創立一〇〇周年記念論文集編纂委員会編『井上円了選集　第三巻』東洋大学、一九八七年）、二五〇～二九七頁を参照。

（6）末木によれば、『真理金針』の刊行を境目に、「井上は護法愛国……の仏教イデオローグとして、キリスト教排撃に立つ」ようになる（末木文美士『明治思想家論』トランスビュー、二〇〇四年、五三頁）。

（7）井上『真理金針』（『井上円了選集　第三巻』）、一四一頁。

（8）井上円了『仏教活論序論』（『井上円了選集　第三巻』）、三三七頁。原著は一八八七年。

（9）こうした語り方は仏教界を超えて、仏教とは無関係のもの、そしてまったく別な目的で用いられるようになった。「日本将来の宗教如何」という議論がされると同時に形を成しつつあった大日本帝国憲法も、そういった言説の下に起草された。枢密院における憲法審議開会の辞ともいえる伊藤博文議長の「起案ノ大綱」（一八八八年、憲法審議開会における辞）において、「仏教の衰退」をめぐる発言もみられる。たとえば、

今憲法ヲ制定セラルヽニ方テハ先ツ我国ノ機軸ヲ求メ、我国ノ機軸ハ何ナリヤト云ウコトヲ確定セサルヘカラス……欧州ニ於テハ……宗教ナル者アリテ之カ機軸ヲ為シ、深ク人心ニ浸潤シテ人心此ニ帰一セリ。然ルニ我国ニ在テハ宗教ナル者其力微弱ニシテ一モ国家ノ機軸タルヘキモノナシ。仏教ハ一タヒ隆盛ノ勢ヲ張リ上下ノ心ヲ繋キタルモ、今日ニ至テハ已ニ衰替ニ傾キタリ。神道ハ祖宗ノ遺訓ニ基キ之ヲ祖述ストハ雖、宗教トシテ人心ヲ帰向セシムルノ力ニ乏シ。我国ニ在テ機軸トスヘキハ独リ皇室アルノミ……（伊藤博文「起案ノ大綱」『枢密院会議議事録　第一巻』東京大学出版会、一九八四年、一五六～一五七頁）。

ここにおいては、井上円了とよく類似した語り方がなされている、つまり現今の「宗教」は「微弱」なるものであり、そのなかでも「仏教」はむかし「上下ノ心ヲ繋」ぐものであったが「衰替」に至った。井上円了の結論はそれとはまったく異なるものであったとしても、「衰替」の部分が繰り返され、仏教が「日本将来の宗教」となるべき

であると考えていた者のあいだにも、そう考えていなかった者のあいだにも、共通の言説であったことがわかる。

(10) 井上『真理金針』、一九七頁。

(11) 井上『真理金針』、一九九頁。

(12) やや時間が経つが、一八九八年に清沢満之が宗門改革運動の枠において、『教界時言』に記載された「仏教者盍自重乎」という論文で次のように述べている。

　要するに僧侶の通弊は、漫に仏道を高遠に推して自ら卑陋の境に安んじ、其結果益す退歩堕落するに在り、自行に於て然り、化他に於て然り、之を先進の輩に視るも然り、之を後進の徒に視るも然り、凡そ仏教界諸般の現象此弊を以て着色せられざる者あるを見ず、而して仏教の衰頽今日に至りたるもの職として是に由る、顧ふに過去三百年の仏教は殆ど死仏教たりしなり。（清沢満之「仏教者盍自重乎」大谷大学編『清沢満之全集　第七巻』岩波書店、二〇〇三年、一四三頁、原著一八九八年）。

(13) 村上専精『日本仏教史綱　下巻』（金港堂、一八九九年）、一四九頁。

(14) 村上『日本仏教史綱　下巻』、二三六頁。

(15) 村上『日本仏教史綱　下巻』、一九五頁。

(16) 村上『日本仏教史綱　下巻』、二四五頁。

(17) 一八九九年公刊の『批判的日本仏教史』において、足立栗園も以下のように、専精に通じるような立場を示している。

　慈雲の起りしは、以て教界堕落の反映と見るべく、而して又かく戒律論の必要視せられしは以て仏教益々其古来の真相を夫〔失〕ひ、政教相資の事実終に欠如たりし故なりしと認むべし。仏教はかくの如くして、終に半死の宗教と為れり。／……政教相資の績や、終に挙げ得ざるなり、儒道乃ち全然国民徳化の職を奪ひ領し、神道乃ち国民の信仰を拉し去らんとす。幕末の仏教難は、実にこれ此宗存廃の危機を示せるものにあらずや（足立栗園『批判的日本仏教史』警醒社書店、一八九九年、三八三頁）。

(18) 境野黄洋『仏教史要　日本之部』（鴻盟社、一九〇一年）、一九〇頁。

(19) 境野『仏教史要　日本之部』、三〇〇～三〇一頁。

(20) 石原即聞『日本仏教史』（帝国百科全書［第一一八編］、博文館、一九〇四年）、序。
(21) 石原『日本仏教史』、「例言」一頁。
(22) 石原『日本仏教史』、二八一頁。
(23) 「徳川氏の時代よりして神道興隆して所謂神国思想漸く高まり、且つ此の時代の仏教は漸く太平に慣れて腐敗せし為め僧侶にして儒に投ずるものあるに至り而して儒教の興隆を極むると共に当時の儒者は皆仏教を以て異端邪説となし……当時の学者輩皆書を著はして仏教を排撃し……これに加ふるに国学者の輩出するありて排外排仏の気焔を高め、本居宣長の如き、平田篤胤の如き其の最たるものなりき。斯くの如く徳川氏の末葉より神儒二道の学者並に国学者の輩出するありて排外排仏の風潮を起し、神国思想を鼓吹したりしのみならず、嘉永年間彼の亜米利加よりペルリの来りて通商を求むるに当りて徳川幕府の処置宜しきを得ざりしかば遂に勤王の大義を唱出するもの起りて遂に王政復古の大革新を見るに至れり」（石原『日本仏教史』、二九八～二九九頁）。
(24) Anesaki Masaharu. *Religious History of Japan : An Outline* (Tokyo : Anesaki Masaharu. Revised for private circulation from the article written for the Encyclopedia Americana, 1907) 訳者名不記「日本宗教史概観」、同『宗教と教育』博文館、一九一二年、三九七～三九八頁（島薗進編『姉崎正治集　第五巻』［クレス出版、二〇〇二年］に復刻）。なお磯前順一によれば、「日本宗教史概観」は姉崎「自身の手によって日本語に翻訳されている」のである（「〈日本宗教史〉を脱臼させる――研究史読解の一試論――」『宗教研究』第三五七号、二〇〇八年、四六頁）。
(25) 姉崎「日本宗教史概観」、四〇五頁。
(26) 鷲尾順敬「仏教史学より見たる日本天台」（『仏教史学』第一号、一九一一年）、五八～五九頁。
(27) 鷲尾「仏教史学より見たる日本天台」、五六頁。
(28) 原勝郎「東西の宗教改革」（同『日本中世史の研究』同文館、一九二九年）。初出一九一一年。
(29) 木下尚江『法然と親鸞』（金尾文淵堂、一九一一年）。なお、この著作は山極圭司・他編『木下尚江全集　第八巻』（教文館、一九九三年）などに所収。木下の生涯および仏教理解に関しては、森竜吉「木下尚江の二つの回心――彼の生涯と思想における仏教の役割についての試論――」（『宗教研究』第一九三号、一九六七年）を参照した。
(30) たとえば、原佑介「木下尚江の「大日本魂」批判」（『コア・エシックス』四、二〇〇八年）を参照。

（31）柏原祐泉『日本仏教史――近代』（吉川弘文館、一九九〇年）、一七五頁。なお、「出家と其の弟子」の詳細をめぐる考察は、末木文美士「迷走する親鸞――『出家とその弟子』考」（『季刊日本思想史』第七五号、特集「近代仏教」、編集責任：林淳・大谷栄一、二〇〇九年）を参照。

（32）柏原『日本仏教史――近代』、一七四頁。高楠による倉田への批判は、『真宗の信仰と戯曲「出家と其弟子」』（大日本真宗宣伝協会、一九二二年）。

（33）「鎌倉新仏教中心史観」の形成をめぐる概括的な研究は現時点では見られていない。しかし近年、問題がさまざまな角度から迫られ、かかる史観における側面の多様性が明らかになってきた。たとえば、明治期の思想家が鎌倉仏教を「平民的」と意義づけたことにこの史観の本質を求める森新之介の論考（「鎌倉平民仏教中心史観の形成過程――明治における平民主義と仏教史叙述」『近代仏教』第一九号、二〇一二年）や、より広く、「近代仏教」そのものと密接な関係で成立してくる「鎌倉新仏教」という概念について指摘する福島栄寿「〈近代仏教〉再考――日本近代仏教史研究と「鎌倉新仏教」論」（『日本仏教綜合研究』第一〇号、二〇一二年）を挙げることができる。そのほかには、本書の第一部において展開した試論や、本節で為されている指摘に加え、主に末木文美士『日本仏教思想史論考』（大蔵出版、一九九三年）のⅠ部「方法と視座」（とくに「四　日本仏教――即身成仏論を中心に――」）やⅢ部「日本仏教の展開」（「十五　鎌倉仏教研究をめぐって」）、末木『平安初期仏教思想の研究』（春秋社、一九九五年、特に序章の「課題と方法」）、末木『鎌倉仏教形成論』（法藏館、一九九八年、とくにその第一章「顕密体制論の再検討（一）――黒田俊雄説をめぐって――」）や SUEKI Fumihiko "Buddhism in the History of Japanese Religion : Research History and Research Methods" (*Acta Asiatica*, v. 91, 2006) を見よ。さらに、石塚純一「〈鎌倉新仏教〉という名辞」（高木豊・小松邦彰編『鎌倉仏教の様相』吉川弘文館、一九九九年）も非常に示唆的であり、彼は近代日本の教科書やその他を参照しつつ「鎌倉仏教」をめぐる語り方の持続と変容を考える。そして和田（岸田）有希子「日本中世における臨済禅の思想的展開」（東北大学大学院文学研究科、二〇〇六年度提出博士論文）をも参照されたい。その序章「日本中世臨済禅研究の問題点――兼修禅‐純粋禅パラダイムの淵源とその問題点」において、近代日本の禅研究が再検討され、「鎌倉新仏教中心史観」の成立という問題の理解に有益な指摘がなされている。

(34) 辻善之助『日本仏教史　上世』(岩波書店、一九四四年)、一八二頁。
(35) 磯前順一「〈日本宗教史〉を脱臼させる――研究史読解の一試論――」、五五～五六頁。
(36) 「第二部・緒言」の註(1)および(3)、そして次章を参照。
(37) 辻善之助『日本仏教史之研究　続編』(金港堂、一九三一年)、六二八頁。
(38) 辻『日本仏教史之研究　続編』、五二八～五三一頁。たとえば以下の発言に着目しよう。
斯様にして形式仏教に対する嫌厭不満の情は、民心をして自ら儒教に向はしめて、排仏の思想が起つた……。／江戸時代に於ける仏教の衰微は、儒学が僧侶より離れて、俗人に移つたことに於ても見られる。即ち反仏教の傾向、世俗的傾向があつて、儒者の初め僧衣を着た者も、後には之を脱いだ。藤原惺窩、林道春、谷時中、山崎闇斎の如きは、その著しい例である(前掲著、五二八～五二九頁)。
(39) 辻『日本仏教史之研究　続編』、五一六～五一七頁。
(40) この点は、林淳によっても指摘されている。彼は辻の見解をまとめて「近世仏教は堕落していたから、廃仏毀釈の憂目にあったという。その危機を体験して僧侶の陶汰が行われ、明治時代には僧侶は覚醒した」と述べている(林淳「辻仏教史学の継承と批判」田丸徳善編『日本の宗教学説』東京大学宗教学研究室、一九八二年、六九頁)。
(41) 辻『日本仏教史之研究　続編』、七五八頁。
(42) ケテラー、ジェームス『邪教／殉教の明治――廃仏毀釈と近代仏教』(岡田正彦訳、ぺりかん社、二〇〇六年)、二九九頁。
(43) 辻『日本仏教史之研究　続編』、七八五～七八六頁。

第三章

僧侶批判と「実証史学」

辻善之助をめぐって

歴史家が研究に向って行く場合の立場を最初に掴んでおかないと、歴史家の研究を十分に理解することも評価することも出来ない。

E・H・カー

はじめに

近代日本における仏教史研究を考える際に、「国史学者」の辻善之助は挙げるべき名であることに異論を呈する者はいないであろう。一八七七年四月十五日、現在の兵庫県姫路市元塩町、真宗大谷派の熱心な門徒の家庭に生まれた辻は、[1] 学生時代より日本仏教史研究に大きな関心を寄せており、一八九九年七月に東京帝国大学の国史学科を卒業すると「政治の方面より観察したる日本仏教史」という専攻題目で大学院へと進学し、仏教研究者と国史学者との近接の必要性を主張した同郷の三上参次（一八六五～一九三九）の指導を受けつつ、仏教学者の前田慧雲や村上専精の講義にも継続的に出席した。

このような経歴を持つ辻は、「仏教学」でもなく、「宗教学」でもなく、「国史学」の枠組みにおいて「日本仏教」を体系的に扱った最初の人物であるといってもよい。辻は「宗教」のみならず、政治・経済・社会なども視野に入れ、史料学を含む広義での「国史学」を「日本仏教史」に対して試み、その畢生の大著として残ったのが一九四四年より一九五五年にかけて公刊された『日本仏教史』（全一〇巻、岩波書店）である。辻善之助のこの著作で、仏教史研究の第一歩を踏み出した研究者は少なからず存在し、その価値は今日なお否定できないものである。しかし、この辻仏教史学の成果の重要性、あるいは広範な読者の存在という事実に比べ、辻という人物が「仏教史」を描くにいたったその問題意識までをも理解しようとする者は非常に少ない。そのわずかな事例のなかで最も早いものとして、辻が他界した直後の一九五六年に発表された藤谷俊雄の「仏教史家としての辻善之助の位置」がある。藤谷は次のように述べる。

〔『日本仏教史』全一〇巻の〕意義はあんがいに見過ごされているのではなかろうか。このことをたんに、彼〔辻〕の学風が実証的であったから時勢の変化に堪えたのだと片づけてしまってよいだろうか。なるほど、そのことも真実であろうが、われわれは彼のこのような大著を戦後の日本において出版することを可能にした主観的、および客観的な条件をも少し深く歴史的に考えてみる必要があるのではなかろうか。[2]

藤谷の言葉は、五〇年以上を経た今日においてもなお、その有効性を失っていないであろう。[3] すなわち、以下にも検討するように、仏教史学者としての辻の評価は未だ、「実証主義」や「客観性」がキーワードとなっているからである。たとえば、辻の直弟子である坂本太郎（一九〇一～一九八七）と玉村竹二（一九一一～二〇〇三）は、以下のように述べている。

辻善之助教授は……史料編纂掛事務主任というので、その主任室で日本仏教史の講義を……行った。出席者は数名しかない。教授は……克明なノートを持っておられ、事実をこまこまと述べられた。[4]

辻先生の仏教史にはノート（講義案）がなかった。史料の綴だけがあって、それをあちこちめくって講義をされた。よって、史料と史料をつなぐ地の文章を是非必要としたので、誰人かに聴講させて、全講義文を筆記せしめ、之を基にして、尨大な日本仏教史の通史が出来上がったのである。[5]

二名が聴講した時期には、一〇年ほどの差もあり、辻の講義ノートに関する記述においても相違がある。しかしながら、これらの言表においては、辻はその仏教史講義において事実を詳しく述べたこと、またはその発言は「史料と史料をつなぐ」ためのものであったという点では共通している。坂本はさらに、辻の学問に関して、以下のようにも述べる。

博士は大学卒業とともに直ちに大学院に入り、「政治の方面より観察したる日本仏教史」を研究題目とせられた。これは博士の生涯の学問を規定した重要な選択であったが、一面、学界の虚をついた適切な題目でもあった。何故ならば、仏教の史的研究は、そのころ仏家内での自家本位的なものや、大日本史流の排仏的なものに傾き、公平な史家の立場から広い文化の視野の中にこれを見ることはなされていなかったからである……。博士の学風は広く史料を集めて、それを精選し、確実な根拠に立って穏健な結論を引出すという、史学研究の正道を推し進めたものであって、かりそめにもそれを踏みはずすことはなかった。新奇を求め秀抜を衒う人にはあきたらなかったかもしれないが、結論に磐石の重みをもち、百年の風霜に堪えて不朽の価値を失わないものは、これを博士の学問において見るといわねばならぬ。[6]

辻より直接に授業を受けた者による回想のみならず、のちに日本史学史を描こうとする者においても、辻は以前の日本仏教史学者と断絶している、という語り方が同様にみられる。松島栄一は、辻を当時、「教団的仏教史もしくは仏教教理史のようなものが、そのほとんどであって、仏教者が自己本位の理論を展開するものが多かったのに対して、日本仏教史を、はじめて科学的、客観的に、しかも日本歴史の展開と関連づけて考察されることとなった点は画期的である」と評価する。(7) 同様に圭室文雄によれば、「辻善之助の学風は、これまでの日本仏教史がそれぞれの教団の宗派単位で語られており、教義史・教団史・歴代高僧伝史であったものを否定し、日本の歴史の展開過程のなかで、仏教が社会的にどのような役割を演じていたのかを追究するところに力点があった」と指摘し(8)、永原慶二も辻以前の「仏教史研究はおおむね教義史あるいは教団史であった。それはおのずからに教団的立場に拘束されがちであって、概して視界が狭い。辻はそうした学問状況に対する明確な批判をもちつつ、仏教史を国家・政治・社会とのかかわりあいのなかで、またうごいてゆく歴史のなかで客観的にとらえようとした(9)」とその学問的な「客観性」を強調する。

これらの発言からは、辻の学問における「客観性」や「実証性」の存在に対する確信と同時に、彼に先行し、「日本仏教史」を描こうと企図した村上専精と辻のあいだに、明らかにある種の断絶が見出されていることがわかる。たしかに村上は辻に比べて「単純に実証史学と言えないところがある」と末木文美士が指摘しているように(10)、辻仏教史学の特徴を「実証性」に見出すことは妥当ではある。しかし、村上もある種の「実証性」に立脚した大乗非仏説論を唱えたために大谷派の僧籍を離れざるを得なくなるほどの反発を受けており、また彼の「哲学史若くは教理史と謂ふべき研究は身を一宗一派に屈托し、宗派の教権の下にありて到底為し得べき業にあらず、超然として宗派以外に立ち、始めてその成果を獲得すべきなり」という発言からも(11)、「実証性」や「客観性」なるものが村上仏数史学においてもきわめて重要な位置を占めていたことがわかるであろう。ならば、「日本仏教史」を描くにあたっての辻の特徴は、どこに見出し得るであろうか。

辻史学はL・フォン・ランケ（一七九五～一八八六）の系譜を引く史料批判に基づいた歴史叙述にその特徴があり、もとより村上と辻というこの両者の仏教史学のあいだには、末木が主張するように科学的 Wissenschaftlich な「実証性」の有無という問題が存在する。そのほかにも、辻は「国史学者」としての養成を受け、その枠の中に活躍し、「国史学」による金銭的な援助で糧を得ていた事実は彼が目指した仏教史研究を理解する際に、きわめて重要である。辻は日本仏教史を、国家権力と仏教を組み合わせたかたちで語るが、これは国家の制度を語ることにより「歴史」の全体を語ろうとする意味での国史学的な欲求を満たし、国史学者としての責務を果たしたとも言えるのではないだろうか[12]。

キーワードが「客観性」であれ「実証性」であれ（それらの表す内容が辻以前のものと異なるにせよ）、前掲の諸発言からわかるように、仏教史の「科学的」研究の嚆矢として後世に記憶されているのは辻であり、この点で彼はそれ以前の仏教史研究と一線を画す存在として異口同音に論じられている。だが一方で、すでにみたように辻の仏教史学は、その「実証的」な側面が強調されるあまり、その研究動機や目的などは見逃されてきたのもまた事実である。ここでは、前章で取り上げた、辻の歴史叙述における廃仏毀釈の位置づけということを念頭に置きつつ、彼がその「日本仏教史」を描くにあたって特別な位置を占めている近世という時代の語り方に焦点を当てたい。なかでも辻が重んじなかったとされる「教理」の位置づけを考え[13]、「実証性」に先立つ辻の試み――すなわち彼の政治性――を指摘し、考察したい。

第一節　辻の近世仏教像

辻は国史科における師であった三上参次の仕事を受け継ぎ、『田沼時代』(日本学術普及会、一九一五年刊)やその他の業績が示すように[14]、江戸時代史の研究にも重点を置いていた。他方、彼の息子の辻達也が辻の主要業績を日本仏教の通史的研究に求めるという態度からも結論づけられているように[15]、辻は江戸時代史家であったと同時に特定の時代を専門としない日本仏教史家でもあった。その主な業績として記憶される全一〇巻に及ぶ『日本仏教史』において、当初一巻のみの予定であった近世篇が、最終的には四巻にわたったことは、辻仏教史学において近世が特別な位置付けを与えられた時代であったことを示しているであろう。

彼の「日本仏教史」において、「近世」なる時代は「仏教衰微」の時代と捉えられており、これがのちに「近世仏教堕落論」として認識される「通説」へと展開したのである[16]。しかしながら、「近世日本=仏教衰微の時代」というパラダイムは、辻以前にも存在しており、この点に関しては林淳[17]、ジェームス・ケテラー[18]、澤博勝(一九六二〜二〇一〇)がすでに示唆しているところである[19]。筆者も前章まで示したように、そもそも「近世は仏教衰微の時代」という言説は——事実としての是非は別として——明治初期の廃仏毀釈を経た仏数集団が、近世のアンチテーゼ、すなわち「衰微」せざる近代仏教として再出発するために生み出されたものであった。そしてこの「宗教界」から発信された言説は、やがて「学界」に入り込み、「科学」的な知識や検証によって補強されていったのである。「宗教者」によって繰り返し糾弾されたために社会的通念となった「近世僧侶の堕落」は、「科学者」によって述べられると、「学知」としての力を得て、より広範な影響力を有するものとなったのである。

辻の最も早い日本仏教史概観と言える「日本歴史に於ける仏教」（一九〇二年発表）において、彼は主に古代・中世を扱い、近世仏教に割く枚数は僅少に過ぎない。四巻も編まれることとなった『日本仏教史』近世篇と比較すると、その態度は大きく異なるようにも見える。しかし、実際には、記述の分量に相違があるとは言え、近世仏教に対する視点の基軸はそれほど変わってはいないのである。たとえば、江戸時代の仏教に関するわずかなテキストの最後部において「日本歴史に於ける仏数」は次のように結論している。

徳川時代の仏教は、一方に、耶蘇教の厳禁あり、仏教は外敵なくして安臥するを得、随て宗学振はず、修学つまず、また一方には、政治上の太平に慣れて、惰眠を貪りたるもので、此時代は宗教にとりては、睡眠の時代といふべきである……。[20]

近世を仏教「睡眠の時代」として捉えるこのような態度は、同論文を著してから五十余年を経た『日本仏教史』完成の段階においてもほとんど変わることはなかった。この論文が発表された約三〇年後、一九三一年出版の『日本仏教史之研究　続編』において、[21]辻は「近世仏教堕落論」を体系的に提示する。そこで、辻は仏教に対する「民心の離反」を指摘し、以下のように述べている。

近世における仏教の衰微の由来を考ふるに、第一に僧侶の堕落が其大原因を成して居ることはいふまでもないことである。第二に仏教の形式化したことである。仏教の形式化は、一般に此時代の文化の形式化に伴ふことであって、必しも仏教のみに限った現象ではない。即ち文化が型にはまり、固定し、凝結し、為めに円滑に流

動せず、弾力を失ったのである……かくの如くにして、民心は、漸く仏教を離れた。(22)

辻が「僧侶の堕落」を〝実証〟するために掲げた史料は膨大な量に上り、彼の晩年に刊行される『日本仏教史』の近世篇の大半がそのような史料によって占められる。ここで、注目すべきことは〝近世において仏教が本当に衰微していたことを証明する事実を、辻は十分に提示しているのか〟ではなく、〝辻は何故、ほかでもなく「僧侶の堕落」を実証しようとしたのか〟という問題である。上述のように、近世日本における「僧侶の堕落」は当時の学界における常識となっていたのであり、辻はその常識にある程度準拠しながら、「実証」作業を行ったのである。こうしてたしかに、「実証性」は彼の仏教史学の根幹に存するが、その指摘だけに甘んじるのではなく、「実証性」の内実そのものの検討が必要なのではないか。以下、その作業に取り組むことにしたい。

第二節　「信仰の形式化」とその語り方

辻は「近世仏教の衰微」には二つの原因があると説明する。「僧侶の堕落」が一つであり、もう一つは「仏教の形式化」である。「形式化」の原因に関しては一九三一年の『日本仏教史之研究　続編』において、

新儀の禁止せられたこと、即ち研究の白由を束縛せられたこと、之に因つて一宗と他宗との争、宗内の同志討が多かつた。例せば浄土宗と本願寺との本名争、東西本願寺の本末制争、各宗内に於ける異安心の争などを挙げることができる。また信仰の内容が形式化した。蓮華往生とか本願寺に於ける小児往生の論争の如きそれで

ある

と述べている。[23] そして、一九三七年の『日本文化と仏教』でもまったく同じ筋書きを提示し、その諸要因をより詳しく述べている。

仏教の形式化の原因の一つは徳川幕府の政策である。徳川幕府は総て新しいことを禁じた。即ち研究の自由を束縛した。これが為めに仏教が籠の中の鳥の如く型に嵌って発展を抑へられ、外に競争するものがない為めにその発達が停滞した。[24]

ここにおいて明らかとなるのは、「形式」と「国家」の関係である。辻にとって、宗教をも含む文化なるものは、国家に束縛されるべきものではなく、幕府のつくった型（鳥籠）のなかで僧侶が活動し、それを越えるための努力をしなかった近世仏教の有様は「形式化」したものであった。つまり、幕府が提示する型（たとえば、機能的な単位としての各々の宗門や本末制度）のなかでしか議論が行われないのである。他の「宗教」との競争がないためにかえって、同じ仏教内での争いが起こる。その例として、浄土宗と本願寺の宗名争い、東西本願寺における本末制争いなどを、辻はその典型として挙げている。もとよりこれらは宗政の次元での「形式化」であるが、他方、「信仰の内容が形式化」した具体例としての「蓮華往生」や「小児往生」の「論争」は、近世「僧侶」が「民」にもたらした弊害に対する辻の理解を明らかにする鍵となるものである。『日本仏教史』（第九巻）には、有名な蓮華往生といふことがある。寛政の初頃に、日蓮宗不受不施派の輩が、上総に於て党を集めて、蓮華往生といふことを始め、衆愚が之に帰依した。その為方は、一の大きな蓮台を作って、信者をその蓮台の上に載せ、生きながら蓮華往生をさせると称して、多数の僧共が之を取巻いて、題目を唱へる中に、蓮の花弁が凋み閉ぢるやうにからくりをして、さてその花弁が信者を包み終へた所で、その尻にあたる所に、穴が穿ってあって、その穴から槍を突き通して之を殺し、さてその花弁を開いて見ると、大往生を遂げてゐるといふ仕掛である……[25]

と述べられている。この箇所で、辻は平田篤胤（一七七六～一八四三）の『出定笑語付録之二』（一八一七年刊）を参照しながら論述しているが、「仏教史学者」である辻の言葉は「排仏論者」である篤胤のそれをほぼ踏襲している。[26]

先述の辻の引用は「衆愚」が僧侶に「騙される」いくつかの事例の一つである。後の宗教民俗学者によって「民間信仰」、または「民俗宗教」におけるダイナミックな信仰のきわめて貴重な事例とみなされるはずのこの蓮華往生の話は、辻にとっては近世仏教における「信仰の内容の形式化」を説明する上で、最初に提示される事例でしかない。もちろん「民間信仰」、あるいは「民俗仏教」などという問題は、「国史学者」たる辻の視野に入っているわけはなく、その仏教史の語り方はおおむね僧侶を中心とするものであり、[27]「民間信仰」的な要素は排除されているのである――つまり、そのこと自体を批判するのは、日本のことわざに言うところの「山に蛤を求める」ようなもので、ほとんど意味はないであろう。そうではなく逆に、ここから彼の「衆愚」に対する見解を拾い上げてみたい。「衆愚」は篤胤の「愚人」という言葉を受けて用いられているが、上述のように、辻は篤胤の言葉を踏襲して、それに批判的検討を加えようとしていない。篤胤はいわゆる「排仏論者」の中でも格別仏教に対する嫌悪が著しく、彼および他の仏教批判者の言葉をそのまま史実として提示する辻は、「排仏論者」の思想的立場について考慮していなかったようにも考えられる。蓮華往生の詳細を検討した加藤和子は、それらが「史実ではない」と結論づけている。加藤は、辻が「仏教の形式化、現実主義」の例証として、『草茅危言』『出定笑語附録』『事実文編』といった蓮華往生関連の話題について触れている史料を挙げている点を指摘した上で、「これはあまりにも無造作すぎる。仏教の形式化、現実主義をここから読みとることは不可能ではないが、「実例」として採用することは考えものである」と指摘している(28)。近世における「堕落僧侶」の一事例として辻が挙げた蓮華往生は、篤胤などの、排仏論者たる者の著作以外には典拠を求めることができないという事実は、辻仏教史学が決して「実証性」という言葉でのみ語られ得るものではないという認識を我々に与えてくれる。

次に、「信仰の内容が形式化した」ことのふたつ目の事例として挙げられる小児往生を考えたい。蓮華往生と同様に、辻は『日本仏教史之研究』所収の論文において、小児往生がそのような形式化の好例であるという以上の指摘はしないが、『日本文化と仏教』においては以下のように述べている。

四代将軍家綱の寛文年中に、本願寺に於て小児往生の論争といふことがあった。それは幼い小児が何も解らない中に、即ち極く短命で死んだとしたならば、その時にその小児はどうしたら極楽へ往生が出来るか、小児自身には何の信仰もなく、南無阿弥陀仏の名号を唱へるといっても、何の為に南無阿弥陀仏を唱へるのか解らぬ。そこでそれを親が阿弥陀如来に頼んで、名代頼みをするのであるが、小児の名代になって頼む名代頼みといふことがどれ程の効力があるか、名代頼みで極楽へ小児が往生出来るか出来ないかといふ問題である。それが非常な喧ましい論争になって長い間議論をした。謂はば議論遊戯といふものであって、宗教の教義の研究が微に入り細を穿つといふことから起ったのであらうが、それはただ学術上の議論ばかりでなくして、僧侶が地方へ布教に行った時に、信徒から、親達が名代頼みをして、小児が極楽往生が出来るかどうかと質問された時に、どう答へればよいかといふ実際問題として非常に難かしい論争が交へられたのである。斯様な論争といふものは、畢竟仏教が形式化したための議論遊戯に過ぎなかったものであって、その議論遊戯に耽って居る間に、一般民衆は、そっと御免を被って、さっさと仏教を離れてしまったのである。(29)

『日本仏教史』においても、辻は小児往生についてほぼ同じことを述べた上で、「之が唯学術上の議論遊戯に止まらずして、布教の上の実際問題として、本山に訴へて、この問題の解決を統一せんとする所に、形式文化の弊を見ることができる」と結論づけている。(30)こうして小児往生は僧侶が布教を行う上での「実際問題」ではあったが、制度的仏教は「民衆」の期待に応えられず、「議論遊戯に耽」った、というのである。しかしながら、小児往生論というまったく同じ現象をみて、辻とまったく逆の結論を導くことも、あるいは可能であろう。辻も認めているように、小児往生をめぐる論争が長く続いたことは、当時の教学が「民衆の実際問題」に応えようとしていた証左であり、民心の離反ではなく、小児往生論こそが民心と仏教の深いつながりを象徴していると読み取ることもできよう。

教学的に言えば、親鸞のテキストでは浄土に生まれるためには称名念仏が前提となっているため、自覚して念仏を実行できない人間は往生できるのか否かが問題となる。辻が述べているように、亡くなった我が子のために念仏を唱えてやれば、その子は往生できるのかという門徒からの問いに、うまく答えられなかった僧侶が大勢いた。日溪法霖（一六九三～一七四一）の「小児往生説」（元文四［一七三九］年述）によれば、この問題は寛文年間（一六六一～一六七二）、越前国に起き、すぐ本願寺に注進に及び、当時の教学のひとつのテーマとなった。「小児往生説」

の以下のような言葉を見よう。

本黌の徒を領し。天台仁王経疏を講せられし時。五月二十日の会に。戒緩乗急の下にて。衆に示して曰。今宗小児往生の事を弁すべし。年来諸方より此義を予（法霖）に問ふもの多し、これに答ふるに。或は口授し。或は筆記して与ふ(31)。

法霖は「諸方」からこの問いがあったからこそ、研究すべきだと考えたことがわかる。さらに、「弁すべし」とされている小児往生の問題は浄土三部経、あるいは親鸞および蓮如といった高僧のテキストにおいて詳しく扱われておらず、寺檀関係が確立する江戸時代の独特な問題と言えよう（寺請制度が「完成をみた(32)」寛文年間［一六六一～一六七二］にますます問題となっていくことも偶然ではなかろう）。周知の如く、『教行信証』の「信巻」には「おほよそ大信海を案ずれば、貴賤緇素を簡ばず、男女・老少をいはず」とされ(33)、そこに小児も含まれているとみなせるので、小児は何らの問題もなく往生できるようにも考えられる。ただし、分別のない小児、つまり自分を阿弥陀如来に捧げるという意思をもって念仏を唱えることができない子供は何をもって往生できるといえるのか、という懐疑はまだ残る。小児往生をめぐる議論はこうして、一七世紀より一九世紀にかけて行われたが、辻が強調するように、それに対する決定的な回答を示している仏教者はいなかった(34)。

しかし、上記でも主張したように、辻が対象とした事例は異なる視座からすれば、むしろ肯定的な評価も可能なものであろう。たとえば、宮田登（一九三六～二〇〇〇）のような民俗学者からすれば、「蓮華往生」は僧侶堕落の事例ではなく、むしろ「民俗仏教」における生きた信仰の事例になっていた可能性も否定できないであろう。同様のことは「小児往生」についても考えられる。宗学上のきわめて困難な問題である「小児往生」は、不断に、近世を通して議論されたことにまず注目すべきである。最終的な答えを示す僧侶がいなかったことは辻の主張した如くであろうが、議論が連続して行われた事実からは、民衆の要求が近世宗学の推進力として存在したという結論も可能である。同様に、日本における学問史・思想史の展開を扱っている者からすれば、近世における小児往生をめぐる論争は貴重な主題となるに違いない。たとえば、佐藤弘夫の以下の発言に注目したい。

江戸時代は各宗において教学の研究が進み、「宗学」が完成する時代だった。江戸期の宗学は現代もなお各宗の教学に大きな影響を与え続けている。そうした宗学のレベルの高さを保証するものが、学問の「実証性」と「合理性」だった。(35)

佐藤の言葉を敷衍すれば、辻の生きていた時代――すなわち「近代」――とは異なる「実証性」と「合理性」というものが、近世において存在していたことが見出されるはずであろう。つまり〝民俗宗教〟、〝寺と民の関係〟、〝宗学の発展〟といった側面から事例を考えると、異なる動向へと結論を導くことも、あるいは可能であろう。しかしここでは、辻は何故に「近世仏教の衰微」といったかたちで結論をしなければならなかったのか、という筆者の関心に引きつけるならば、問題の焦点は〝民俗宗教〟や〝宗学の発展〟ではなく、なぜ僧侶の〝道徳的破綻〟を強調する必要があったのか、というところに逢着する。

辻の「日本仏教史」なる物語は、その主人公が「僧侶」である。辻はたしかに「民」を登場させ、肯定的に捉えてはいるが、それを主人公としていない。辻仏教史学における「仏教」の主体（あるいは「仏教」を「動かす」存在）はあくまでも「僧侶」であり、その点においては以前の仏教史学との連続性をみせる。ただし、辻は初めて（国制史という意味での）「国史学」の枠組みにおいて仏教研究を体系的に行った者であることを考えるとき、それ以前との明らかな断絶を読み取ることもできる。辻が「仏教史」の主人公たる「僧侶」と、「国家」との関係を語ったとき、「仏教」的な側面を満たし、「国史」的な側面も満たすことになる。「近世仏教の衰微」の大原因は、幕府のつくった「鳥籠」のなかでしか活動しない僧侶である、と語ることにより、「僧侶」を重んじる仏教史的な側面と、「国家」を重んじる国史学的な側面は、同じ事柄の表裏となり、「近世＝仏教衰微の時代」という物語が生み出される。そういうこともあり、蓮華往生の「民俗宗教」的な側面も、小児往生に見られる門徒の教学に対しての要求も見逃され、強調されるのは「民」を騙していた僧侶（その洞察の源は平田篤胤！）、または「民」の教学的な要求に答えなかった僧侶である。

史学者に限るものでもなく、過去の再構成というのは、現在のイメージからの類推によらざるを得ない。本節において、辻が語った「日本仏教史」の主人公は「僧侶」であったことを明らかにした。次節で、それは如何なる「現在の僧侶」のイメージにより成り立っているのか、そして如何なる社会構想の下で行われたのか、つまり、「近世仏教史」なる物語の可能な無数の書き方のなかから、辻は何故こういった筋書きを選択したのか、ということに対するひとつの回答を試みたい。

第三節　辻仏教史学の政治性

辻は僧籍を有していなかった「国史学者」であるからと言って、仏教を含めて宗教なるものに対して淡白であったと捉えるべきではない。辻自身はさまざまな場で、仏教に対する熱い想いを吐露している。敬虔な真宗信者であった父からの影響はたとえば、次のような発言に窺うことができる。

　僕が国史科の学生であった時から既に仏教史専門の論文題目を選び、今また大学院の研究題目に、日本仏教史を採ったのは、蓋し知らず識らずの間に家父の感化が然らしめたのであろう。先考は夙くから真宗の篤信者として、常に念仏の聲を断たず、僕がもの心ついた頃には、父は頗る真宗の教旨に通じ、寺詣より帰っては、その日の説教が真宗安心の趣旨に違う所があったといっては、これを非難して居るのを聞いたことがある。[36]

　林淳も示すように[37]、辻はその父を通して、仏教の担い手としての僧侶の特権的な位置を相対化できるような環境で幼児期を過ごした。教義の十分な理解を示さない僧侶のイメージ、僧侶以上に教義を理解する門徒、「仏教」を考える上でその重点をどこに置くべきなのか、その担い手はそもそも誰なのか、という疑問は辻が仏教史を専門にしようとしたことと最初から無関係ではないことが、この発言から窺えるであろう。「仏教」なる「宗教」を誤ったかたちで捉えているような「僧侶」に対する辻の具体的な批判は、藤谷俊雄が気づかせるように、一九〇〇年『史学雑誌』掲載の岡本柳之助（一八五二～一九一二）著『政教中正論』をめぐる書評において窺うことができる。[38]辻が同時代に関しての発言をほとんどせず、歴史学の対象となりにくいとまで考えていたと伝えられるので[39]、わずか二十二歳という年齢で書かれたこの書評は彼の同時代の仏教界観を考慮する上で貴重なものである。

　一八九九年公刊の『政教中正論』は明治二〇、三〇年代の仏教公認運動を背景として、宗教法案問題をめぐる論争がきわめて盛んである時期に著された[40]。当著作のはじめに各宗祖師の肖像が掲げられており、最後には一八九九年五月八日知恩院において行われた全国仏教大会の決議案理由書も付しているため、「本書は即仏教家の大部分の説を代表するやうにも見える」と辻は表現している(41)。

当時、政教分離も肯定されていた一方、仏教公認運動の根本要求は仏教集団が公的に認定され、国家の一翼として機能できるようにすることであった。こうして「国教」の問題がさまざまな場において考察されるなか、『政教中正論』が試みたことは「我国」における政教関係の歴史的展開を示した上で、国家にとっても僧侶にとっても、仏教が公認されることに伴う利益を指摘することであった。辻善之助は岡本柳之助の歴史記述における誤解などを指摘しながら(42)、明治以前に仏教は「国教」的な役割を果たしていた、という主張は確かであると認める。しかし過去はそうであったからと言って、現在もそうであるべきというわけではないという批判を加えながら、次のように指摘する。

徳川時代において仏教を殆国教としてそれを利用して国家が生存に不利益であったと認められた耶蘇教を抑へたのも国家は国家自らの生存を標準として、それによりてすべてを案配していつたので、特に国家が宗教のある一つの為めをはかつたわけではない……(43)。

国家が自らの生存のために必要であると視たからして、政策上之を保護したわけで、それは仏教の保護といふよりも寧ろ耶蘇教禁制のための手段であつたのである、仏教はたゞその方便につかはれたので、保護は元来そのときの国家の本旨ではあるまい……(44)。

国家が歴史上、「一国文化ノ発達」に著しく貢献してきた仏教と関係を絶ち、仏教を「衰滅ニ陥ラシムル」必要はない、という岡本の主張に対して、辻は「政府の保護ないがために堕落するやうな宗教家、やうやく保護によりすがつて体面を保つやうな僧侶とは国家は携はらぬが利益である」と指摘する。[45] 辻は、それまでの歴史において宗教が「国家的精神」と適合して「日本化」した（その具体例はいわゆる鎌倉新仏教である）こととは異なり、明治の仏教界は政教分離を掲げる国家と逆の方向に進もうとすることを歎き、次のように記している。

歴史上に仏教の各宗派が国家的精神とよく融解をはかつたものは宜しいが、いつまでも、もとのまゝで居て、そして少しもその適応をはからず、国民思想と共に進歩せぬものは、終に前世の遺物となり終らざるを得ない、歴史上の死したる過去の宗派となりてのこる事は、できやうが活気あり生命ある宗教としてはのこる事はできないのである、〔『政教中正論』の〕著者のいへるやうな国家の保護なくば立てないやうな宗教は既に衰頽の期に近いので、如何なる保護の下にあつても、そのまゝでは、時来ればほろぶであらう。[46]

現在の我々からすれば、むしろ政教分離を否定していた仏教公認運動が時代に「適応」して、「国民思想と共に進歩」しようとしていたとも結論づけられることが非常にアイロニックなのである。当書評は辻の信仰自由論、国家主義などについても知り得るが、ここでとりあえず強調したいのは、仏教公認運動を担い、「徳川時代の昔の栄華を夢みて追懐にたへぬであらう」[47] 僧侶を辻がきわめて否定的に捉えていたことである。辻は江戸／明治という両時代を本質的に異なるものと捉え、[48] それらを貫く仏教なるものの断絶と持続に重点を置く。絶たれるべきものの温存を、辻は「遺物」——すなわち時代錯誤的なもの——と認識していたのである。若き辻にとって歴史叙述の本質――換言すれば歴史的に変容する主体――は「国家」や「国民思想」であり、「宗教」をはじめとしたその他の社会的要素はあくまでも現象だったのである。

　辻が当時の仏教の在り方に対して、厳しい批判的視座を持っていたことは、その後の著作にも窺うことができる。やや時間が経つが、一九三六年『史潮』掲載の「鎌倉時代と明治時代」において、辻は「国史の上に於て各時代を対照して見ると、前の時代と後の時代とに同じやうな特徴を見出すことが屢ある」と述べ、鎌倉時代と明治時代を比較している。平安時代と江戸時代の「形式的」・「固定した」・「凝結した」文化と対比されるかたちで、鎌倉時代と明治時代の文化は「実質的」・「実際的」・「実用的」なものとして提示されている(49)。鎌倉時代を語る際に「宗教も極めて実際的になった」と主張し(50)、その事例として「新宗教」の成立や「旧仏教」における戒律復興運動などを挙げている。しかしながら明治時代の「実際性」を語るにあたり、「仏教」をも含む「宗教」は取り上げられていない。こうして辻は「宗教」という側面において、江戸時代との断絶というよりも、むしろ持続するものとして捉えていたことが推量できる。しかもそれが辻にとって好ましくないとみなされたことは、前述の如くである。

　最後に、また一〇年以上の隔たりはあるが、辻はライフワークの『日本仏教史』の「結語」において、より明らかなかたちで現今の仏教に対するきわめて悲観的な立場を表している。

> 然るに仏教のみは、江戸時代に惰眠を貪り、為めに一般社会の進運に伴はなかった。ここに明治時代になって、一般社会に於ける四民平等・階級撤廃等、平民の文化発達の著しいものがあるに拘らず、寺院僧侶のみは、社会の落伍者となり、江戸時代の元の姿をそのまま引継ぎ、居然〔ママ〕として自ら誇り、階級観念に没頭して、以て独り尊大を維持し、得々として喜んでゐる者もある。寺院僧侶の文化は、外の社会に較ぶれば、少くとも五六十

年は遅れてゐると思ふ……然るに今や、僧侶は社会の進運から遙かに遅れて、寺院の多くはまさに歴史的遺物に化し去らんとしてゐる。今後果たして如何なりゆくべきや、是に至っては、たゞに長大息之を久しうするのみである。(51)

一九〇〇年四月十日、すなわち辻が二二歳のときに発表された前掲の書評にも、一九五五年、つまり辻が没する年に出版された『日本仏教史』第一〇巻においても、時代錯誤的な当時の仏教の在り方に対する批判が叫ばれる。そして仏教が新たな時代に適応しなかったことは、その担い手である僧侶の不相応な態度による、という認識が若き辻と晩年の辻の発言には現れている。辻が同時代宗教者としての僧侶に対して、どのような期待をしていたのかは複雑な問題であってここでは触れないが、少なくとも言えるのは、江戸時代とは本質的に異なる時代を生きる日本国民たることを、辻が僧侶に期待していたことは明らかである。辻が提示した近世仏教像は、仏教が新たな時代に適応するために僧侶が拠らざるべき事柄、採らざるべき態度、なさざるべき行為であったとも言える。近代と一致しないと考えられた近世仏教像を、辻が体系的に描いた背景には、彼の同時代の僧侶に対する厳しい批判的な立場だけではなく、彼自身の仏教に対する個人的な想いや、社会に弊害を与えない仏教の在り方の構想といった動機があったのである。

おわりに

「日本仏教」。近代におけるこのカテゴリの成立を理解するにあたり、記憶とアイデンティティは切り離せない二つの要素である。アイデンティティそのものは記憶によって成り立ち、それゆえに脆いものである。しかし辻が、自覚的であれ無自覚的であれ、その近世仏教像を「実証的」に提示することにより、「僧侶の堕落」にまつわる記憶が「過去の事実」として更なる位置を占めるようになり、より堅いものとなったと言えよう。そうすることで辻は、新時代における「仏教界」のアイデンティティ構築に貢献を与えた。

僧籍を有せず、「実証的」で「考証学的」な「国史学者」であった辻善之助はたしかに、以前の仏教研究者よりも遥か多くの史料を用いて「日本仏教」の通史を描いた。近代的カテゴリとしての「仏教」を生み出すには、辻の「実証史学」は欠かせないものであったとまで言えるであろう。しかし、「近世仏教の衰微」を語るにあたり、上記で取り上げた蓮華往生や小児往生に関する辻の言説は、旧来の実証主義という枠組みから逸脱するものである。また、廃仏毀釈に連なる事柄の辻の筋書きは以前の仏教史学者のそれと根本的に異なることなく、明治維新以降の僧侶の自己反省を促す語り方であったことも、前章と本章において明らかにされた。

歴史はエクリチュールであり、物語であるが、その物語を描く動機となるのは「真実」の探求のみならず、その語り手による「善」も重要である。ここで言いたいのは、何を記憶すべきか（そして「歴史」として何を描くべきか）ということは、語り手の倫理観によって大きく左右される、ということである。[52] 近代日本の仏教史学者が、可能な無数の物語のなかから「近世仏教の衰微」という物語を選び、それが長い間、宗教界・宗教学界の定説となってきたのは、やはり、その語り手たちに共通する動機、すなわち近代日本における仏教の有様とその構築のために動いていたからである。辻の場合は、他の仏教者とは異なり、人々が「正しい」仏法を生きることのできる世界をつくり上げるとまでは夢みていなかったであろう。しかし、彼は近代日本において仏教が果たすべき役割を規定づけるために、近世仏教の「衰微」を必要としたのであり、それを自らの学問体系の内に「実現」したのである。

註

（1）辻の生い立ちおよび研究履歴に関しては、主に、辻善之助先生生誕百年記念会編『辻善之助博士自歴年譜稿』（続群書類従完成会、一九七七年）の論考を参照のこと。辻の〝人と思想〟をまとめるような著書は現時点においてみられないが、そのような作品を作成するにあたっての辻関連の資料は以前よりも整備され、筆者もそれを構成しようとしているところである。東京大学史料編纂所蔵の「辻善之助関係史料」（文献目録、書付、草稿、書簡など、主に研究活動に関するもの）に加え、姫路文学館所蔵の「辻善之助文庫」も存在する。後者は絵葉書、手記、講義ノートや書簡など、一万点以上を数えるコレクションである。それらの資料の一部（主に一九一一年から翌年にかけての欧米留学に関するもの）は『姫路文学館紀要』において紹介されており、たとえば、玉田克宏（翻刻・解題）「［資料紹介］辻善之助著『欧米巡歴録』」（第四号、二〇〇一年）、「辻善之助洋行関係資料」（第六号、二〇〇三年）、甲斐史子「［資料紹介］辻善之助旧蔵写真乾板」（第一〇号、二〇〇七年）、「［資料紹介］辻善之助『欧米巡歴録――ドイツ』翻刻」（第一一号、二〇〇八年）、「［資料紹介］辻善之助著『欧米巡歴録――ウィーン・ミュンヘン』翻刻」（第一三号、二〇一〇年）を見よ。姫路文学館編『二人のヨーロッパ――辻善之助と和辻哲郎』（姫路文学館、二〇〇一年）も辻の洋行を中心としたものではあるが、それ以外の情報も豊富で、彼の生涯や学問などを知る上で便利な概説書となっている。

（2）藤谷俊雄「仏教史家としての辻善之助の位置」（『歴史評論』七五、一九五六年）、八六頁。

（3）辻の全体像をめぐる研究は未完である。たとえば、「仏教史家」としての辻をめぐる考察は註(2)の藤谷論文において行われ、神仏習合論の視点からは林淳「神仏習合研究史ノート――発生論の素描」（『神道宗教』一一七、一九八四年）、または山折哲雄「古代日本における神と仏の関係」（『東北大学文学部研究年報』第二九号、一九八〇年）や佐藤弘夫「〈神仏習合〉論の形成の史的背景」（『宗教研究』第三五三号、二〇〇七年）に考察され、その近世仏教像を中心にした視点からは林淳「辻仏教史学の継承と批判」（田丸徳善編『日本の宗教学説』東京大学宗教学研究室、一九八二年）や、ある程度、圭室文雄「辻善之助」（今谷明・他編『20世紀の歴史家たち　日本編下』刀水書房、一九九七年）に考察されている。

（4）坂本太郎『古代史の道――考証史学六〇年』（同『わが青春　坂本太郎著作集』第七巻、吉川弘文館、一九八九年）、四〇頁。原著一九八〇年。

（5）玉村竹二「辻善之助博士を語る」（『東方学』六六、一九八三年）、一二一頁。

（6）坂本太郎「辻善之助博士を悼む」（同『歴史と人物　坂本太郎著作集』第一一巻、一九八九年）、一六六頁、一七〇頁。初出は『史学雑誌』（六四・一一、一九五五年十一月）、および『菅公と酒――歴史随想』（東京大学出版会、一九六四年）。

（7）松島栄一「辻善之助」（永原慶二・鹿野政直編『日本の歴史家』日本評論社、一九七六年）、一八七頁。

（8）圭室文雄「辻善之助」、一二五頁。

（9）永原慶二『20世紀日本の歴史学』（吉川弘文館、二〇〇三年）、七九～八〇頁。

（10）末木文美士『明治思想家論』（トランスビュー、二〇〇四年）、九四頁。

（11）村上専精『予が真宗大谷派の僧籍を脱するの告白書』（金港堂、一九〇一年）、一〇～一一頁。

（12）辻と国史学の関係を考えるにあたり、筆者が愛知学院大学の林淳教授に大きな示唆を受けたことを、ここで明記しておく。

（13）家永三郎は『日本仏教史』の評価として、「教理教学の考察はその任でないとしてはじめから対象外に置き、もっぱら日本の文化・社会・政治との交渉を主とした点で、日本仏教史の通史」を辻が描いている、と述べている（家永三郎「日本仏教史」『国史大辞典』、吉川弘文館、一九九〇年、第一一巻、二二八頁）。

（14）「江戸時代史家」としての辻善之助に関しては、辻達也編・辻善之助著『江戸時代史論』（悠思社、一九九一年）を参照のこと。

（15）辻達也「父善之助と歴史学と私と」（前掲『江戸時代史論』、二六六～二六八頁）。

（16）辻に視点を絞り、近代（日本）史学の成立における「中世」と「近世」といったカテゴリを考察したものは、三浦雅彦「徳川思想史における仏教の位置づけと前期儒者排仏論の問題点」（『日本宗教文化史研究』第六巻・第一号、二〇〇二年）とくに五一～五五頁を参照。

（17）前掲林の「辻仏教史学の継承と批判」を参照。

（18）ケテラー、ジェームス『邪教／殉教の明治――廃仏毀釈と仏教』（岡田正彦訳、ぺりかん社、二〇〇六）とくに

第五章「歴史の創出――明治仏教と歴史法則主義――」を参照。
(19) 澤博勝『近世の宗教組織と地域社会』(吉川弘文館、一九九九年)、五頁。
(20) 辻善之助「日本歴史に於ける仏教」(一九〇二年)(同『日本仏教史研究　第六巻』〔岩波書店、一九八四年〕に所収)、三三二頁。
(21) 当著作に収録されているほとんどの論文は以前にもさまざまな学術誌に発表され、第一六章「近世仏教衰微之由来　其一」は一九三〇年一〇月の『史苑』(五の一)に「近世仏教衰微之由来と民心の離反」として発表されている。第一七章と第一八章(「近世仏教衰微之由来　其二」、「近世仏教衰微之由来　其三」)は一九三〇年十一月の『史學研究』(二の二)に「近世仏教衰微の由来」としてまとめて発表されている。辻のライフワークの『日本仏教史』(全一〇巻)の近世篇にみられる江戸仏教像の核は、『日本仏教史之研究　続編』の段階においてほとんど提示され、二つの著作の間に堕落論に関して大きな相違はみられない。
(22) 辻善之助『日本仏教史之研究　続編』(金港堂、一九三一年)、五一六～五一七頁。
(23) 辻『日本仏教史之研究　続編』、五一六頁。
(24) 辻善之助『日本文化と仏教』(大日本図書、一九三七年)、二八一頁。また、一九五四年出版の『日本仏教史』第九巻(岩波書店、一四〇頁)においても同内容のことを述べている。
(25) 辻『日本仏教史』第九巻、一八一頁。以前の『日本文化と仏教』(二八五頁)においても同じような内容のことをすでに述べていた。
(26) 篤胤の言葉は以下のとおりである。

其後寛政ノ始ニ、又カノ不授不施ノ輩、上総国ニ於テ党ヲ集メ、蓮華往生ト云フコトヲシテ、愚人ヲ帰依サセタコトガアル。其為方ハ、一ツノ大キナル蓮華台ヲ作リ、帰ベキ便モナイヤウナ愚人ヲ語合、ソノ蓮台ノ上ニ載セ、僧ドモ大勢トリ巻テ、カノダヾブダヲ、喧シク読立ルト、ソノ蓮ノ花ビラガ萏ムヤウニ捺ヘテ、其上デ、カノ中ニ這入テ居ル人ノ尻ノ当ル処ニ穴ガアケテアル。其穴カラ槍ノヤウナ物デ、突通シテ、之ヲ殺シ、能ク死終テカラ、花ビラヲ拓イテ見ルト、往生シテ居ル体ニ仕挂タモノデゴザル。扨ソノ往生ヲ見テ、法華経ノ奇特ト思ヒ、人ノ信ジテ、帰依スル者ノ、益ルヤウニトテノ事デ有タガ、或者ソノ仕状ヲ疑テ、ソノ往生人ニ成ンコトヲ願ヒ、密ニ鏡ヲ懐中シテ、蓮華ノ中ニ入リ、ソノ鏡ヲ尻ニ当テ居タル所ガ、下カラ突タレドモ、通ラズ、夫ヲ見届テ、訴人ニ出デ、是ヨリ其悪僧ドモガ捕ラレテ、御仕置仰セ付ラレタデゴザル（『新修　平田篤胤全集　第一〇巻』名著出版、一九七七年、四九五～四九六頁）。

（27）辻の仏教史学と戦後の過程におけるその批判的受容に関しては次章を参照。

（28）加藤和子「蓮華往生考」（『大正大学宗教学年報』二三、一九八七年）、五〇～五一頁。

（29）辻『日本文化と仏教』、二八三～二八四頁。

（30）辻『日本仏教史』第九巻、一七五頁。

（31）新編真宗全書刊行会編『新編　真宗全書』（『教義編一八』、思文閣、一九七六年）、三五三頁。表記は旧字体を新字体に、カタカナをひらがなに直した。

（32）朴澤直秀「寺檀制度と葬式仏教」（大久保良峻・他編『日本仏教34の鍵』春秋社、二〇〇三年）、二一三頁。

（33）『真宗聖典』（法藏館、一九七五年）、三四七頁。

（34）小児往生論に関しては、内田舜円「小児往生の論争に就て」（『六条学報』第一三六号、一九一二年、四三～六七頁）、北塔光昇「水子供養と小児往生」（『龍谷教学』第一八号、一九八三年）、同『真宗と水子供養』「小児往生」（永田文昌堂、一九八三年、七二～八一頁）、同「小児往生と追善回向」（『印度哲学仏教学』第五号、一九九〇年）、柏原祐泉『真宗史仏教史の研究Ⅱ〈近世篇〉』「三　近世真宗における往生観の構造」（平楽寺書店、一九九六年）、Ryan WARD, "But What About the Children? Jōdo Shin Debates on the Birth of Children in the Pure Land"（『死とその向こう側Ⅱ――芸術・宗教・文化における死生観 *La mort et les au-delàs II: Conception et représemtations de la mort dans les arts, la religion et la culture*』三元社、二〇〇七年）を参照。

（35）佐藤弘夫『偽書の精神史――神仏・異界と交感する中世――』（講談社、二〇〇二年）、二二一頁。

（36）辻善之助「研究生活のおもい出」（註（1）前掲の『辻善之助博士自歴年譜稿』、一七二～一七三頁に所収。初出は一九五二年～一九五三年、岩波書店『思想』に連載）。仏教への思い入れをめぐるほかの発言は同「研究生活のおもい出」一八四～一八五頁や「思ひ出づるまゝ」（一九七七年前掲著書収載、初出は一九四七～一九四八年『国民の歴史』に掲載）、とくに一二九～一三〇頁を参照。そのほかには林淳「辻仏教史学の継承と批判」（六七～六九頁）、辻達也「父善之助と歴史学と私と」（二七一～二七二頁）、そしてとくに真宗とそれに関する研究生活に関しては、藤島達朗「辻善之助博士と真宗」（『大谷学報』第三六号、一九五六年）を参照。

(37) 林「辻仏教史学の継承と批判」、六七～六九頁。

(38) 藤谷「仏教史家としての辻善之助の位置」、八八頁。

(39) 辻達也「父善之助と歴史と私と」、二六五頁。

(40) 仏教公認運動に関しては、柏原祐泉『日本仏教史――近代』（吉川弘文館、一九九〇年）、一四一～一四四頁を参照。

(41) 辻善之助「『政教中正論』を評す」（『史学雑誌』第十一編・第四号、一九〇〇年）、七六頁。

(42) 岡本が「我国千有余年ノ長日月ニ於ケル仏教ハ彼ノ基督教ガ欧州ニ於テ政教ノ争ヨリ幾多ノ戦乱ヲ惹起シタルノ例ヲ有セザル」という言葉に対して辻は「なんと奇妙の説ではないか、可笑説ではないか、著者は知らぬのであるか、王朝の代に僧兵はいかに朝廷を苦しめたかを知らぬのであるか、叡山、三井、八幡、興福寺、吉野、多武峰、高野等の僧兵が事跡は何であるか」などと述べ、「著しい歴史上の事件の数々も著者の眼には入らなかつたと見へる、実に笑止の至りである」と言う（辻「『政教中正論』を評す」八八頁、強調は原著）。

(43) 辻「『政教中正論』を評す」、七八頁。

(44) 辻「『政教中正論』を評す」、八四頁。

(45) 辻「『政教中正論』を評す」、七九頁。強調は原著。

(46) 辻「『政教中正論』を評す」、八三頁。強調は原著。

(47) 辻「『政教中正論』を評す」、八七頁。

(48) 辻がその系譜を引くランケ史学は、その目的は物事を「もともとあったとおり」（"wie es eigentlich gewesen"）に描くことである、としばしばまとめられてきたが、ランケが言う"wie es eigentlich gewesen"の"eigentlich"は一九世紀ドイツのコンテキストに、「本質的に」という意もあり、ランケはそういう意味で用いていたという指摘がなされている。つまり、ランケ史学においては、歴史家の仕事はある時代の「本質」を見抜くことである（NOVICK, Peter. *That Noble Dream: The 'Objectivity Question' and the American Historical Profession*. Cambridge

University Press, 1988, p. 28)。ランケ史学は、すべての歴史的時代はそれに続く時代よりも劣っている、という当時の啓蒙主義的思考を批判し、ある歴史的時代はまずその時代の枠組で理解され、その枠組で描かれなければならない、と主張した。辻はもちろん、そのままランケ史学を受け継いでいるとは思えないが、こういった視点から辻仏教史学を考えることも有効であると考えられる。すなわち辻からすれば、僧侶の大半は「近世」なる時代の「本質的」なところのいくつかをそのまま「近代」なる新時代に持ってこようとしていたゆえに、厳しい批判の対象となったと言えるであろう。

(49) 辻善之助「鎌倉時代と明治時代」(『史潮』第六年・第一号、一九三六年)、一頁。

(50) 辻「鎌倉時代と明治時代」、三頁。

(51) 辻善之助『日本仏教史』第一〇巻（岩波書店、一九五五)、四九七頁。

(52) TODOROV, Tzvetan. *Les abus de la mémoire* (Arléa, 1995), p. 50.

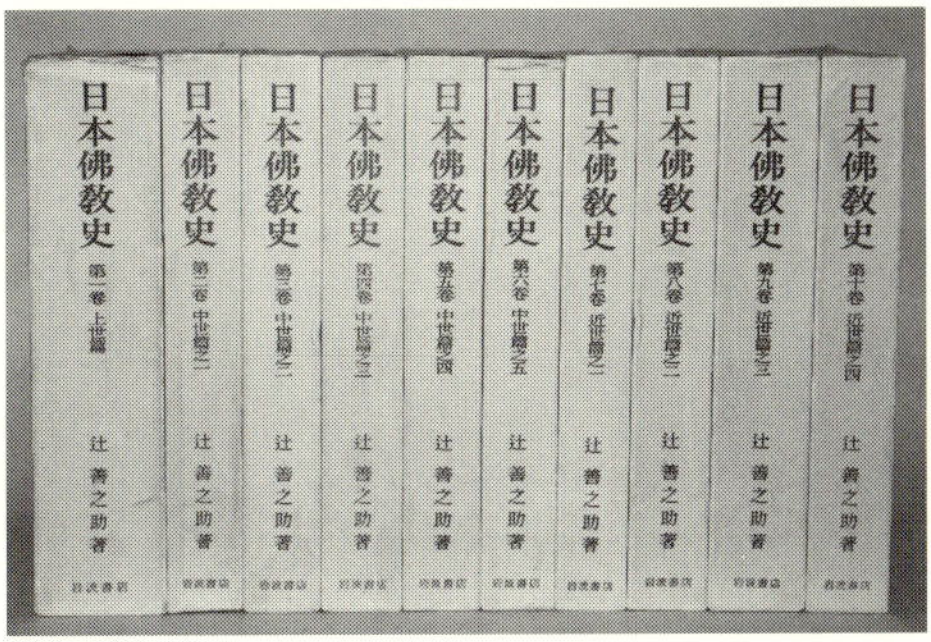

この仕事を支えているパトス、それは衰亡の時代などないという考えだ……「進歩」という概念を克服することおよび「衰亡の時代」という概念を克服することは、同じ事柄の両面にすぎない。

ヴァルター・ベンヤミン

第四章

近世仏教堕落論の批判と継承

戦後日本の学界を中心に

はじめに

今まで検討してきたように、近代以降の近世仏教研究をみたとき、政治が安定する江戸時代は「仏教衰微」の時代である、という共通した認識が存在したことを確認できた。しかもそれは日本の学界を越えて、研究上の国際的な常識を為しており、たとえば英語で書かれた日本仏教研究に、次のような発言をまとめることができる(1)――ジョージ・サンソムは徳川家康の時代には「優れた僧侶、或いは偉大なる宗教改革者は耳にしない」と語っており(2)、同じ頃に、日本の宗教学創始者である姉崎正治はその ***History of Japanese Religion*** において、江戸時代の仏教は「高尚になり過ぎたり、堕落したりする傾向があった」と述べている(3)。それより後になると、J・キタガワは近世における仏教の「道徳的、精神的破綻」について語り(4)、H・B・エアハートもまた近世仏教は「化石になった」と述べている(5)。

こうして、ごく最近まで、近世日本の仏教を否定的に捉える態度は、たしかに存在した。辻が提唱したとされる「近世仏教堕落論」は、長い間、疑う余地のない定説となってきた。辻以降の研究者のなかには、堕落論に賛同し、江戸仏教には研究する魅力がないと考える者も存在した一方で、近世仏教の研究の意義を再発見するために、あえて堕落論を乗り越えようと試みる者も生まれた。このようにして、近世仏教研究の歴史は、辻善之助が起点であるとされている堕落論を批判的に乗り越える試みの道筋であったとも言えるだろう。

辻が独自の近世仏教像を構築する際に問題とされた諸要素は、後の研究者にさまざまなかたちで受容された。とはいっても、多くの場合、辻史学のすべてがそのまま肯定されてきたわけではない。むしろ、先述のように、近世仏教研究は辻史学を批判的に乗り越えようとする研究者によって推進された。こうして本章において、筆者は辻以降の近世仏教研究に焦点を当て、辻善之助が提唱したとされる「近世仏教堕落論」は如何に継承され、批判されてきたのか、などの問題を取り上げたい。つまり、「近世仏教の衰微」なる言説は、如何にして語りの枠組みとして機能してきたのかを考察したい。

第一節　「葬式仏教」と近世社会——圭室諦成をめぐって

まず、「葬式仏教」という用語の定着に大きな影響を与えた圭室諦成（一九〇二〜一九六六）に焦点を当てたい。彼は東京帝国大学入学後国史学を専攻し、辻の下で研究しながら史料編纂所で調査を行っていた。彼は一九三〇年代に他の研究者と共に「宗教史研究会」を設立し、一九三三年に同会で出版された『日本宗教史研究』の序において、以下のような記述を見ることができる。

宗教は社会的存在である。この自明な事実にもかかはらず、従来の宗教史家、特に日本宗教史家は、宗教のもつかかる社会性に対しては全く無関心であった。[6]

このように、本書は「従来の宗教史家」に対する批判であると考えてもよい。「宗教の社会性」を考えない「従来の宗教史家」に対する批判はおそらく、宗門系大学の研究者が行う教義中心（あるいは教義のみ）の歴史研究に対する批判に結びついている。つまり、のちの『葬式仏教』（一九六三年刊）に示される圭室の問題関心は、それより三〇年前、本書に収載された「葬式法要の発生とその社会経済史的考察」においてすでに示されている。そこで、圭室諦成はとくに経済史の視点から、葬式に基づく宗教となった仏教の「最も普遍的な最も根本的な問題」である葬式法要の史的発生とその社会経済史的考察を試みている。[7] 圭室は日本仏教、とりわけ「新宗教」と彼が呼んでいる鎌倉新仏教の成立において葬式法要という経済的規範がどれだけ重要だったのかを主張し、また、以下のように述べる。

新宗教の社会経済史的考察、それは現代仏教学界を風靡せる革新運動「鎌倉へ還れ」の運動が鎌倉初期の新宗教運動と異なって、現在の社会経済機構と遊離せる如何に非歴史的なものであるかを暴露するものとして興味ある問題であるが、この場合上の簡単なる説明でも一通り納得出来るであらうから、詳細の研究報告は他に譲って、私は恐らく世人の疑問の焦点であらう所の、広汎なる土地を有した旧仏教寺院に於て、何故に葬式法要が重要な位置を占めざるを得なかったかを説明する。即ち発展の基底をなす中世社会経済の推移、その過程を考察する事によって、その事を明らかにする。[8]

ここで「鎌倉へ還れ」運動はそれぞれの宗派の教祖が説いた教義に基づく集団に「還る」運動を意味しており、「日本仏教」概念の成立を考える上で重要な手がかりであることは言うまでもない。[9] こういったことが圭室諦成によって、ある程度、相対化される段階にあったことは興味深い。彼は、中世仏教が当時の社会経済機構とのつながりをも持つことこそ、中世「新宗教」の特徴であるとみなし、一九三三年当時において「鎌倉へ還れ」を唱えながら寺院の社会経済基盤である葬式を軽視する態度は錯誤的、つまり「非歴史的」である、と批判するのである。当著作において圭室は、葬式や現代寺院の基礎的な形態ができあがった近世という時代は、(10)「社会経済史」の視点を強調するかぎりでは、無意味なものとはみなし難いとしている。しかし、一九四〇年の『日本仏教史概説』では、以下のように述べられている。

宗教史的には次の如き事情があった。江戸時代に入って、民衆の宗教的関心は著しく現実に集中し来ったので、かかる気運に対応する如き改編が要請されたにかかはらず、仏教の主流はかかる気運に寧ろ逆行する。(11)

『日本仏教史概説』から二〇年弱ほど経った後にも、一九五八年発表の「江戸時代の仏教形態」において、圭室は同じ言葉を繰り返している。(12)そして、『葬式仏教』においてほぼ同様のことが記され、それに続き以下のことが述べられる。

〔仏教の主流は〕教説を定型化し、たとえわずかの新説・新義も、異端として排撃する態度をとった。かくて新宗教にたいする要望は、神道学説の展開・民間宗教の氾濫という動向をたどり、仏教の宗教的位置は、中世にくらべて、相対的にもいちじるしく後退した。(13)

同じ『葬式仏教』の「はしがき」に、圭室はその「逆行」のさらなる理解の一助となることを述べている。彼によれば、「庶民」が仏教に対して要求してきたことは三つ、すなわち「①葬祭、②治療、③招福」である。そして

歴史的にみれば、まず治療、つぎに招福、一五世紀ごろから葬祭という順序になる。そして葬祭化してはじめて、仏教は庶民の信仰を独占することに成功している。ところで現在の仏教においては、治療・招福の面が相対的に弱化し、葬祭一本といっても過言ではない(14)。

とも述べている。「葬式法要」に人々の信仰生活の大きな側面を見出し、逆に「民衆」の要求があったからこそ葬祭が一般化した、という点において圭室の研究はきわめて有意義であり、辻仏教史学とのひとつの相違をここで窺うこともできる。しかし、中世後期と現代の間に、仏教が「葬式一本」化の過程をたどり、「治療」や「招福」の側面は仏教以外のところに求められるようになった。これを、近世において「民衆」・「庶民」の「要望は、神道学説の展開・民間宗教の氾濫という動向をたど」ったという発言に照らし合わせてみると、次のことが言える。近世社会において、仏教側は「法要葬祭」という側面で「民衆の関心」に応じていたが、「治療」・「招福」という要求に応じなくなり、「現実に集中した」関心から「逆行」したということである。つまり圭室が、「教説を定型化」したことなどによって仏教側が「民衆の関心」に背を向けたと主張するところにおいて、辻説の最も根本的なところである「民心の離反」という要素を、必要な変更を施しながらも、語り続けているということである。

第二節　研究領域の確立――学術雑誌『近世仏教』とその周辺をめぐって

『葬式仏教』の出版より三年先立つ『近世仏教――史料と研究』の創刊に注目したい。その創刊号の筆頭である竹田聴洲（一九一六～一九八〇）「近世寺院史への視角《アプローチ》」という論文において、竹田は以下のように述べる。

近世の仏教は統一封建制としての幕藩権力の前に屈服してその走狗に堕し、ひたすら固型化と安逸・堕落の一途を歩んだとするのが従来のいわゆる正統史学の通念であったが、明治維新を機として幕藩体制が一挙に滅び去った跡にも、仏教は都鄙の「寺院」を象徴とするその基層構造において、依然として前代以来の生態に根本的変化を加えることなく存続した理由は何と説明されるであろうか……何故かこれまでの歴史研究はそうした面に食指を動かそうとせず、一種の偏見による喰わず嫌いを続けて来た。(15)

林淳が指摘するように、この竹田のテキストにおいて挑まれている「正統史学の通念」は、辻が体系化した堕落論であるとみて間違いない。(16)『近世仏教』において、近世的教団機構の成立、近世寺院の存在形態、近世宗学の批判的研究という三つのテーマをめぐる研究範囲が提示される。さらに、それらの分析によって、近世仏教が民衆自身の要求や期待に応えるかたちで機能していたという「生きている」姿が明らかにされた。(17)しかし、辻が見過ごした近世仏教の「生きた機能」を見出すことはいくらでもできるであろうが、それによって堕落論が全面的に克服されたことにはならない。「生きている」面を認めるならば、「死んでいる」面、すなわち堕落している面の存在も認めることになる。[18]とすれば、彼らのそのような二分法が、何に依拠しているかを注意深く見ていかなければならないであろう。

辻は、近世寺院が本末制度・寺檀制度を通して政府の支配末端として機能し、[19]このような状況の下に民衆の信仰生活が束縛されるとみなし、それを仏教の「衰微」と判断した。これに対して、たとえば曽根原理は、「生きた機能論」では、中世後期から近世初期にかけて各地に成立していった「家」(単なる血縁集団でなく、家業と家産を共有する経営体)や地域共同体の立場から検討を加え、「家」に永続を願う民衆と、経営の安定による民衆祭祀の保証を願った寺院の、両者の合作として各制度を把握した。民衆と寺院の行為を保証することで、権力はその地位を確保し得たというのである。先祖祭祀をめぐる竹田聴洲の研究などが、[20]その立場に立つ研究の代表作である[21]と説明する。上述の如く、『近世仏教』創刊号において「正統史学」に挑んだ竹田聴洲は堕落論、そして自らの研究課題について以下のように述べている。

近世の仏教は、幕府の宗教支配のための寺院本末制と、キリシタン禁教のための寺請制とによって、幕藩権力による完全な統制と過保護を受け、そのためいたずらに安逸・徒食を貪り、虚脱と形骸化のうちに俗化して、古代・中世にみられたような活力と精彩を失い、やがて各方面から相ついで投ぜられた仏教無用論や排仏論に身をさらして、退廃と堕落の一途をたどったという歴史像がほぼ通説として定置されている……。近世仏教が幕藩政治体制と癒着して、前記のような体質をもったことは紛れもなき客観的事実であるが、それは盾の半面であって、他の半面では、政治権力の規制から自由な、民衆の自発的創意と営為に委ねられた分野が広般に存在したこともまた事実であって、両々相まって全体としてはきわめて複雑な姿を呈した(22)。

このように、竹田聴洲は堕落論を批判的な目で見ようとしているが、暗黙のうちに「仏教の衰微」を前提としている。すなわち「民衆の自発創意と営為に委ねられた分野」以外、とくに「政治と宗教」の関係において、堕落論は機能する。竹田によれば、近世仏教は「民衆の自発創意」から成立するさまざまな行事というところでは、生きていた。こういった見解は竹田に限らず、前記の圭室諦成にも通じるところがあり、また多くの民俗学者も共有していたのである。たとえば、宮田登（一九三六〜二〇〇〇）は、竹田のように制度から仏教を捉えようとするのではなく、いわゆる民衆側から仏教を捉え直そうとした。「寺院に縛りつけられない多数の宗教者」、「縁日、開帳、勧進」あるいは「流行神仏」を研究することによって「近世仏教の特徴は、民間仏教、民俗仏教と規定づけられる」と指摘している(23)。

宮田が近世仏教において見出した信仰は、仏教制度が行っていた葬式法要などの行事ではなく、縁日や開帳などの行事であった。宮田はそこに信仰の一形態を認めることによって、近世仏教を研究する意義を提示した。宮田は仏教集団が堕落していたとまでとは言っていないが、寺院の日常的な行事に対する信仰の内容は流行神仏などに対する信仰ほど豊かではない、という含意を残したのである。これらの民俗学者の場合は、研究対象の選び方自体が堕落論を前提としている姿勢が窺える。

第三節　近世仏教の近代的精神とその課題

近世仏教研究におけるもう一つの立場は、「近代化」を可能とした諸条件を近世仏教思想に見出そうとする態度である。それは二〇世紀の初期に、M・ヴェーバー（一八六四～一九二〇）[24]、E・トレルチ（一八六五～一九二三）[25]、W・ゾンバルト（一八六三～一九四一）[26]、R・H・トーニー（一八八〇～一九六二）[27]などの研究によって主張された宗教思想と経済の関連である。資本主義の誕生を理解することが最終目的で、上記の彼らは「資本主義の精神」の系譜を探るため、プロテスタンティズムやユダヤ教に焦点を当てた。日本宗教に関して、この種の研究ははやくも一九一一年に原勝郎（一八七一～一九二四）によって発表されているが[28]、橋川正（一八九四～一九三一）『綜合日本仏教史』（目黒書店、一九三二年刊）や内藤莞爾「宗教と経済倫理――浄土真宗と近江商人」（一九四一年発表）[29]にも留意すべきである。しかし、その問題意識が学界の留意を最も集めたのは、一九四九年出版の中村元（一九一二～一九九九）『近世日本における批判的精神の一考察』であろう[30]。中村はとりわけ近世初期の仏教思想家である鈴木正三（一五七九～一六五五）を扱うが、宗教思想のみならず町人学者であった富永仲基（一七一五～一七四六）の思想における批判的性格も考察する。中村のこの研究は、近世仏教像に大きな影響を与え、その課題を踏まえてロバート・ベラーは一九五七年に名著 *Tokugawa Religion: The Values of Pre-industrial Japan*（一九六二年に日本語訳）を出版する[31]。のちに、近世仏教研究に大きな貢献を為す柏原祐泉（一九一六～二〇〇二）は、はやくも一九五一年に「特に日本における近代精神がこれら〔近世の〕諸思想を通じて生み出されていったことを考えれば、それとの交渉によって近代仏教が胎動し始めたことは重要な意味を持っているのである」と述べている[32]。つまり近代倫理との関連によって、単なる江戸仏教の意義論争を超えた重要な課題と捉えた。その枠組で考えれば、上述の如く柏原は先駆的ではないにしても、近世仏教研究を正面から行った者として重要な役割を果たす。たとえば、

庶民の生活倫理を中心とする世俗倫理に対し、仏教各宗が如何に対決したかということを追究することは、仏教が近世史のなかで果たした役割や意義を知るための、大きな手がかりとなるものである。このような観点から、近世仏教と世俗倫理との問題をいち早くとりあげたのは橋川正氏であったが、特に最近では、古田紹欽、R・N・ベラー、中村元、鈴木宗憲などの諸氏によって、この問題が注目され、或はこの問題を中心として近世仏教の本質が考察されようとしている……。ここで筆者が真宗の世俗倫理を取挙げるのも、勿論同じ問題意識によるのである(33)

と述べ、「世俗倫理」に対する関心の根本が、「近世仏教の本質」に向けられていることを示している。このようにして、柏原は思想史的な側面から江戸時代の仏教に意味を見出すが、他の側面に関して、彼の立場は以下の引用から窺われる。

一般に近世仏教に対する評価は、封建仏教、形式仏教、堕落仏教などの表現でなされるのが普通である。これらの評価は、近世の仏教教団が幕藩体制に組み込まれ、本末制・檀家制に基づいて固定化した点を指摘するものので、納得できる。しかし近世仏教では、思想面における発達に著しいものがあって、少なくともこの面に関しては、従来の評価に委ねきることはできない(34)。

柏原も仏教の思想的な発達を意識しつつ、さらに、その他の側面に関しては次のように述べている。

近世では仏教が、本末制や檀家制などにより形式化・退嬰化し、信仰面でも甚だしく希薄化したといわれている。もちろん、そうした面は一般的傾向として認めなければならない。しかし一面、寺檀関係が固定化したために、かえって仏教と庶民との接触が密接になり、受容が深められ〔る〕……。そこに仏教が時代に生きようとした積極的な意味を見失ってはならない。(35)

ここで、柏原は寺檀関係の確立より生じた仏教と庶民との密着を主張しながら、辻説の枠内に近世仏教の「一般的傾向」を求めている。「近代性論」においても、檀家制という面以外に目を向けるという研究対象の選択自体は堕落論に左右されていることも、結論として述べられるであろう。

第四節　圭室文雄をめぐって

近世仏教について多くの入門書を出しているほかに、著しい研究成果をあげてきた圭室文雄の名も挙げなければならない。圭室文雄の処女作である『江戸幕府の宗教統制』（一九七一年刊）は「近世の宗教政策を知る上で、いまも参照すべき重要な成果である」と現在の研究者にも評価される。(36) 本節では、圭室がこの著作の第五章「葬祭から祈禱へ」において提示している論に焦点を当てて、堕落論のもう一つの様相を示したい。

同書記載の「葬祭から祈禱へ」とは、圭室文雄が一九六八年に発表した同名論文を増補訂正したものである。圭室は「近世仏教における信仰の質を検討してみるとき、それは葬祭と祈禱に二分される」として[37]、その「信仰の質」の変化について、以下のように述べている。

そこで私は、寛永末年（一六四三）を境として、これを二つの時期に分けて考えてみることにする。すなわち第一段階は、寺請制度が全国的に施行されて、葬祭が重要な役割を演じた慶長～寛永（一五九六～一六四三）の時期。第二の段階は祈禱によって寺院と農民が密接にむすびついていった時期、つまり寛永末年以降寛文期ごろまで[38]。

しかし、現世利益的な信仰を求めて、「農民」の心は葬祭寺院の枠から離れた。また、圭室は寛永末年にいたる第一段階について、「この時期における寺院と檀家との信仰の主流は葬祭を中心としたものであった」と述べている[39]。そして「一方寺院が菩提檀家からの収奪を強めればつよめるほど、農民の信仰は寺請寺院からはなれて、現世利益を中心とする祈禱に傾いていったのである」と言い[40]、「宗教統制をいかに強化してもついに農民の信仰を改変させることはできず、中後期にはすでに祈禱が信仰の主流となっていた」とも述べている[41]。

つまり、「葬祭から祈禱へ」という説は、「農民」の信仰は「形式化した葬祭寺院」から「現世利益をとく祈禱寺」にひかれて行く過程を解こうとするものである。「宗教」という言葉に拘りを示す研究者であれば、まず「信仰の質」、そしてその二分論的な扱い方が気になる。しかし本節においてはそれらに言及することよりも、圭室文雄の「幕藩体制がいかに民衆を信仰のない寺請寺院に固定しようとしても、民衆の信仰は、幕藩体制の枠からはみだした宗教へ動いていることにも目をむけねばなるまい」という言葉にみられるように[42]、「農民」の信仰は祈禱寺院を中心として生きていた、とされていることに注目したい。この説は林淳によって十分な批判がなされているので、それを参照してもらいたい[43]。林は「葬祭から祈禱へ」が後の圭室著作に登場しないため、撤回された可能性を示している[44]。たしかに、一九八七年出版の『日本仏教史――近世』や一九九九年出版の『葬式と檀家』において、「葬祭から祈禱へ」といった項目はみられないが、先述の『日本仏教史――近世』で圭室は以下のように述べる。

寺院住職以外の者の宗教活動はきびしく禁止している。しかしながら民衆にとっては、ごく身近にいる勧進僧とか勧進聖とかいわれる僧階の低い僧侶たちや、乞食坊主といわれ、門づけなどする道心者、そのほか鉢たき・禅門等と呼ばれる下級僧侶こそが、日常の救いを支えてくれるものと考えていた。このことは檀家制度が定着し、檀那寺の僧侶が宗門改めと葬祭義務のみを優先させるようになればなるほど、民衆のもつ現世利益の信仰が檀那寺に定着する以外の宗教者たちによって支えられることとなったのである[45]。

「祈禱寺」は登場せず、そのかわりに「僧階の低い僧侶」、「下級僧侶」が登場している。これは以前の「葬祭から祈禱へ」という説と性格が異なるであろうが、ある種の「信仰のシフト」を圭室がまだ説いていることがわかる。「葬祭から祈禱へ」が撤回されたにせよ、されなかったにせよ、少なくともその枠組みにおいて描かれる、「形式化した葬祭寺院」を中心とする「信仰」ができないために、それから離れるような「民衆」のイメージは、堕落論的な要素である「民心の離反」を連想させる。出版から四〇年強が経ったとは言え、近世仏教研究を試みる多くの者の第一歩であり、ほかの時代を専門とする者にとっての入門書でもある『江戸幕府の宗教統制』が、こういった形で「民心の離反」を語りの枠組みとしていることは看過することはできない。ただし、圭室仏教史学に一貫して、疑問の余地もなく評価すべきところは、多くの研究者が寺請寺院と檀家のあいだに「信仰がない」と片付けて、その関係自体を研究対象として見落としてきたのとは異なり、圭室はその関係を詳細にいたるまで探求した上でその問題を述べていることである。たとえばより最近の、一九九九年の『葬式と檀家』（吉川弘文館）において、人々は結局、寺請制度の束縛をどのように感じていたのか、その「弊害」などは、実証的に描かれており、近世仏教を理解する上ですでに「古典」と呼ぶに値する一冊である。

第五節　近世仏教と地域社会

地域社会における真宗の研究を専門とする者、すなわち児玉識[46]、奈倉哲三[47]、有元正雄[48]は辻説に異論を示し、堕落論で説明できない真宗門徒の宗教生活を明らかにした。しかし澤博勝をはじめとして[49]、引野亨輔も指摘するように、彼らの議論は真宗がどれだけ特殊であるかということを強調するあまり、むしろ他宗派に関する積極的な堕落論となっている傾向が否めない（引野は、前述三者の研究を「真宗＝特殊論」と呼んでいる[50]）。たとえば引野は、

真宗＝特殊論研究は、前述のように辻氏の近世仏教＝堕落形態という理解を乗り越えるべく登場した。そして、事実それは現在までに堕落論打破の幾多の成果を上げている。もはや、単純な堕落論のみで近世仏教を捉えることはできなくなったといってよいであろう。しかし、真宗のみ例外的に堕落論の枠外にあるという主張が、むしろ他宗派に関する積極的な堕落論となっている傾向を否めない。このことは真宗＝特殊論が近世仏教堕落論の打破を目指すものでありながら、大枠としてはその枠内に留まる立論であることを示唆しているとも言

える。[51]

と述べ、それに対して児玉は二〇〇五年の『近世真宗と地域社会』の第一章に上記の引野の言葉を引用し、こう語っている。

最初から真宗のみが特殊ということを「自明の前提」として「近世仏教堕落論の打破を目指」して真宗を取り上げたわけではないし、真宗だけが堕落を免れ、他は堕落しているのでもない。ただ真宗ではその独自性が他宗以上に目に見えやすいかたちで広く展開されるケースが多かったのは事実で、私はその実態の検証と原因の究明に強い関心をもっているまでであって、他宗の場合も条件次第では社会的に広く注目を集めるような運動を展開することも十分にあり得たと思う。そのことを証明する一例として、かつて私は浄土宗信仰の盛んな長門北浦沿岸の漁村・大日比、通両地域の近世後期における住民の活発な宗教運動や真宗との法論を紹介し〔ている〕……。したがって、真宗以外においても、けっして辻仏教史学でいわれているような面だけでなく、条件しだいでは地域住民の生活に密着した、密度の濃い宗教活動が展開され、それが一定の成果をあげることもじゅうぶんありえたと思う。[52]

引野に反駁しようとする児玉の意図にもかかわらず、「辻仏教史学でいわれているような面だけではなく、条件しだいでは」という言い方からは、〝近世日本の仏教については、一般的に辻説をあてはめることも可能である〟というニュアンスを読み取ることができる。極端な言い方をすれば、真宗や（ある特殊な条件下の）浄土宗以外では、堕落論が機能することになる。児玉の反駁は、逆に、引野の主張をさらに補強しているようにみることもできよう。

第六節　「堕落論」の彼方――大桑斉と高埜利彦をめぐって

堕落論が近世仏教研究の推進力ともなっていたことは事実であろう。仮にそれが堕落論の枠組みを越えるものではなかったとしても、多くの研究が蓄積された。大桑斉は、従来の近世仏教研究を以下のようにまとめている。

結局、その近世仏教堕落論をどう乗り越えるかという視点が、なかなか見つからないわけであります。そこで、堕落論に対して堕落してないんだ、生きて動いているんだ、近世仏教は生きた機能を持っているんだということを一所懸命力説しようとしたわけです……。そしてつまるところが現世利益ですね、そういうものとして生きていたのではないかというところへいってしまう。そういうものであるならば、生きたということは結局、堕落論の裏返しにしかならないわけです(53)。

この引用元である『日本仏教の近世』は、「江戸時代を仏教的世界と見ることができないかという提言を中心とする著書であり、そこにおいて一九七九年の『寺檀の思想』にすでにみられる研究動機、すなわち「近世という時代において、仏教とはいったい何であったか」という基本的な問いが持続されている(54)。この問題に関して、林淳は以下のように述べている。

近世仏教の「近世的」特質が明らかにされていないことから出発する。従来は幕藩権力の統制下にあることをもって「近世的」ととらえられていた。しかし、歴史学の分野では幕藩権力じたいが再検討され、その構造が問われ「近世的」の意味が問題になっている以上、権力の統制をうけることをもって、近世仏教の「近世的」由縁ということはできない。政治と宗教の両方をも基礎づける近世的特質が明らかにされなくてはならないからだ。(55)

この林の主張を念頭に置くと、問題がどれほど複雑であるのかが見えてくる。大桑の核心は僧侶が如何に堕落しているか、あるいは近世仏教がどこに生きてどこに死んでいたのかといったところにあらず、「日本の仏教が近世という時代を迎えたときに一体どうなったのだろうか」というところにある。しかしそれは幕府の宗教統制によって仏教が変わったという一方的な考え方ではなく、仏教を抜きにして江戸時代の思想界そのものも考えられない、という考え方である。まさに「仏教的世界としての近世」という見解である。(56)

最後に、仏教を正面から扱っていないとは言いながら、近年の近世宗教史を導いてきた高埜利彦の研究成果を紹介し、語りの枠組みとしての近世仏教堕落論の廃れを考えたい。高埜の問題意識や研究動機としては、現代日本における個人の権利意識の脆弱さはどこに原因があるかということにある。(57)高埜は一九八六年に一年間フランスで生活し、そこの民衆における個人権利の意識を感じ、それに対する現代日本民衆における個人の権利意識の脆弱さを認識して、その要因は強大な国家権力が創出された近世に求められるものであろうと考えた。

高埜は国家権力と宗教の関係を考察するにあたって、従来の研究のように幕府権力に限定して答えを求めるのではなく、朝廷権威をも対象にしながら国家権力の構造を考えたのである。従来のアプローチでは、朝廷は単に幕府に圧迫された存在のように考えられていたが、それでは幕末になって朝廷が突然権威を再び握るようになるのはあまりにも非合理的である。そして高埜は近世国家権力の構成を幕府と朝廷に求め、二元的なアプローチを見せた。朝廷権威につながる寺社、修験者や陰陽師という身分の曖昧な宗教者、また相撲渡世集団などの芸能者に対する国家権力による編成構造を明らかにするため、高埜は従来の研究に見落とされてきた近世中後期に焦点を当てた。彼に言わせれば、「近世の国家権力を、幕府と藩による幕藩領主権力にとどめず、天皇・公家・門跡などを含めた広い意味での朝廷を含み込ませて、その特質を明らかにしようとしたところに、本書のねらいの一つがある」。さらに「ねらいの二つ目は、僧侶・神職・修験道（山伏）・陰陽師・万歳・易者・相撲取・梓巫女などの非農業民、とくに宗教者ないしは芸能者たちを、身分的に如何に近世国家権力は編成していたのか」ということが述べられる(58)。幕府が一七世紀に行った宗教統制によって近世中後期を説明するのが如何に困難であるか、高埜は実証的に示した。この点こそに高埜の研究の意義が認められる。

高埜は、身分制の外にいる民間宗教者がどのように統制されていったかを示しながら、身分的周縁論を応用した。寺檀制度の枠から離れた山伏などの流動する身分的周縁の者にも、国家からの許可が必要となったと論じ、民間宗教者はそれによって全国的に統制され、全国民の身分統制が成功した。

おわりに

大桑斉が指摘するように、近世仏教研究の正当化を行う上で、堕落史観という枠組みのなかに自らの対象を位置づける者は少なくなかった。しかし、多くの研究者が堕落論を克服しようとしながら、その枠組みを乗り越えることができなかったのは、何よりも、堕落を「論」として、つまり辻の言説として捉えていたのではなく、ひとつの史実として捉えていたからである。より具体的には、彼らの多くは、堕落論が生み出された近代日本の文脈や辻のテキストを詳細に検討することなく、近世宗教史の枠組みとしての堕落論をむやみに克服しようと努めたのである。

本章では、戦後の段階において、近世仏教堕落論は継承されつつ多くの批判も浴びたことを明らかにした。前章で示したように、辻が提示する「日本仏教史」なる物語においては、重点が「僧侶」に置かれながら、国家と民心も登場する。辻は「民」を肯定する一方、村上専精のような以前の仏教史学者の語り方と共通して、「僧侶」を主人公としている。辻以降、柏原祐泉や竹田聴洲は、「近世仏教」が民衆的な要求の上で展開したことを唱え始める。国家という重石をはずしたところに戦後の仏教史研究の特色があり、近世仏教堕落論への批判も、国家の影を見ずに民衆の支持を重視し、研究をすすめるなかで行われた。近世仏教堕落論への批判が出てきたのは、僧侶ではなく、民衆の仏教信仰心を対象にした研究が登場したからであり、それが仏教史研究の主流になっていった。しかしこれらの多くの研究が堕落論の枠のなかにあったことは先に論じたとおりである。

上記の高埜利彦が開始した近世の宗教史研究は、国家の影と僧侶を、近世の宗教史の舞台に再び呼び戻した成果であった。近世仏教を正面から考えようとする大桑斉の研究と、それと異なった視点から、近世という時代を考える一手段として近世宗教を分析した高埜利彦の研究にレベルの相違はあろうが、彼らが提示した論は、語りの枠組みとしての近世仏教堕落論を乗り越えることの一助となった(59)。

事実、近世仏教堕落論は近世宗教研究の枠組みにおいて十分、相対化されてきた。しかし、それは近世宗教史、近世仏教史を研究している者にとってであり、近世史家でも他分野の研究者、ましてやほかの時代の研究者にとっては、近世仏教堕落論の影響はまだ見られるのである。とくに思想的な面を考えると、「近世仏教思想史」とキーワードにする者はいまだにほかの時代に比べ、非常に少ない。西村玲は近世仏教の思想史的研究の現状に関して、以下のように述べる。

丸山眞男に始まる戦後の日本思想史研究は、近世仏教を寺檀制度・本末制度によって理解し、主として政治思想史の視点から分析してきた。その結果、近世の仏教は、幕藩体制を支える政治的・社会的な役割を果たしたと位置づけられ、思想的には時代に取り残された封建教学として、見るべき価値はないとされてきた。歴史学の中でも社会史的な研究は、仏教が近世の民衆生活を支えていたことを明らかにしてきたが、近世仏教における思想的な研究は、いまだ近世仏教堕落史観の段階にとどまっている。(60)

つまり、とくに思想史的な面において、いまだに近世という時代を象徴するものは、儒学であり近世後期の国学といった宗教とは一線を画した「学問」であるという理解はたしかに存在する、と言えるのではないか。近世宗教研究の枠組みを越え、より広い観察がもつ堕落論的な思考の構想を相対化させることは、今後のひとつの大きな課題であろう。

註

（1）Watt, Paul B. "Jiun Sonja（1718-1804）: A Response to Confucianism within the Context of Buddhist Reform" In *Confucianism and Tokugawa Culture*, edited by Peter Nosco（Honolulu: University of Hawai'i Press, 1984）, pp. 188-189.

（2）SANSOM, George B. *Japan : A short cultural History* (London : Cresset Press, 1931), p. 469.
（3）ANESAKI Masaharu. *History of Japanese Religion* (London : Kegan Paul, Trench, Trubner & Co., 1930), p. 306.
（4）KITAGAWA, Joseph M. *Religion in Japanese History* (New York : Columbia University Press, 1966), p. 166.
（5）EARHART, H. Byron. *Japanese Religion : Unity and Diversity* (Belmont, CA : Dickenson, 1969), p. 70.
（6）日本宗教史研究会編『日本宗教史研究』（隆章閣、一九三三年）、一頁。
（7）圭室諦成「葬式法要の発生とその社会経済史的考察」（日本宗教史研究会編『日本宗教史研究』隆章閣、一九三三年）、一七三頁。
（8）圭室「葬式法要の発生とその社会経済史的考察」、二〇二頁。
（9）「鎌倉新仏教中心史観」に関しては、本書・第一部の「結語」、および第二部・第二章・第三節を参照。
（10）圭室「葬式法要の発生とその社会経済史的考察」、二一二頁。
（11）圭室諦成『日本仏教史概説』（理想社、一九四〇年）、三七四頁。
（12）圭室諦成「江戸時代の仏教形態」（宮本正尊・他編『日本の仏教』［講座仏教　第五巻］、大蔵出版、一九五八年）、二六四～二六五頁。
（13）圭室諦成『葬式仏教』（大法輪閣、一九六三年）、二六九頁。
（14）圭室『葬式仏教』、一頁。
（15）竹田聴洲「近世寺院史への視角」（『近世仏教——史料と研究』創刊号、一九六〇年）、一頁。
（16）林淳「辻仏教史学の継承と批判」（田丸徳善編『日本の宗教学説』東京大学宗教学研究室、一九八二年）、六三頁。ここにおける学術雑誌『近世仏教』をめぐる考察のほとんどは林によるものである。
（17）SONEHARA Satoshi. "The Establishment of Early Modern Buddhism" (*Acta Asiatica*, v. 91, 2006), pp. 68-69.
（18）林「辻仏教史学の継承と批判」、六三頁。
（19）「本末制度」とは、江戸幕府が各宗派の寺院を重層的な本寺・末寺の関係に置くことで、その宗派に対する統制を図った制度である。しかし、「寺檀制度」はそれより複雑な概念であり、朴澤直秀によれば広義と狭義の二つの用法がある。つまり、「広義の用法としては、近世以来、現在の状況も含め、代々固定的に葬祭を行うことを内容とした寺院と檀家との関係、ないしはそういった習慣を指して使われる。一方狭義の用法としては、寺院と檀家との関係を規定する、「寺請制度」を中核とした政治的制度のことを指す」（朴澤直秀「寺檀制度と葬式仏教」大久保良峻・他編『日本仏教34の鍵』春秋社、二〇〇三年、二一二頁）。

（20）竹田聴洲「近世社会と仏教」（同『葬史と宗史』「竹田聴洲著作集第七巻」、国書刊行会、一九九四年）。初出一九七五年。

（21）SONEHARA, "The Establishment of Early Modern Buddhism", p. 69.

（22）竹田「近世社会と仏教」、一五六頁。

（23）宮田登「はやり神仏と俗信仰」（中村元・笠原一男・金岡秀友［監修・編集］『アジア仏教史・日本編Ⅶ　江戸仏教』佼成出版社、一九七二年）、一九二～一九三頁。

（24）WEBER, Max. *Die protestantische Ethik und der Geist des Kapitalismus*（Tübingen：J. C. B. Mohr, 1934［1905］）大塚久雄訳『プロテスタンティズムの倫理と資本主義の精神』（岩波書店、一九八八年）。

（25）TROELTSCH, Ernst. *Die Bedeutung des Protestantismus für die Entstehung der modernen Welt*（München/Berlin：R. Oldenbourg, 1911［1906］）堀孝彦・他訳『プロテスタンティズムと近代世界』（『トレルチ著作集』第八巻・第九巻、ヨルダン社、一九八四～一九八五年）。

（26）SOMBART, Werner. *Der Bourgeois：zur Geistesgeschichte des modernen Wirtschaftsmenschen*（München：Duncker & Humblot, 1913）金森誠也訳『ブルジョワ——近代経済人の精神史』（中央公論社、一九九〇年）。

（27）TAWNEY, Richard H. *Religion and the Rise of Capitalism：A Historical Study*（New York：Harcourt Brace, 1926）出口勇蔵・越智武臣訳『宗教と資本主義の興隆——歴史的研究　上下』（岩波書店、一九五六年～一九五九年）。

（28）原勝郎「東西の宗教改革」（同『日本中世史の研究』同文館、一九二九年）、三〇四～三二二頁。初出一九一一年。

（29）内藤莞爾『日本の宗教と社会』「宗教と経済倫理——浄土真宗と近江商人」（御茶の水書房、一九七八年）。初出一九四一年。

（30）中村元『近世日本における批判的精神の一考察』（三省堂、一九四九年）。本書において、中村は「仏教」に重点を置いているとは言えないが、後の近世仏教研究に大きな影響を与えるため、近世仏教の近代性を探ろうとする研究の系譜に位置付けされるべきであると考えられる。
(31) BELLAH, Robert N. *Tokugawa Religion : The Values of Pre-industrial Japan* (New York : Free Press, 1959) 池田昭訳『徳川時代の宗教』(岩波文庫、一九九六年［一九六二年］)。
(32) 柏原祐泉「近代仏教の思想史的系譜」(同『日本近世近代仏教史の研究』平楽寺書店、一九六九年)、三二三頁。初出一九五一年。
(33) 柏原祐泉「近世における真宗の世俗倫理思想」(同『近世庶民仏教の研究』法藏館、一九七一年)、一四八頁。初出一九六六年。
(34) 柏原祐泉「近世の排仏思想」(同・藤井学編『近世仏教の思想』岩波書店、一九七三年)、五一七頁。
(35) 柏原『近世庶民仏教の研究』、一頁。
(36) 林淳「幕藩体制と仏教」(前掲『日本仏教34の鍵』)、一九六頁。
(37) 圭室文雄『江戸幕府の宗教統制』(評論社、一九七一年)、二一〇頁。
(38) 圭室文雄「葬祭から祈禱へ――近世仏教における対話の内容の変化」(日本宗教史研究会『日本宗教史研究　第二』法藏館、一九六八年)、一二九頁。
(39) 圭室『江戸幕府の宗教統制』、二二二頁。
(40) 圭室『江戸幕府の宗教統制』、二二七頁。
(41) 圭室『江戸幕府の宗教統制』、二二八～二二九頁。
(42) 圭室『江戸幕府の宗教統制』、二頁。
(43) 前掲林「幕藩体制と仏教」を参照。
(44) 林「幕藩体制と仏教」、一九六～一九七頁。
(45) 圭室文雄『日本仏教史――近世』(吉川弘文館、一九八七年)、一〇一頁。
(46) 児玉識『近世真宗の展開過程――西日本を中心として』(吉川弘文館、一九七六年)。
(47) 奈倉哲三『真宗信仰の思想史的研究』(校倉書房、一九九〇年)。
(48) 有元正雄『真宗の宗教社会史』(吉川弘文館、一九九五年)。

(49) 澤博勝『近世の宗教組織と地域社会』(吉川弘文館、一九九九年)、とくに第Ⅲ部「教団仏教と地域社会」の第一章「〈真宗地帯〉越前の地域的特質――近世越前真宗社会史研究序説」を参照。ちなみに澤が考える近世宗教像は「日本における宗教的対立と共存――近世を中心に」(『歴史学研究』八〇八号、二〇〇五年)を参照。

(50) たとえば引野亨輔『近世宗教世界における普遍と特殊――真宗信仰を素材として』(法藏館、二〇〇七年)、特に三～一二頁を参照。同「書評と紹介　有元正雄著『近世日本の宗教社会史』」(『宗教研究』第三四〇号、二〇〇四年、一五七～一六二頁)も参照。

(51) 引野亨輔「近世真宗における神祇不拝の実態――真宗地帯安芸を事例として」(『地方史研究』二九一号、二〇〇一年)、一～一二頁。

(52) 児玉識『近世真宗と地域社会』(法藏館、二〇〇五年)、五～六頁。

(53) 大桑斉『日本仏教の近世』(法藏館、二〇〇三年)、七～八頁。

(54) 大桑斉『寺檀の思想』(教育社、一九七九年)、二二六頁。

(55) 林「辻仏教史学の継承と批判」、六五頁。

(56) 大桑『日本仏教の近世』、五頁。

(57) 高埜はそのプロジェクトに関して、以下のように述べている。

　中世期までと、全国統一なった後の近世期との違いにこそ着目する必要があるのであろう。兵農分離以前の、在地や農民や共同体に武力が備わり、対する統一性の弱い分散した権力に、時には一揆で対峙しえる国民の側の権利と国家権力との関係。これに比べて、近世の統一された幕藩領主権力と、兵農分離を経た丸裸の農民や共同体との関係。この中世と近世との違い、すなわち格段に強い近世国家権力の形成こそ、今日に連なる国家と個人の関係の歴史的な出発点として捉えるものであろう(高埜利彦『近世日本の国家権力と宗教』東京大学出版会、一九八九年、ii頁)。

(58) 高埜『近世日本の国家権力と宗教』、xiii頁。

(59) 近世仏教堕落論を語りの枠組みとして使用しない研究者の事例としてはまた、尾藤正英も挙げられよう。一九八八に発表された「日本における国民的宗教の成立」(『江戸時代とはなにか――日本史上の近世と近代』岩波書店、一九九二年に所収）において、仏教は近世において国民的宗教として初めて普遍化したという見解が尾藤によって示され、近世仏教は新たに定義し直された。一五世紀前後の社会構造全体の変化のなかで一般庶民の生活の基盤としての「家」が成立して、この「家」社会である近世日本の宗教意識は要約すれば、民俗宗教を基盤に個々人によって支えられる「家」の中核としての仏教による祖先崇拝と、「家」が不可欠なものとして統合される村落共同体の氏神信仰、つまり神道と相互補完的なものであり、それは「一つの宗教」と呼ぶべきものである。こうした宗教意識は庶民のみならず、各身分、そして将軍家や、皇室にまで共通するものでありその意味で平等性を実現している。そして、近世国家は国家として統一性を持っていることから、国民と呼ぶべきものがすでに成立しているため、先の「一つの宗教」は「国民的宗教」と呼ぶこともできる。要するに、仏教勢力は寺檀制度によって社会的に揺るぎない位置を占めるに至り、中世鎌倉仏教の祖師の精神が初めて広く一般化して、仏教は名実ともに国民宗教となった、という見解である。檀家制度の「束縛」的な面を強調せず、むしろ「国民的宗教」を可能にしたものとしてみるのである。

(60)　西村玲「徳門普寂――その生涯（１７０７―１７８１年）」（『インド哲学仏教学研究』一四、二〇〇七年）、八七頁。

第二部　結　語

以上、近世後期から明治期を通して、戦後日本の学界にいたるまでの時期に焦点を当て、「近世仏教の衰微」という言説の形成・定着・展開・廃棄を考察してきた。そのプロセスは如何なるものであり、如何なる意義を有しているのか。

少なくとも近世後期より、僧風刷新を目指すような、僧侶による仏教批判という言説的装置は存在した。それが明治期において、宗門は神仏分離政策により抱かされた危機感を乗り越えるべく、維新を歓迎し、当時の政府が批判の対象としていた点を認めつつ、〝それは誤った実践であり、本当の仏法ではない〟といったような言説を展開していく。かかる改革運動の枠組みにおいて明確になりつつあった、明治維新を日本仏教の境目として捉えるような語り方は、近代的な仏教の学術研究が成立するに際して継承され、〝過去の事実〟の位置を与えられる。辻善之助の「実証」作業により「近世仏教の衰微」はさらに疑い得ない学説となり、戦後の近世仏教研究はこれを前提として展開されている。

しかし敗戦という体験により、「国家」を掲げるような歴史研究は批判されるようになると同時に、「民衆」がその主人公として語られていく。辻の「日本仏教史」は「民衆」という視点から読まれるようになり、彼が見逃したとされる「庶民」の宗教生活などの課題が以前よりもますます取り上げられるようになる。批判されながらも継承された「近世仏教堕落論」は、とくに一九八〇年代以降、ついに「説」として認識されるようになり、語りの枠組みとして廃棄される段階にいたった。

多くの近世宗教研究者が近世仏教堕落論を乗り越えようとして乗り越えられなかったのは、近代的知によって叙述されるようになった「宗教的現象」を、そのまま近世日本の実態として捉えたからである。辻に連なる「近世僧侶の堕落」をめぐる諸説のなかで、とくに辻が堕落論の提唱者として記憶されているのは、より「科学的」とされる彼の立場に依拠している。しかし、そのような「科学的」立場も近代的な文脈のなかで成立してきたことを看過することはできない。つまり、近世仏教の衰微という言説そのものは、近代的学知の成立に伴って「宗教界」から「学界」に入り込み、「科学的」な知識や検証によって補強されていった。「宗教者」によって「僧侶の堕落」が述べられ、そして同じ事柄が「科学者」によって語られると、「学知」としての力を得てより広い観衆に及ぶのである。その文脈においては、日本における代表的な「実証史学者」である辻善之助の語り方も、当時の「宗教界」と密接に関係しているのである。

このような事実を軽視するならば、背後に秘められた辻のような者の意図や政治性を見落としかねない。さらには、そのような政治性を無自覚に引き継いでしまう危険性も孕んでいるのである。そもそも、過去を描く行為に内在する政治性に自覚的であることは極めて重要である。宗教なるものを語る場合はなおさら、とも言えるであろう。

結――「日本仏教」の近代

以上、全八章を通じて、近代日本思想としての「仏教史学」をめぐる考察に取り組んできた。第一部と第二部での指摘を踏まえ、本研究は結局、何を明らかにすることができたのか。詳細は、以下のとおりである。

第一部において、「日本」をめぐる語りが「仏教」に対して試みられると、「日本仏教」なる言説空間が形成され、「聖徳太子」および「鎌倉新仏教」を強調する語りが生じ、定着する。ここで忘れてはならないのは、こういった言説の担い手のほとんどは、官学アカデミズムの代表者であると同時に、宗門に関係していた者でもある。彼らは、皇室の一員としての「聖徳太子」を掲げることにより「日本仏教」の「日本」たる側面を満たし、「鎌倉新仏教」までの展開を描くことにより自らが所属する「宗門」の立場が主張される側面も満たす（さらに言うならば、平安仏教ではなく鎌倉新仏教――ことに親鸞――が中心となることは、官学アカデミズムを担った多くの仏教者が浄土真宗出身者――吉谷覚寿、村上専精、南條文雄、島地大等、高楠順次郎、花山信勝など――であるという事実も関係しているであろう）。自宗の祖師は、「日本仏教」の絶対的な存在たる「聖徳太子」に直接つながっていることを描くことにより、「日本仏教」という大きな物語における祖師（そして自宗全体）の居場所を保証した。

第二部においては、少なくとも近世後期から存在した僧侶による〈仏教批判〉が、明治維新という激変期を経て、如何に展開したのかを示した。一八八〇年代から成立する近代的な意味での仏教（史）学の担い手が当時の僧侶の「堕落」を嘆いたことは、同時期に成立する「日本仏教史」の叙述に如何に影響したのか、筆者はそのプロセスの描写を試みた。この時期において「学界」と「教界」との区別は必ずしも明確ではなく、弁別すべきものであるという発想の存在すら疑わしい。むしろ近代仏教の一特徴は、「科学」を踏まえた「仏教」の探究であり、両界の調和を重んじるところにある（村上専精の「大乗仏説論批判」はその好例である）。つまり、仏教界の革新を促す語りが「維新以前の僧侶」への批判と表裏一体のものとして官学アカデミズムの世界に入り込み、「日本仏教史」という物語の成立により「過去の事実」の位置を与えられ、今後の仏教のアンチテーゼとしての意義をもたらされた。

周知の如く、第一部と第二部に描いたプロセスは無関係に行われたものではない。前者には国家にとっての〝ふさわしい〟仏教の有り方という問題が存在し、後者には「仏教の理想」なる観念に伴う現今仏教への不満という要素が働いた。関係しながらも異なる次元において、ネイションに対する信奉と、〝正しい〟仏教の有り方への欲求は、「鎌倉新仏教中心史観」および「近世仏教堕落論」という、日本仏教史学における二大パラダイムの出現に直接に関わった。その二つの言説は、「乗り越えるべき」ただの「古い学説」ではなく、戦前を中心とする近代日本の仏教者が如何なる不満の下、如何なる明日への希望を抱いて活動したのか、を示すものでもある。とはいえ、本研究は、思想史としてかかるパラダイムを捉え直す第一歩であり、到達点ではない（とくに「鎌倉新仏教中心史観」の成立に関して、さらなる考察が期待される）。

以上、近代日本思想として仏教史学を見直した際に、知識人の責任や言説の定着に関して、さまざまなことが明らかとなった。ただし、官学アカデミズムの世界を母体に生じた、あるいはその勢力により定着したような「日本仏教」言説は、その周辺の世界――たとえば、結社などにおいて――如何に受容され、如何に変容されたのか、そういった課題にも今後、取り組む必要があろう。学界に限らず、具体的な宗教活動に現れるような「日本仏教」言説の役割に関して大谷栄一『近代日本の日蓮主義運動』（二〇〇一年）の成果もあるが、日蓮仏教以外の世界において「日本仏教」言説の機能をめぐる研究は豊富とはいえない。このさき筆者はたとえば、一八八九年に結成された団体「尊皇奉仏大同団」や、一八九〇年代を通じて展開する仏教公認（教）運動にみる「日本仏教」論の生成・展開とアジア主義との関係を検討し、より広い意味での「日本仏教」の近代を考えていきたい。

あとがき

「外国語で冒険する人をからかうのはご法度だろう」（Devia ser proibido debochar de quem se aventura em língua estrangeira）。ブラジルを代表する音楽家であるシコ・ブアルキが二〇〇三年に発表した三作目の小説『ブダペスト』は、そういう言葉で始まる。主人公のジョゼ・コスタはリオデジャネイロ出身の四十歳のゴーストライターで、紆余曲折の末ハンガリーに留まり、同国の公用言語を学んでそれで「冒険」しようとする。つまり普段、「自己」の言葉で「他者」を表現するコスタが、「他者」の言語で初めて「自己」を表現していく物語である。「自己」と「他者」が重ね合って融合し、従来のそれらがそれこそ無意味となる。この小説を読んだ際に覚えたコスタとの親近感の記憶は、今、この「あとがき」を記しながら、生き生きと蘇ってくる。初めての単著を私がこういう形で発表するにいたったのは、直接的であれ間接的であれ、『ブダペスト』の主人公のように、多くの人に後押しされたからである。この一〇年間、何らかの形で私を支えたあなたに、まず感謝の言葉を記したい。あなたのおかげで、とても恵まれた、充実した一〇年間を過ごすことができた。本当にありがとうございます。

本書は、二〇一〇年一月に東北大学大学院文学研究科に提出した学位請求論文「近代思想史としての仏教学——

国民国家と僧風刷新の歴史記述」を土台として作成したものである。この論文は、思いもかけず、第六回（財）国際宗教研究所賞（二〇一〇年度）の対象となった。そういうこともあり、自信のない筆者ではあったが、多くの先生に学位論文を踏まえた単著の刊行について問われるようになって、勇気づけられた。協力して下さる出版社も運良く見つかり、諸先生のご期待に応えるだけ応えようと考え、刊行に向けての作業を始めた。しかし、東日本大震災の影響のためにそれをしばらく、中断せざるを得なかった。それから数ヵ月、再び作業を開始すると、筆者の問題意識の展開も関係してのことか、やり残された課題を痛感した。ことに一八九〇年代以降の植民地政策が「日本仏教」言説にもたらした影響、近代仏教における真宗のいわば「客観的」な位置づけ、敗戦まもなくの仏教史学の状況の叙述といった〝急務〟に目覚め、それらの課題に取り組むようになった。かつ最近、近代日本仏教をめぐる研究成果が速いペースで次々と発表され、本書にそのすべてを反映させることができなかったことを残念に思う一方、分野は人が追いつけなくなったほどの生産力を持つようになった事実を嬉しく受け止めている。本書が、そういった活発な研究領域に少しでも貢献できるものとなれば幸甚である。

本書の大部分は、国内外の学術誌においてすでに発表されており、その初出は以下のとおりである。なお改稿したものもあれば、語句の修正に留めたものもある。

序

第一節・第二節

「近代・オリエンタリズム・越境性——仏教研究における近年の一動向をめぐって」（『東北宗教学』第五号、

二〇〇九年十二月)。

第三節

「恐怖の源から救い主へ――宗教学における〈歴史〉の位置付け」(『論集』印度学宗教学会、第三四号、二〇〇七年)の一部を踏まえている。

第一部・第一章

「原坦山にみる明治前期仏教言説の動向」(『日本仏教綜合研究』第七号、二〇〇九年五月)。

第一部・第二章

「〈日本仏教〉の誕生――村上専精とその学問的営為を中心に」(『日本思想史研究』第四二号、二〇一〇年三月)。

第一部・第三章

「大正期における日本仏教論の展開――高楠順次郎の思想的研究・序説」(『日本思想史学』第四二号、二〇一〇年九月)。

第一部・第四章

「十五年戦争期における日本仏教論とその構造――花山信勝と家永三郎を題材として」(『佛教史學研究』第五三巻・第一号、二〇一〇年十一月)。

第二部・第一章

第一節および第二節は“Against the Ghosts of Recent Past : Meiji Scholarship and the Discourse on Edo Period Buddhist Decadence”(*Japanese Journal of Religious Studies*, 35/2, December 2008)のpp.268-273を日本

語に訳した上で、加筆を施したものである。第三節は「近世仏教堕落論の近代的形成――記憶と忘却の明治仏教をめぐる一考察」(『宗教研究』、第三五四号、二〇〇七年一二月)の第二節(「明治初期の宗教政策と「僧侶の堕落」」)によるものであり、第四節〜第六節は口頭発表「諸宗同徳会盟の思想――〈近代と仏教〉前史」(日本思想史研究会月例会、二〇〇八年一月一二日、於東北大学)の原稿を踏まえるものである。なお後者の主旨・質疑応答の内容は『年報日本思想史』第七号(二〇〇八年、九〇〜九一頁)に収録。

第二部・第二章

前掲「近世仏教堕落論の近代的形成――記憶と忘却の明治仏教をめぐる一考察」の第三節〜第五節に加筆し、修正を施したものである。

第二部・第三章

「辻善之助の仏教史学とその構想――江戸時代の語り方を中心に」(『近代仏教』第一五号、二〇〇八年八月)。

第二部・第四章

「戦後日本における近世仏教堕落論の批判と継承」(『年報日本思想史』第七号、二〇〇八年三月)。

上記のように、この一〇年間、多くの方々に支えられてきた。まずは、筆者が長らく在籍した東北大学の諸先生に心より感謝の念を捧げたい。最初に所属した宗教学研究室では、博士論文の主査を務めた鈴木岩弓先生をはじめとして、木村敏明先生、デール・アンドリューズ氏や滝澤克彦氏にも、大変お世話になった。ことに筆者を快く引き受け、日本での居場所を与えて下さった鈴木先生には、甚大な謝意を表したい。のちに、日本学術研究会特別研究員として採用された際には学部研究生の当初よりお世話になっていた日本思想史研究室へと正式に移り、佐藤弘夫先生のご指導の下、とても有益な時間を過ごすことができた。そこで、片岡龍先生や大川真氏、冨樫進氏にも大いに啓蒙された。東北大学ではさらに、高橋章則先生および曽根原理先生にも多くのことを学んだ。まさに恵まれた研究環境であった。篤く深く、お礼申し上げる次第である。

筆者は国内外において、多くの先生のご指導を賜った。末木文美士先生、島薗進先生、石井公成先生に、これまでの研究を展開する上で欠かせないアドバイスを頂いた。国外ではとくに、歴史学の基礎を身につけさせて下さったサンパウロ大学（USP）歴史学科の諸先生、なかでもピーター・デーマント（Peter Demant）先生とリカルド・M・ゴンサルヴェス（Ricardo Mário Gonçalves）先生にお礼申し上げたい。先生方のお力なくして、いまの自分はなかったであろう。

そして宗教史の視野と方法を教えて下さった林淳先生。大学院に進学した当初からさまざまなご助言を頂き、学位論文の審査員も務めて下さった。考えてみると、もともと近世宗教史研究に取り組んでいた筆者が「近代仏教」の世界に入り込んだのはおそらく、林先生の影響であろう。深謝する次第である。

ちなみに日本における近代仏教研究は、今日、ひとつの「共同体」を構成して、まさに、良い意味での家族のようなものとなっている。研究会に出席する際は、親戚に会うような気分であり、談論風発と笑いが絶えることがなく、研究を進める大きな励みになる。誰よりも親切にその家族へと筆者を歓迎したのは、吉永進一先生と大谷栄一先生である。お二人のお陰でさまざまな機会を与えられ、研究者として成長することができた。

やや長くなったが、筆者はこれほど多くの「善知識」に恵まれてきた人間である。しかし善知識といえば、この「あとがき」を締める前に、桐原健真氏のことを語らなければならない。筆者が本書を通して、「近代日本」なる言説空間に関して少しでも提言できたとすれば、それは何よりも桐原氏のお陰である。彼には、いくら語っても感謝しきれない。

具体的な名前の明記は控えるが、多くの友人にも支えられた。一〇代の終わりに研究者の道を共に歩み始めたサンパウロ大学の友人、仙台でお世話になった友人、近代仏教研究「レンジャー」の友人。皆さん、いろいろと、ありがとうございます。そして今後とも、よろしくお願い申し上げます。

なお大学院時代から本書執筆の時期までは、日本国文部科学省国費外国人留学生制度、そして日本学術振興会外国人特別研究員事業によって支えられてきた。

本書出版の機会を与えて下さったのは法藏館の戸城三千代氏である。筆者が抱える制度上の不都合な条件にもかかわらず、本書の企画を快く引き受けて下さった。それは後に上山靖子氏に引き継いで頂き、大変お世話になった。筆者が二〇一一年に直面したさまざまな困難を誰よりもよく理解して、企画を進めて下さった。法藏館の皆さまには、謝意を表する次第である。

最後に私ごとで恐縮であるが、筆者を応援してくれた私の家族（Famílias Garcia e Klautau）および〝語りの相手〟でもある恵実にも、いろいろとありがとう、と伝えたい。

こう書き連ねてくると、本書はどれほど「自分のものではない」のかということが、さらに自覚されてきた。これを読まれたあなたが、よいと思われたところは上記の多くの方々のお陰である。誤りや不十分な点はもちろん、私の責任であるとお思い下さい。

歴史の下に、記憶と忘却。
記憶と忘却の下に、生。
しかし生を書くことはもうひとつの歴史。
　未完。

ポール・リクール

仙台　二〇一二年三月一一日　東日本大震災から一周年を迎えて

Orion KLAUTAU

文献一覧　（著者名のアルファベット表記順）

足立栗園『批判的日本仏教史』（警醒社書店、一八九九年）。

Ahmad, Aijaz. *In Theory: Classes, Nations, Literatures* (London & New York: Verso, 1994 [1992]).

相澤祖明・渡邊童麟『新撰日本仏教歴史』（国母社、一八九五年、上巻）。

鯵坂真「〈和〉の思想と日本精神主義――『国体の本義』の成立過程――」（日本科学者会議思想文化研究委員会編『「日本文化論」批判――「文化」を装う危険思想』水曜社、一九九一年）。

赤松徹真・福嶋寛隆編（二葉憲香監修）『「新佛教」論説集　上』（永田文昌堂、一九七八年）。

赤松徹真「明治中期の仏教的〝近代〟の相剋――村上専精を中心として」（『龍谷史壇』八七号、一九八六年）。

秋山悟庵編『坦山和尚全集』（光融館、一九〇九年）。

――――『尊王愛国論』（金尾文淵堂、一九一二年）。

Albuquerque, Eduardo Basto de. "Distinções no Campo de Estudos da Religião e da História" In *O estudo das religiões: desafios contemporâneos*, edited by Silas Guerriero (São Paulo: Paulinas, 2003).

――――."A História das Religiões" In *O espectro disciplinar da Ciência da Religião*, edited by Frank Usarski (São Paulo: Paulinas, 2007).

――――."Historiografia e Religião" (*Revista Nures*, Publicação Eletrônica do Núcleo de Estudos 'Religião e Sociedade' da PUC-SP, n. 5, 2007, 〈http://www.pucsp.br/revistanures/〉二〇一一年一月一九日にアクセス)。

――――."Da história religiosa à história cultural do sagrado" (*Ciências da Religião - História e Sociedade*, vol.5, n. 1, 2007, 〈http://www3.mackenzie.br/editora/index.php/cr〉二〇一一年一月一九日にアクセス)。

Almond, Philip C. *The British Discovery of Buddhism* (Cambridge: Cambridge Univ. Press, 1988).

AMSTUTZ, Galen. *Interpreting Amida: History and Orientalism in the Study of Pure Land Buddhism*（Albany: State University of New York Press, 1997）.

安藤智信『中国近世以降における仏教思想史』（法藏館、二〇〇七年）。

ANESAKI Masaharu. *Religious History of Japan: An Outline*（Tokyo: Anesaki Masaharu. Revised for private circulation from the article written for the Encyclopedia Americana, 1907）訳者名不記「日本宗教史概観」、（同『宗教と教育』博物館、一九一二年）。島薗進編『姉崎正治集　第五巻』（クレス出版、二〇〇二年）に復刻。

————. *History of Japanese Religion*（London: Kegan Paul, Trench, Trubner & Co., 1930）.

APP, Urs. *The Birth of Orientalism*（Philadelphia: University of Pennsylvania Press, 2010）.

有元正雄『真宗の宗教社会史』（吉川弘文館、一九九五年）。

ASAD, Talal. *Genealogies of Religion: Discipline and Reasons of Power in Christianity and Islam*（Baltimore: Johns Hopkins University Press, 1993）中村圭志訳『宗教の系譜――キリスト教とイスラムにおける権力の根拠と訓練』（岩波書店、二〇〇四年）。

————. "Reading a Modern Classic: W. C. Smith's 'The Meaning and End of Religion'". In *Religion and Media*, edited by Hent de Vries and Samuel Weber（Stanford, Calif.: Stanford University Press, 2001）中村圭志訳「比較宗教学の古典を読む――W・C・スミス『宗教の意味と目的』」（タラル・アサド／磯前順一編『宗教を語りなおす』みすず書房、二〇〇六）。

BELLAH, Robert N. *Tokugawa Religion: The Values of Pre-industrial Japan*（New York: Free Press, 1959）池田昭訳『徳川時代の宗教』（岩波文庫、一九九六年［一九六二年］）。

————."Ienaga Saburō and the Search for Meaning in Modern Japan" In *Changing Japanese Attitudes Toward Modernization*, edited by Marius B. Jansen（Princeton, N.J.: Princeton University Press, 1965）河合秀和訳「家永三郎と近代日本における意味の追求」（細谷千博編訳『日本における近代化の問題』岩波書店、一九六九年）。

————. *Imagining Japan: The Japanese Tradition and its Modern Interpretation*（Berkeley: University of California Press, 2003）.

BENJAMIN, Walter. "Über den Begriff der Geschichte", *Gesammelte Schriften* Bd. I.2, (Frankfurt am Main: Suhrkamp, 1977) 野村修訳「歴史哲学テーゼ」(『暴力批判論　ベンヤミン著作集』晶文社、一九六九年)。一九四〇年頃成立。

尾藤正英『江戸時代とはなにか——日本史上の近世と近代』(岩波書店、一九九二年)。

BLOCH, Marc. *Apologie pour l'Histoire ou Metier d'Historien* (Paris: A.Colin, 1997 [1949]) 松村剛訳『歴史のための弁明——歴史家の仕事』(岩波書店、二〇〇四年)。一九四四年成立。

BRAUDEL, Fernand. *Écrits sur l'Histoire* (Paris: Flammarion, 1969).

BREEN, John. "Ideologues, Bureaucrats and Priests: on 'Shinto' and 'Buddhism' in Early Meiji Japan" In *Shinto in History: Ways of the Kami*, edited by John Breen and Mark Teeuwen (Richmond: Curzon, 2000).

BURNOUF, Eugène. *Introduction à l'histoire du Buddhisme indien* (2e éd. rigoureusement conforme à l'édition originale et précédée d'une notice de Barthélemy Saint-Hilaire sur les travaux de Eugène Burnouf). (Paris: Maisonneuve, 1876 [1844]).

de CERTEAU, Michel. *L'écriture de l'histoire* (Paris: Gallimard, 1975) 佐藤和生訳『歴史のエクリチュール』(法政大学出版局、一九九六年)。

CLARKE, Shayne. "Miscellaneous Musings on Mūlasarvāstivāda Monks: The Mūlasarvāstivāda Vinaya Revival in Tokugawa Japan" (*Japanese Journal of Religious Studies*, 33/1, 2006).

大本山總持寺修史局編(孤峰智燦編述)『奕堂禅師　附書翰集』(鴻盟社、一九二七年)。

DERRIS, Karen & GUMMER, Natalie, eds. *Buddhism(s): A Reader* (London & Oakville: Equinox Publishers, 2007).

DROIT, Roger-Pol. *Le culte du néant: les philosophes et le Bouddha*. Éd. augm. d'une préface (Paris: Seuil, 2004 [1997]) 島田裕巳・田桐正彦訳『虚無の信仰——西欧はなぜ仏教を怖れたか』(トランスビュー、二〇〇二年)。

DUARA, Prasenjit. "The Discourse of Civilization and pan-Asianism" (*Journal of World History*, 12/1, 2001).

EARHART, H. B. *Japanese Religion: Unity and Diversity* (Belmont, CA: Dickenson, 1969).

江島尚俊「近代日本における「仏教」観の一研究」(大正大学大学院文学研究科二〇〇八年度提出博士論文)。

——「哲学的仏教研究から歴史的仏教研究へ——井上円了と村上専精を例として」(『大正大学大学院研究論集』三四号、

二〇一〇年）。

ELIADE, Mircea. *Images et symboles : essais sur le symbolisme magico-religieux*（Paris : Gallimard, 1952）前田耕作訳『イメージとシンボル』（「エリアーデ著作集　第四巻」、せりか書房、一九八八年）。

FAURE, Bernard. *Bouddhismes, philosophies et religions*（Paris : Flammarion, 1998）.

———. *Le Bouddhisme*（Paris : Le Cavalier Bleu, 2004 ; Collection *Idées Reçues*）.

FONTANA, Josep. *Historia : análisis del pasado y proyecto social*（Barcelona : Crítica, 1982）.

FOUCAULT, Michel. *Les mots et les choses : une archéologie des sciences humaines*（Paris : Gallimard, 1966）渡辺一民・佐々木明訳『言葉と物——人文科学の考古学』（新潮社、一九七四年）。

———. *L'archéologie du savoir*（Paris : Gallimard, 1969）中村雄二郎訳『知の考古学』（新装新版、河出書房新社、二〇〇六年［一九七〇年］）。

藤井健志「真俗二諦論における神道観の変化——島地黙雷の政教論のもたらしたもの」（井上順孝・坂本是丸編『日本型政教関係の誕生』第一書房、一九八七年）。

藤島達朗「辻善之助博士と真宗」（『大谷学報』第三六号、一九五六年）。

藤谷俊雄「仏教史家としての辻善之助の位置」（『歴史評論』七五、一九五六年）。

福島栄寿『思想史としての「精神主義」』（法藏館、二〇〇三年）。

———「〈近代仏教〉再考——日本近代仏教史研究と「鎌倉新仏教」論」（『日本仏教綜合研究』第一〇号、二〇一二年）。

古田紹欽「原坦山と実験仏教学」（『日本大学精神文化研究所教育制度研究所紀要』第一一集、一九八〇年）。

葛睿「西村茂樹の思想的研究——学問・宗教そして道徳」（東北大学大学院文学研究科二〇一一年度提出博士論文）。

GIDDENS, Anthony. *The Consequences of Modernity*（Stanford, CA : Stanford University Press, 1990）松尾精文・小幡正敏共訳『近代とはいかなる時代か?——モダニティの帰結』（而立書房、一九九三年）。

GOMBRICH, Richard & OBEYESEKERE, Ganath. *Buddhism Transformed : Religious Change in Sri Lanka*（Princeton, N.J. : Princeton University Press, 1988）島岩訳『スリランカの仏教』（法藏館、二〇〇二年）。

GONÇALVES, Ricado Mário. *Considerações sobre o culto de Amida no Japão Medieval : um exemplo de consciência histórica no*

Budismo japonês（São Paulo：Revista de História, 1975, Coleção da *Revista de História* n. 60）.

GUARINELLO, Norberto. "História científica, história contemporânea e história cotidiana"（*Revista Brasileira de História*, 24/48, 2004）.

羽賀祥二『明治維新と宗教』（筑摩書房、一九九四年）。

萩倉耕造『仏教不滅亡論』（其中堂、一八八九年）。

花山信勝『日本仏教』（三省堂、一九四四年）。

――『永遠への道――わが八十年の生涯』（日本工業新聞社、一九八二年）。

――『日本仏教の特質』（［岩波講座東洋思潮］、岩波書店、一九三六年）。

――『万世を照らすもの――仏教学徒の記録』（酣燈社、一九四九年）。

――『日本の仏教』（［国体の本義解説叢書］教学局、一九四二年）。

花山信勝・家永三郎校訳（狩谷望之證註・平子尚補校）『上宮聖徳法王帝説』（岩波書店、一九四一年）。

原勝郎「東西の宗教改革」（同『日本中世史の研究』同文舘、一九二九年）。初出一九一一年。

原佑介「木下尚江の「大日本魂」批判」（『コア・エシックス』四、二〇〇八年）。

長谷川亮一『「皇国史観」という問題――十五年戦争期における文部省の修史事業と思想統制政策――』（白澤社［現代書館］、二〇〇八年）。

長谷寶秀編『慈雲尊者全集』（高貴寺、一九二二～一九二六年、全一九巻）。

林淳「辻仏教史学の継承と批判」（田丸徳善編『日本の宗教学説』東京大学宗教学研究室、一九八二年）。

――「神仏習合研究史ノート――発生論の素描――」（『神道宗教』一一七、一九八四年）。

――「近代日本における仏教学と宗教学――大学制度の問題として――」（『宗教研究』第三三三号、二〇〇二年）。

――「幕藩体制と仏教」（大久保良峻・他編『日本仏教34の鍵』春秋社、二〇〇三年）。

――「思想史と宗教史のあいだ」（『日本思想史学』第三五号、二〇〇三年）。

――「宗門から宗教へ――〈宗教と倫理〉前史」（池上良正・他編『宗教とはなにか』［岩波講座宗教Ⅰ］岩波書店、二〇〇三年）。

――「コメント1」（テーマセッション3「近代日本の〈仏教〉概念の生成と変容」『宗教と社会』第一一号、二〇〇五年）。

――「近代仏教と国家神道――研究史の素描と問題点の整理――」（『禅研究所紀要』第三四号、二〇〇五年）。

――「宗教系大学と宗教学」（『季刊日本思想史』第七二号、特集「近代日本と宗教学：学知をめぐるナラトロジー」、編集責任：林淳・磯前順一、二〇〇八年）。

――「近代仏教の時代区分」（『季刊日本思想史』第七五号、特集「近代仏教」、編集責任：林淳・大谷栄一、二〇〇九年）。

Heisig, James & Maraldo, John, eds. *Rude Awakenings: Zen, the Kyoto School, and the Question of Nationalism* (Honolulu: University of Hawai'i Press, 1995).

引野亨輔「近世真宗における神祇不拝の実態――真宗地帯安芸を事例として」（『地方史研究』二九一号、二〇〇一年）。

――「書評と紹介　有元正雄著『近世日本の宗教社会史』」（『宗教研究』第三四〇号、二〇〇四年）。

――『近世宗教世界における普遍と特殊――真宗信仰を素材として』（法藏館、二〇〇七年）。

姫路文学館編『二人のヨーロッパ――辻善之助と和辻哲郎』（姫路文学館、二〇〇一年）。

平田篤胤全集刊行会編『新修　平田篤胤全集　第一〇巻』（名著出版、一九七七年）。

朴澤直秀「寺檀制度と葬式仏教」（大久保良峻・他編『日本仏教34の鍵』春秋社、二〇〇三年）。

堀一郎『日本仏教史論――上代に於ける文化と国家的摂受に関する根本命題――』（目黒書店、一九四〇年）。

――『日本上代文化と仏教』（法藏文庫、一九四〇年）。

星野靖二『近代日本の宗教概念――宗教者の言葉と近代』（有志舎、二〇一二年）。

Howell, David L. "The Prehistory of the Japanese Nation-state: Status, Ethnicity, and Boundaries" (*Early Modern Japan* 5/2, 1995).

市川白弦『仏教者の戦争責任』（春秋社、一九七〇年）。

――『日本ファシズム下の宗教』（エヌエス出版会、一九七五年）。

市川浩史『日本中世の歴史意識――三国・末法・日本』（法藏館、二〇〇五年）。

家永三郎『日本思想史に於ける否定の論理の発達』（『家永三郎集　第一巻　思想史論』岩波書店、一九九七年）。原著一九四〇年。

――「日本仏教史」（『国史大辞典　第一一巻』、吉川弘文館、一九九〇年）。

井川定慶「江戸時代に於ける仏教界の粛正様相」（『佛教大学大学院研究紀要』創刊号、一九六八年）。

池田英俊『明治の新仏教運動』（吉川弘文館、一九七六年）。

――『明治仏教教会・結社史の研究』（刀水書房、一九九四年）。

――「近代仏教で再現された慈雲の思想」（『月報神道体系』九五、一九九〇年）。

――『明治の仏教――その行動と思想』（評論社、一九七六年）。

井上円了『真理金針』（東洋大学創立一〇〇周年記念論文集編纂委員会編『井上円了選集　第三巻』東洋大学、一九八七年）。原著一八八六～一八八七年。

――『仏教活論序論』（『井上円了選集　第三巻』東洋大学、一九八七年）。原著一八八七年。

――『大乗哲学』（東洋大学創立一〇〇周年記念論文集編纂委員会編『井上円了選集　第五巻』東洋大学、一九九〇年）。原著一九〇一年。

石原即聞『日本仏教史』（帝国百科全書［第一一八編］、博文館、一九〇四年）。

石塚純一「〈鎌倉新仏教〉という名辞」（高木豊・小松邦彰編『鎌倉仏教の様相』吉川弘文館、一九九九年）。

磯前順一『近代日本の宗教言説とその系譜――宗教・国家・神道』（岩波書店、二〇〇三年）。

――『喪失とノスタルジア――近代日本の余白へ』（みすず書房、二〇〇七年）。

――「〈日本宗教史〉を脱臼させる――研究史読解の一試論」（『宗教研究』第三五七号、二〇〇八年）。

伊藤博文「起案ノ大綱」（『枢密院会議議事録　第一巻』東京大学出版会、一九八四年）。一八八八年発表（枢密院における憲法審議開会の辞）。

IVES, Christopher. *Imperial-Way Zen: Ichikawa Hakugen's Critique and Lingering Questions for Buddhist Ethics* (Honolulu: University of Hawai'i Press, 2009).

JAFFE, Richard M. *Neither Monk nor Layman: Clerical Marriage in Modern Japanese Buddhism* (Princeton, N.J.: Princeton

University Press, 2001).

——. "Seeking śākyamuni: Travel and the Reconstruction of Japanese Buddhism" (*Journal of Japanese Studies*, vol.30, n. 1, 2004) 前川健一訳「釈尊を探して——近代日本仏教の誕生と世界旅行」(『思想』九四三、二〇〇二年)。

——. "Buddhist Material Culture, 'Indianism,' and the Construction of Pan-Asian Buddhism in Pre-War Japan" (*Material Religion*, vol.2, issue 3, 2006) 桐原健真/オリオン・クラウタウ共訳「戦前日本における仏教的物質文化、〈インド趣味〉、および汎アジア仏教の形成」(『東北宗教学』第四号、二〇〇八年)。

Julia, Dominique. "La Religion: Histoire Religieuse" In *Faire de l'histoire: nouvelles approches*, dir. de Jacques Le Goff & Pierre Nora (Paris: Gallimard, 1974).

甲斐史子「[資料紹介] 辻善之助旧蔵写真乾板」(『姫路文学館紀要』第一〇号、二〇〇七年)。

梶宝順編『行誡上人全集』(仏教学会、一八九九年)。

金森西叡「原坦山における東と西の批判」(『北陸宗教文化』第二号、一九九〇年)。

菅野覚明「排仏論」(大久保良峻・他編『日本仏教34の鍵』春秋社、二〇〇三年)。

柏原祐泉『日本近世近代仏教史の研究』(平楽寺書店、一九六九年)。

——『近世庶民仏教の研究』(法藏館、一九七一年)。

——「近世の排仏思想」(同・藤井学編『近世仏教の思想』岩波書店、一九七三年)。

——『日本仏教史——近代』(吉川弘文館、一九九〇年)。

——『真宗史仏教史の研究Ⅱ〈近世篇〉』(平楽寺書店、一九九六年)。

加藤和子「蓮華往生考」(『大正大学宗教学年報』二三、一九八七年)。

加藤熊一郎『日本仏教史』(吉川半七、一八九二年)。

川口高風「解説」(釈悟庵編『原坦山和尚全集』名著普及会、一九八八年[一九〇九年版の復刻])。

——『明治前期曹洞宗の研究』(法藏館、二〇〇二年)。

川村覚昭「明治維新期に於ける廃仏毀釈と京都諸宗同徳会盟」(『京都産業大学日本文化研究所紀要』第九号、二〇〇三年)。

——『島地黙雷の教育思想研究——明治維新と異文化理解』(法藏館、二〇〇四年)。

KEOWN, Damien. *Buddhism: A Very Short Introduction* (Oxford & New York: Oxford University Press, 1996).

KETELAAR, James Edward. *Of Heretics and Martyrs in Meiji Japan: Buddhism and Its Persecution* (Princeton, N.J.: Princeton University Press, 1990) 岡田正彦訳『邪教／殉教の明治――廃仏毀釈と近代仏教』（ぺりかん社、二〇〇六年）。

――. "The Non-modern Confronts the Modern: Dating the Buddha in Japan" (*History and Theory*, 45/4, 2006).

木場明志「近代仏教研究を問う」（池田英俊・他編『国家と仏教――自由な信仰を求めて』シリーズ「現代日本と仏教」第二巻、平凡社、二〇〇〇年）。

木村清孝「詳論・原坦山と「印度哲学」の誕生――近代日本仏教史の一断面」（木村清孝博士還暦記念会『東アジア仏教――その成立と展開』春秋社、二〇〇二年）。

木下尚江『法然と親鸞』（金尾文淵堂、一九一一年）。

岸田（和田）有希子「日本中世における臨済禅の思想的展開」（東北大学大学院文学研究科二〇〇六年度提出博士論文）。

KITAGAWA, Joseph M. *Religion in Japanese History* (New York: Columbia Univ. Press, 1966).

北塔光昇「水子供養と小児往生」（『龍谷教学』第一八号、一九八三年）。

――『真宗と水子供養』（永田文昌堂、一九八三年）。

――「小児往生と追善回向」（『印度哲学仏教学』第五号、一九九〇年）。

清沢満之「仏教者盍自重乎」（大谷大学編『清沢満之全集　第七巻』岩波書店、二〇〇三年。初出一八九八年。

――「宗教的信念の必須条件」（大谷大学編『清沢満之全集　第六巻』岩波書店、二〇〇三年）。初出一九〇一年。

児玉識『近世真宗の展開過程――西日本を中心として』（吉川弘文館、一九七六年）。

――『近世真宗と地域社会』（法藏館、二〇〇五年）。

昆野伸幸『近代日本の国体論――「皇国史観」再考――』（ぺりかん社、二〇〇八年）。

孝本貢「近現代」（日本仏教研究会編『日本仏教の研究法――歴史と展望』法藏館、二〇〇〇年）。

クラウタウ、オリオン「恐怖の源から救い主へ――宗教学における〈歴史〉の位置づけ」（『論集』印度学宗教学会、第三四号、二〇〇七年）。

――「書評と紹介　引野亨輔著『近世宗教世界における普遍と特殊――真宗信仰を素材として』」（『宗教研究』第三五

八号、二〇〇八年）。
来馬琢道『各宗高僧伝』（鴻盟社、一九〇〇年）。
草繋全宜編『釋雲照』（徳教會、一九一三〜一九一四年、上下）。
桑山敬己「大正の家族と文化ナショナリズム」（季武嘉也編『大正社会と改造の潮流』シリーズ「日本の時代史　24」、吉川弘文館、二〇〇四年）。
LoBreglio, John S. "Uniting Buddhism : The Varieties of Tsūbukkyō in Meiji-Taishō Japan and the case of Takada Dōken"（*The Eastern Buddhist,* New Series, v.37/1-2, 2005）.
Lopez, Donald S., Jr. *Prisoners of Shangri-La : Tibetan Buddhism and the West*（Chicago : University of Chicago Press, 1998）.
———. *The Story of Buddhism : A Concise Guide to its History and Teachings*（San Francisco : Harper San Francisco, 2001）.
———. *Buddhism & Science : A Guide for the Perplexed*（Chicago : University of Chicago Press, 2008）.
———, ed. *Curators of the Buddha : The Study of Buddhism under Colonialism*（Chicago : University of Chicago Press, 1995）.
———, ed. *Critical Terms for the Study of Buddhism*（Chicago : Chicago University Press, 2005）.
———, ed. *Modern Buddhism : Readings for the Unenlightened*（London : Penguin, 2002）.
前田勉「慈雲の雲伝神道の思想」（『日本文化論叢』第九号、二〇〇一年）。
Masuzawa, Tomoko. *In search of Dreamtime : The Quest for the Origin of Religion*（Chicago : University of Chicago Press, 1993）中村圭志訳『夢の時を求めて——宗教の起源の探究』（玉川大学出版部、一九九九年）。
松尾剛次『「お坊さん」の日本史』（日本放送出版協会、二〇〇二年）。
———「〈戒〉と日本仏教——破戒と持戒のはざまで」（同編『思想の身体——戒の巻』春秋社、二〇〇六年）。
松岡秀明「日本仏教と国民精神——初期堀一郎の文化史学批判序説——」（『東京大学宗教学年報』第二七号、二〇一〇年）。
松島栄一「辻善之助」（永原慶二・鹿野政直編『日本の歴史家』日本評論社、一九七六年）。
McCalla, Arthur. "The Importance of Recent Historiography for the Study of Religious Thought"（*Method and Theory in the Study of Religion*, 2/2, 1990）.

———. "When is History not History?"（*Historical Reflexions/Réflexions Historiques*, 2/3, 1994）.
McCutcheon, Russell. *Manufacturing Religion: The Discourse on Sui Generis Religion and the Politics of Nostalgia*（New York and Oxford: Oxford University Press, 1997）.
———. *Critics not Caretakers: Redescribing the Public Study of Religion*（Albany: State University of New York Press, 2001）.
———. *The Discipline of Religion: Structure, Meaning, Rhetoric*（London: Routledge, 2003）.
———. *Studying Religion: An Introduction*（London: Equinox, 2007）.
McMahan, David L. *The Making of Buddhist Modernism*（New York: Oxford Univ. Press, 2008）.
三国幽眠『大慶喜心院略伝』（教学部、一八八三年）。
峰島旭雄「昭和思想史における倫理と宗教（9）——戦後思想の諸問題」（『早稲田商学』三一八号、一九八六年）。
三浦雅彦「徳川思想史における仏教の位置づけと前期儒者排仏論の問題点」（『日本宗教文化史研究』第六巻・第一号、二〇〇二年）。
宮川康子「富永仲基と慈雲」（『京都産業大学日本文化研究所紀要』第一〇号、二〇〇四年）。
三宅雄次郎『日本仏教史　第一冊』（集成社、一八八六年）。
宮田登「はやり神仏と俗信仰」（中村元・笠原一男・金岡秀友［監修・編集］『アジア仏教史・日本編Ⅶ　江戸仏教』佼成出版社、一九七二年）。
水野博隆「原坦山の思想」（『宗学研究』第一九号、一九七七年）。
———「原坦山の思想について」（『宗学研究』第二〇号、一九七八年）。
望月信亨『仏教大辞典』（増訂版、世界聖典刊行協会、一九五七～一九六〇年）。
Mohr, Michel. "Murakami Senshō: In Search for the Fundamental Unity of Buddhism"（*The Eastern Buddhist*, New Series, v. 37, n. 1-2, 2005）.
文部省『国体の本義』（文部省、一九三七年）。
森和也「幕末仏教の一構図——排仏論と護法論のはざまで——」（『東方』第一七号、二〇〇二年）。

――「近代仏教の自画像としての護法論」（『宗教研究』第三五三号、二〇〇七年）。

森竜吉「木下尚江の二つの回心――彼の生涯と思想における仏教の役割についての試論」（『宗教研究』第一九三号、一九六七年）。

森新之介「鎌倉平民仏教中心史観の形成過程――明治における平民主義と仏教史叙述」（『近代仏教』第一九号、二〇一二年）。

村上専精「聖徳太子伝」（『仏教史林』第一号、一八九四年）。

――「仏教史研究の必要を述べて発刊の由来となし併せて本誌の主義目的を表白す」（『仏教史林』第一号、一八九四年）。

――『日本仏教史綱』（金港堂、一八九八～一八九九年、上下）。

――『仏教統一論』（［仏教統一論　大綱論］金港堂、一九〇一年）。

――『予が真宗大谷派の僧籍を脱するの告白書』（金港堂、一九〇一年）。

――「日本仏教の特色」（『無盡燈』第一一編・第六号、一九〇六年六月）。

――「日本仏教の発展」（『無盡燈』第一二編・第六号、一九〇七年六月）。

――「支那仏教史に就いて日本仏教史を思ふ」（『新仏教』第一一巻・第七号、一九一〇年七月）。

――「支那仏教史と日本仏教史の比較」（『仏教史学』第二編・第一〇号、一九一三年一月）。

――『六十一年――一名赤裸々』（丙午出版社、一九一四年）。

――「自伝」（同『実践論――聖人親鸞と禅師道元』［仏教統一論　第五篇］下巻、東方書院、一九二七年）。

村上専精・辻善之助・鷲尾順敬共編『明治維新神佛分離史料　第一巻』（東方書院、一九二六年）。

村田安穂『神仏分離の地方的展開』（吉川弘文館、一九九九年）。

武蔵野女子大学仏教文化研究所編『雪頂・高楠順次郎の研究――その生涯と事跡』（大東出版社、一九七九年）。

武蔵野女子大学学祖高楠順次郎研究会編『高楠順次郎の教育理念』（武蔵野女子学院、一九九四年）。

永原慶二『20世紀日本の歴史学』（吉川弘文館、二〇〇三年）。

永田広志『日本封建制イデオロギー』（『永田広志日本思想史研究　第二巻』法政大学出版局、一九六九年）。原著一九三八年。

奈倉哲三『真宗信仰の思想史的研究』（校倉書房、一九九〇年）。

内藤莞爾「宗教と経済倫理――浄土真宗と近江商人」（同『日本の宗教と社会』御茶の水書房、一九七八年）。

中村元『近世日本における批判的精神の一考察』（三省堂、一九四九年）。

中村安宏「佐藤一斎」（同・村山吉廣『佐藤一斎・安積艮齋』［叢書・日本の思想家31］明徳出版社、二〇〇八年）。

日本宗教史研究会編『日本宗教史研究』（隆章閣、一九三三年）。

西義雄「「日本仏教」史観――日本精神史の一内容として――」（大倉邦彦先生獻呈論文集編纂委員会編『国史論纂――大倉邦彦先生献呈論文集』躬行會、一九四二年）。

西村玲「徳門普寂――その生涯（1707―1781年）」（『インド哲学仏教学研究』一四、二〇〇七年）。

――『近世仏教思想の独創――僧侶普寂の思想と実践』（トランスビュー、二〇〇八年）。

西尾秀生「オルコットの仏教思想」（『近畿大学文芸学部論集　文芸・芸術・文化』第三二号、二〇〇二年）。

――「明治期の仏教徒のオルコット理解」（『印度哲学仏教学』第二一号、二〇〇六年）。

NOVICK, Peter. *That Noble Dream: The 'Objectivity Question' and the American Historical Profession*（Cambridge: Cambridge University Press, 1988）.

小笠原眞「西と東の宗教改革――特に「日本の宗教改革＝鎌倉仏教」説の検討」（『愛知学院大学文学部紀要』三五、二〇〇五年）。

小川原正道『大教院の研究――明治初期宗教行政の展開と挫折――』（慶應義塾大学出版会、二〇〇四年）。

――編『近代日本の仏教者――アジア体験と思想の変容』（慶應義塾大学出版会、二〇一〇年）。

荻生茂博『近代・アジア・陽明学』（ぺりかん社、二〇〇八年）。

小熊英二『単一民族神話の起源――「日本人」の自画像の系譜』（新曜社、一九九五年）。

岡田正彦「「ブッダ」の誕生――「近代」の歴史記述と「仏教」」（『宗教学年報』第二五号、二〇〇五年）。

――「宗教研究のヴィジョンと近代仏教論――「仏意」と「仏説」」（『季刊日本思想史』七五号、二〇〇九年）。

OLCOTT, Henry S. *Buddhist catechism*（Sri Lanka: Ministry of Cultural Affairs, 1908［1881］, 42nd ed.）今立吐醉訳『仏教問

答』（仏書出版会、一八八六年）。

大橋俊雄『行誡上人の生涯――近世の名僧』（東洋文化出版、一九八七年）。

大桑斉『寺檀の思想』（教育社、一九七九年）。

――――『日本近世の思想と仏教』（法藏館、一九八九年）。

――――『日本仏教の近世』（法藏館、二〇〇三年）。

大西修『戦時教学と浄土真宗』（社会評論社、一九九五年）。

大隅和雄『愚管抄を読む――中世日本の歴史観』（平凡社、一九八六年）。

大谷栄一編「書評特集　末木文美士『明治思想家論』『近代日本と仏教』を読む」（『南山宗教文化研究所　研究所報』第一六号、二〇〇六年）。

大谷栄一『近代日本の日蓮主義運動』（法藏館、二〇〇一年）。

――――「近代日本の「政治と仏教」のクロスロード」（『南山宗教文化研究所　研究所報』第一六号、二〇〇六年）。

――――「「近代仏教になる」という物語――近代日本仏教史研究の批判的継承のための理路――」（『近代仏教』第一六号、二〇〇九年）。

大槻文彦編『言海』（大槻文彦、一八八九～一八九一年、全四冊）。

大内青巒『日本仏教史略』（鴻盟社、一八八四年、上巻）。

PINTO, Fernão Mendes. *Peregrinaçam*（Lisboa：Pedro Crasbeeck, a custa de Belchior de Faria, 1614, 〈http：//purl.pt/82〉二〇〇九年一〇月一日にアクセス）。

PREBISH, Charles & BAUMANN, Martin, eds. *Westward Dharma：Buddhism beyond Asia*（Berkeley：Univ. of California Press, 2002）.

PROTHERO, Stephen. "Henry Steel Olcott and 'Protestant Buddhism'"（*Journal of the American Academy of Religion*, LXIII/2, 1995）.

ROCHA, Cristina. *Zen in Brazil：The Quest for Cosmopolitan Modernity*（Honolulu：University of Hawai'i Press, 2006）.

SAID, Edward W. *Orientalism*, 25th Anniversary Edition, with a New Preface by the Author（New York：Vintage Books, 2003

［1978］）今沢紀子訳『オリエンタリズム　上下』（平凡社、一九九三年）。

斎藤昭俊「高楠順次郎における仏教教育」（『智山学報』二〇、一九七二年）。

境野黄洋『仏教史要　日本之部』（鴻盟社、一九〇一年）。

――「坦山和尚と回天覺巖」（『布教』第一二号、一九〇九年九月）。

――『日本仏教小史』（鴻盟社、一九一一年）。

――『新仏教十年史』（新仏教徒同志会、一九一〇年）。

阪本是丸『明治維新と国学者』（大明堂、一九九三年）。

坂本太郎『古代史の道――考証史学六〇年――』（同『わが青春　坂本太郎著作集第七巻』吉川弘文館、一九八九年）。原著一九八〇年。

――「辻善之助博士を悼む」（同『歴史と人物　坂本太郎著作集第一一巻』、一九八九年）。初出一九五五年。

桜井匡『明治宗教史研究』（春秋社、一九七一年）。

櫻井進「帝国への欲望――〈国体の本義〉・〈皇国史観〉・〈大東亜共栄圏〉」（『現代思想』第二九巻・一六号、二〇〇一年）。

SANSOM, George B. *Japan：A short cultural History*（London：Cresset Press, 1931）.

佐藤一斎『言志四録』「言志後録」（岡田武彦監修『佐藤一斎全集　第一一巻』明徳出版社、一九九一年）。

佐藤弘夫『偽書の精神史――神仏・異界と交感する中世――』（講談社、二〇〇二年）。

――「〈神仏習合〉論の形成の史的背景」（『宗教研究』第三五三号、二〇〇七年）。

佐藤哲朗『大アジア思想活劇――仏教が結んだ、もうひとつの近代史――』（サンガ、二〇〇八年）。

澤博勝『近世の宗教組織と地域社会――教団信仰と民間信仰』（吉川弘文館、一九九九年）。

――「日本における宗教的対立と共存――近世を中心に」（『歴史学研究』八〇八号、二〇〇五年）。

SAWADA, Janine. “Religious Conflict in Bakumatsu Japan：Zen Master Imakita Kōsen and Confucian Scholar Higashi Takusha”（*Japanese Journal of Religious Studies*, 21/2-3, 1994）桐原健真／オリオン・クラウタウ共訳「幕末における宗教的対立――禅師今北洪川と儒者東澤瀉――」（『日本思想史研究』第四一号、二〇〇九年）。

――. *Practical Pursuits：Religion, Politics and Personal Cultivation in Nineteenth-Century Japan*（Honolulu：University of

Hawai'i Press, 2004).
SEAGER, Richard. *The World's Parliament of Religions: The East/West Encounter, Chicago, 1893* (Bloomington: Indiana University Press, 1995).
芹川博通『近代化の仏教思想』(大東出版、一九八九年)。
摂信上人遺稿編纂会編『摂信上人勤王護法録』(興教書院、一九〇九年)。
SHIELDS, James Mark. "Parameters of Reform and Unification in Modern Japanese Buddhist Thought: Murakami Senshō and Critical Buddhism" (*The Eastern Buddhist*, New series, vol.37, n.1-2, 2005).
島地黙雷・生田得能『三国仏教略史』(鴻盟社/哲学書院、一八九〇年、全三巻)。
島薗進「近代日本における〈宗教〉概念の受容」(同・鶴岡賀雄編『宗教〈再考〉』ぺりかん社、二〇〇四年)。
下田正弘「仏教研究と時代精神」(『龍谷史壇』一二二号、二〇〇五年)。
新編真宗全書刊行会編『新編　真宗全書』(「教義編　一八」、思文閣、一九七六年)。
『真宗聖典』(法藏館、一九七五年)。
SMITH, Jonathan Z. *Imagining Religion: from Babylon to Jonestown* (Chicago: University of Chicago Press, 1982).
SMITH, Wilfred Cantwell. *The Meaning and End of Religion* (Minneapolis: Fortress Press, 1991 [1962]).
SNODGRASS, Judith. *Presenting Japanese Buddhism to the West: Orientalism, Occidentalism, and the Columbian Exposition* (Chapel Hill: University of North Carolina Press, 2003).
SOMBART, Werner. *Der Bourgeois: zur Geistesgeschichte des modernen Wirtschaftsmenschen* (München: Duncker & Humblot, 1913) 金森誠也訳『ブルジョワ――近代経済人の精神史』(中央公論社、一九九〇年)。
SONEHARA Satoshi. "The Establishment of Early Modern Buddhism" (*Acta Asiatica*, v. 91, 2006).
STONE, Jackie. "A Vast and Grave Task: Interwar Buddhist Studies as an Expression of Japan's Envisioned Global Role". In *Culture and Identity: Japanese Intellectuals during the Interwar Years*, edited by J. Thomas Rimer (Princeton, N.J.: Princeton University Press, 1990).
須藤春峰『原坦山伝』(福島県平市・平活版所、一九六三年)。

末木文美士『日本仏教思想史論考』（大蔵出版、一九九三年）。

――『平安初期仏教思想の研究』（春秋社、一九九五年）。

――『鎌倉仏教形成論』（法藏館、一九九八年）。

――『明治思想家論』（トランスビュー、二〇〇四年）。

――『近代日本と仏教』（トランスビュー、二〇〇四年）。

――『仏教vs.倫理』（筑摩書房、二〇〇六年）。

――『思想としての仏教入門』（トランスビュー、二〇〇六年）。

――『鎌倉仏教展開論』（トランスビュー、二〇〇八年）。

――「迷走する親鸞――『出家とその弟子』考」（『季刊日本思想史』第七五号、特集「近代仏教」、編集責任：林淳・大谷栄一、二〇〇九年）。

――『近世の仏教――華ひらく思想と文化』（吉川弘文館、二〇一〇年）。

Sueki Fumihiko. "Buddhism in the History of Japanese Religion : Research History and Research Methods" (*Acta Asiatica*, v.91, 2006).

鈴木範久『明治宗教思潮の研究』（東京大学出版会、一九七九年）。

田口富久治「家永三郎の「否定の論理」と丸山眞男の「原型論」」（『政策科学』一〇巻・二号、二〇〇三年）。

田島象二『日本仏法史』（潜心堂、一八八四年）。

――『〈未来預言〉仏教滅亡論』（其中堂、一八八八年）。

鷹谷俊之『高楠順次郎先生伝』（武蔵野女子学院、一九五七年）。

高橋由記子「高楠順次郎『生の実現としての仏教』にみられる「人格」の検討」（『宗教研究』第三三九号、二〇〇四年）。

高楠順次郎「父子本位の家族」（東亜協会研究部編『国民教育と家族制度』目黒書店、一九一一年）。

――「尊皇愛国と家族主義」（秋山悟庵編『尊王愛国論』金尾文淵堂、一九一二年）。

――『仏教国民の理想』（丙午出版社、一九一六年）。

――『真宗の信仰と戯曲「出家と其弟子」』（大日本真宗宣伝協会、一九二二年）。

TAKAKUSU Junjiro（W. T. CHAN and C.A. MOORE, eds）. *The Essentials of Buddhist Philosophy*（Honolulu：University of Hawai'i Press, 1947）.

『高楠順次郎全集』（教育新潮社、一九七七年〜二〇〇八年、全一〇巻）。

高埜利彦『近世日本の国家権力と宗教』（東京大学出版会、一九八九年）。

高岡隆成（隆真）「大教院問題に関する一考察」（『密教文化』第二〇八号、二〇〇二年）。

高島元洋「近世仏教の位置づけと排仏論」（日本仏教研究会編『日本の仏教　四――近世・近代と仏教』法藏館、一九九五年）。

高山秀嗣「高楠順次郎にとっての〈教育〉」（『仏教経済研究』三八、二〇〇九年）。

――「村上専精にとっての〈教育〉」（『九州龍谷短期大学紀要』五七号、二〇一一年）。

竹田聴洲「近世寺院史への視角」（『近世仏教――史料と研究』第一号、一九六〇年）。

――「近世社会と仏教」（同『葬史と宗史』「竹田聴洲著作集第七巻」国書刊行会、一九九四年）。初出一九七五年。

玉田克宏（翻刻・解題）「[資料紹介]辻善之助著『欧米巡歴録』」（『姫路文学館紀要』第四号、二〇〇一年）。

玉村竹二「辻善之助博士を語る」（『東方学』六六、一九八三年）。

圭室文雄「葬祭から祈禱へ――近世仏教における対話の内容の変化」（日本宗教史研究会『日本宗教史研究　第二』法藏館、一九六八年）。

――『江戸幕府の宗教統制』（評論社、一九七一年）。

――『日本仏教史――近世』（吉川弘文館、一九八七年）。

――「辻善之助」（今谷明・他編『20世紀の歴史家たち　日本編下』刀水書房、一九九七年）。

――『葬式と檀家』（吉川弘文館、一九九九年）。

圭室諦成『日本仏教論』（三笠書房、一九三九年）。

――「葬式法要の発生とその社会経済史的考察」（日本宗教史研究会編『日本宗教史研究』隆章閣、一九三三年）。

――『日本仏教史概説』（理想社、一九四〇年）。

――「江戸時代の仏教形態」（宮本正尊・他編『日本の仏教』［講座仏教　第五巻］大蔵出版、一九五八年）。

――――『葬式仏教』（大法輪閣、一九六三年）。

田村晃祐「井上円了と村上専精――統一的仏教理解への努力」（『印度学仏教学研究』四九・二、二〇〇一年）。

TANAKA, Stefan. *Japan's Orient: Rendering Pasts into History* (Berkeley: University of California Press, 1993).

谷川穣『明治前期の教育・教化・仏教』（思文閣出版、二〇〇八年）。

TAWNEY, Richard H. *Religion and the Rise of Capitalism: A Historical Study* (New York: Harcourt Brace, 1926) 出口勇蔵・越智武臣訳『宗教と資本主義の興隆――歴史的研究　上下』（岩波書店、一九五六年～一九五九年）。

田山令史「原坦山の身心観をめぐって――近代日本の一側面〈研究ノート〉」（『現代医療の諸問題――仏教ヘルスケアの視点から』仏教大学総合研究所紀要別冊、二〇〇三年）。

東亜協会研究部編（井上哲次郎主幹）『国民教育と家族制度』（目黒書店、一九一一年）。

TODOROV, Tzvetan. *Les abus de la mémoire* (Paris: Arléa, 1995).

徳重淺吉『維新精神史研究』（立命館出版部、一九三四年）。

TROELTSCH, Ernst. *Die Bedeutung des Protestantismus für die Entstehung der modernen Welt* (München/Berlin: R. Oldenbourg, 1911 [1906]) 堀孝彦・他訳『プロテスタンティズムと近代世界』（『トレルチ著作集』第八巻・第九巻、ヨルダン社、一九八四～一九八五年）。

津田左右吉『シナ思想と日本』（岩波書店、一九八四年）。原著一九三八年。

辻達也編・辻善之助著『江戸時代史論』（悠思社、一九九一年）。

辻善之助「『政教中正論』を評す」（『史学雑誌』第十一編・第四号、一九〇〇年）。

――――「日本歴史に於ける仏教」（同『日本仏教史研究　第六巻』岩波書店、一九八四年）。初出一九〇二年。

――――『日本仏教史之研究　続編』（金港堂、一九三一年）。

――――「鎌倉時代と明治時代」（『史潮』第六年・第一号、一九三六年）。

――――『日本文化と仏教』（大日本図書、一九三七年）。

――――『明治仏教史の問題』（立文書院、一九四九年）。

――――「研究生活のおもい出」（辻善之助先生生誕百年記念会編『辻善之助博士自歴年譜稿』続群書類従完成会、一九七七年)。初出一九五二年～五三年。

――――「思ひ出づるま丶」(辻善之助先生生誕百年記念会編『辻善之助博士自歴年譜稿』)、初出一九四七～四八年。

――――『日本仏教史』(岩波書店、一九四四～一九五五年、全一〇巻)。

Tweed, Thomas A. *The American Encounter with Buddhism, 1844-1912: Victorian Culture & the Limits of Dissent*, with a new preface by the author. (Chapel Hill, NC: Univ. of North Carolina Press, 2000 [1992]).

内田舜円「小児往生の論争に就て」(『六条学報』第二三六号、一九二一年)。

宇井伯寿「大乗非仏説論の終息」(『現代仏教』[明治仏教特集号] 第一〇五号、一九三三年)。

――――『仏教汎論』(岩波書店、一九六二年)。

雲藤義道「進歩の原理と和の原理」(『宗教研究』第二五〇号、一九八一年)。

――――「高楠順次郎の仏教観――応理性対立観と現観性一体観」(『宗教研究』第二四二号、一九七九年)。

上田霊城「江戸仏教の戒律思想（一）」(『密教文化』第一一六号、一九七六年)。

――――「江戸仏教の戒律思想（二）」(『密教学研究』第九号、一九七七年)。

上野大輔「日本近世仏教論の諸課題――宗教社会史の視座より」(『新しい歴史学のために』二七三号、二〇〇九年)。

Upham, Edward. *The History and Doctrine of Budhism, Popularly Illustrated; with Notices of the Kappooism, or Demon Worship, and of the Bali, or Planetary Incantations of Ceylon: with Forty-three Lithographic Prints from Original Singalese Designs* (London: R. Ackermann and Co, 1829).

Usarski, Frank, ed. *O budismo no Brasil* (São Paulo: Lorosae, 2002).

Victoria, Brian. *Zen at War* (New York, Tokyo: Weatherhill, 1997) エィミール・ツジモト訳『禅と戦争』(光人社、二〇〇一年)。

Vita, Silvio. "Printings of the Buddhist 'Canon' in Modern Japan" In *Buddhist Asia 1: Papers from the First Conference of Buddhist Studies Held in Naples in May* 2001, edited by Giovanni Verardi and Silvio Vita (Kyoto: Italian School of East Asian Studies, 2003).

Ward, Ryan. "Against Buddhist Unity: Murakami Senshō and his sectarian critics" (*The Eastern Buddhist*, New series, vol.37, n.1-2, 2005).

———. "But What About the Children? Jōdo Shin Debates on the Birth of Children in the Pure Land"（『死とその向こう側Ⅱ——芸術・宗教・文化における死生観 *La mort et les au-delàs II : Conception et représentations de la mort dans les arts, la religion et la culture*』三元社、二〇〇七年）。

鷲尾順敬「仏教史学より見たる日本天台」（『仏教史学』第一号、一九一一年）。

渡部清「仏教哲学者としての原坦山と「現象即実在論」との関係」（『哲学科紀要』第二四号、一九九八年）。

WATT, Paul B. "Jiun Sonja (1718-1804) : A Response to Confucianism within the Context of Buddhist Reform" In *Confucianism and Tokugawa Culture*, edited by Peter Nosco. (Honolulu : University of Hawai'i Press, 1984).

WEBER, Max. *Die protestantische Ethik und der Geist des Kapitalismus* (Tübingen: J.C.B. Mohr, 1934 [1905]) 大塚久雄訳『プロテスタンティズムの倫理と資本主義の精神』（岩波書店、一九八八年）。

WHITE, Hayden. *Metahistory : the Historical Imagination in Nineteenth-century Europe* (Baltimore : Johns Hopkins University Press, 1973).

矢吹慶輝『日本精神と日本仏教』（佛教聯合會、一九三四年）。

山極圭司・他編『木下尚江全集　第八巻』（教文館、一九九三年）。

山口輝臣『明治国家と宗教』（東京大学出版会、一九九九年）。

———「宗教と市民の誕生」（歴史学研究会・日本史研究会編『日本史講座・第八巻——近代の成立』東京大学出版会、二〇〇五年）。

山折哲雄「古代日本における神と仏の関係」（『東北大学文学部研究年報』第二九号、一九八〇年）。

山崎龍明「高楠順次郎の教育論——仏教女子教育の背景」（『武蔵野女子大学紀要』三〇・一、一九九五年）。

安丸良夫『神々の明治維新』（岩波書店、一九七九年）。

———「解説・近代転換期における宗教と国家」（同・宮地正人『宗教と国家』日本近代思想大系5、岩波書店、一九八八年）。

米谷匡史「解題　文部省編『国体の本義』」（神野志隆光編『古事記・日本書紀必携』學燈社、一九九六年）。

吉田久一『近現代仏教の歴史』（筑摩書房、一九九八年）。

吉永進一「原坦山の心理学的禅——その思想と歴史的影響」（『人体科学』第一五巻・第二号、二〇〇六年）。

——「明治期日本の知識人と神智学」（川村邦光編『憑依の近代とポリティクス』青弓社、二〇〇七年）。

吉谷覚寿『仏教大旨』（仏書出版会、一八八六年）。

出典一覧

掲載図

第一部・第一章
須藤春峰『原坦山伝』（福島県平市・平活版所、一九六三年）。
第一部・第二章
村上専精『六十一年――一名赤裸々』（丙午出版社、一九一四年）。
第一部・第三章
武蔵野女子大学仏教文化研究所編『雪頂・高楠順次郎の研究――その生涯と事跡』（大東出版社、一九七九年）。
第一部・第四章
花山信勝『永遠への道――わが八十年の生涯』（日本工業新聞社、一九八二年）。
家永三郎『家永三郎集　第十六巻』（岩波書店、一九九九年）。
第二部・第一章
高取正男・赤井達郎・藤井學編『国民仏教への道』（『図説日本仏教史　第三巻』、法藏館、一九八一年）。
第二部・第二章
村上専精・境野哲・鷲尾順敬『大日本仏教史』（溯源窟、一八九七年）。
仏教史学会編『仏教史学』第一編・第一号（森江書店、一九一一年四月八日発行）。
第二部・第三章
辻善之助先生生誕百年記念会編『辻善之助博士自歴年譜稿』（続群書類従完成会、一九七七年）。
第二部・第四章
辻善之助『日本仏教史』（全一〇巻、岩波書店、一九四四～一九五五）。

エピグラフ等

第二部・第三章

E・H・カー『歴史とは何か』(清水幾太郎訳、岩波書店、一九六二年)。

第二部・第四章

ヴァルター・ベンヤミン『パサージュ論 Ⅳ 方法としてのユートピア』(今村仁司・三島憲一ほか訳、岩波書店、一九九三年)、六~七頁および一三頁(N1,6 ; N2,5)

あとがき

シコ・ブアルキ『ブダペスト』(武田千香訳、白水社、二〇〇六年)、六頁。なお、筆者は日本語訳に若干、手を加えている。

ポール・リクール『記憶・歴史・忘却』(下巻、久米博訳、新曜社、二〇〇五年)、三一九頁。

索　　引

（50音順）

あ行

か行

さ行

た行

な行

は行

ま行

や・ら・わ行

Orion KLAUTAU（オリオン・クラウタウ）

1980年ブラジル生まれ。サンパウロ大学（USP）歴史学科卒業、東北大学大学院文学研究科博士課程修了。博士（文学）。日本学術振興会外国人特別研究員を経て、現在、龍谷大学アジア仏教文化研究センター博士研究員。専門は宗教史学（近代日本仏教）。
主要論文："Against the Ghosts of Recent Past: Meiji Scholarship and the Discourse on Edo-Period Buddhist Decadence"（*Japanese Journal of Religious Studies*, 35/2, 2008）、「大正期における日本仏教論の展開―高楠順次郎の思想的研究・序説」（『日本思想史学』第42号、2010年）、「十五年戦争期における宮本正尊と日本仏教」（『近代仏教』第19号、2012年）など。

近代日本思想としての仏教史学

二〇一二年九月一〇日　初版第一刷発行

著　者　オリオン・クラウタウ
発行者　西村明高
発行所　株式会社法藏館
京都市下京区正面通烏丸東入
郵便番号　六〇〇―八一五三
電話　〇七五―三四三―〇〇三〇（編集）
〇七五―三四三―五六五六（営業）

装幀者　原　拓郎
印刷・製本　亜細亜印刷株式会社

ISBN978-4-8318-7364-4　C3021